함께 걷는 길

장로회신학대학교 출판부
ⓒ 2014

함께 걷는 길
세계교회협의회 제8차 희년 총회 공식보고서

초판인쇄 ｜ 2014년 11월 01일
초판발행 ｜ 2014년 11월 05일

편   집 ｜ 다이앤 케슬러
옮 긴 이 ｜ 박 경 수
발 행 인 ｜ 김 명 용
발 행 처 ｜ 장로회신학대학교출판부
신고번호 ｜ 제1979-2호
주   소 ｜ 143-756 서울특별시 광진구 광장로5길 25-1(광장동 353)
전   화 ｜ 02-450-0795
팩   스 ｜ 02-450-0797
이 메 일 ｜ ptpress@puts.ac.kr
디 자 인 ｜ 굿모닝 디자인

값 17,000원

ISBN 978-89-7369-360-3 93230

ⓒ 장로회신학대학교출판부 2014

Together on the Way

Official Report of the Eighth Assembly of the World Council of Churches

Edited by Diane Kessler, Translated by Gyeung-Su Park

Originally Published by WCC Publications in English as
Together on the Way :
Official Report of the Eighth Assembly of the World Council of Churches

Copyright ⓒ1999 WCC Publications, World Council of Churches,
150 route de Ferney, 1211 Geneva 2, Switzerland.

ⓒ2014 by Presbyterian University and Theological Seminary Press, Seoul, Korea

국립중앙도서관 출판예정도서목록(CIP)

함께 걷는 길 세계교회협의회 제8차 희년 총회 공식보고서

편집인 / 다이앤 케슬러 ; 옮긴이 / 박경수.
-- 서울 : 장로회신학대학교 출판부, 2014
　　p. ; cm

원표제 : Together on the way : offical report of the
eighth assembly of the world council of churches
원저자명 : Diane Kessler
권말부록 : WCC의 헌장과 강령(총회의 수정사항 반영) ;
남아프리카공화국 넬슨 만델라 대통령의 연설 ;
대한민국 김대중 대통령의 인사말
영어 원작을 한국어로 번역
ISBN 978-89-7369-360-3 93230 : ₩ 17,000

세계 교회 협의회 [世界敎會協議會]
교회 연합 운동 [敎會聯合運動]

238.01-KDC5
280.042-DDC21   CIP2014031166

세계교회협의회 제8차 희년 총회
공식보고서

함께 걷는 길

다이앤 케슬러_ 편집 / 박경수_ 옮김

장로회신학대학교출판부

"너는 일곱 안식년을 계수할지니 이는 칠 년이 일곱 번인즉

안식년 일곱 번 동안 곧 사십구 년이라.

일곱째 달 열흘날은 속죄일이니 너는 뿔 나팔 소리를 내되 전국에서

뿔 나팔을 크게 불지며 너희는 오십 년째 해를 거룩하게 하여

그 땅에 있는 모든 주민을 위하여 자유를 공포하라.

이 해는 너희에게 희년이니 너희는 각각 자기의 소유지로 돌아가며

각각 자기의 가족에게로 돌아갈지라."

(레위기 25 : 8 –10)

"이러므로 우리에게 구름 같이 둘러싼 허다한 증인들이 있으니

모든 무거운 것과 얽매이기 쉬운 죄를 벗어 버리고 인내로써

우리 앞에 당한 경주를 하며 믿음의 주요 또 온전하게 하시는 이인

예수를 바라보자 그는 그 앞에 있는 기쁨을 위하여

십자가를 참으사 부끄러움을 개의치 아니하시더니

하나님 보좌 우편에 앉으셨느니라."

(히브리서 12 : 1–2)

50년 동안
우리가 하나가 되게 해달라는 예수의 기도에 응답하여
우리는 WCC 총회로 모였습니다.

암스테르담에서 우리는 **세상을 향한 당신의 섭리**에 거스르는
인간의 무질서를 인식하였습니다.
당신의 섭리는 당신과 화해를 이루고
모든 피조물들이 조화를 이룬 세상의 영광입니다.
우리는 여전히 소망 가운데서 이것을 기다립니다.

에번스턴은 영원히 우리의 생명의 길이신 그분,
"그리스도 – 세상의 소망"을 높였습니다.
우리는 이 소망을 다시금 외칩니다.
이것은 값비싼 소망이고, 십자가에 달리셨다가
우리 앞에서 능력 가운데 다시 사셨습니다.
그리스도, 모든 이름보다 뛰어난 그 이름을 큰소리로 외칩시다.

뉴델리에서 우리는 우리 가운데 임했던
당신의 생애의 열정을 기념하였습니다.
"예수 그리스도 – 세상의 빛."
이 빛이 지금 깜빡이고 있고, 지금 밝게 타오르고 있습니다.
이 빛은 어둠을 위협하고,
절망에 빠진 우리의 차가운 영혼을 영원히 따뜻하게 해줍니다.

웁살라에서 우리는 우리의 마음을 들어 올리고
"보라, 내가 만물을 새롭게 하리라"는 당신의 약속을 선포했습니다.
새 하늘과 새 땅에 대한 비전이
우리 앞에서 은혜 가운데 솟아나,
우리의 황량한 삶 앞에 펼쳐졌습니다.

"예수 그리스도는 자유하게 하시고 하나 되게 하신다."
우리는 **나이로비**의 삶 한가운데서 노래했습니다.
세계 각처에서 모여든 사람들이 사로잡히고 하나가 되지 못한 채로
하나님 앞에 서서, 거룩한 가능성을 언급했습니다.

밴쿠버에서 우리는 믿음 안에서 당신 앞에 모였습니다.
"예수 그리스도 – 세상의 생명."
우리는 죽음의 패배 앞에 놀라움으로 섰습니다.
이제 당신의 승리를 밝히기로 마음을 먹고
모든 사람들 앞에서 실현시켰습니다.

"오소서, 성령이여 – 만물을 새롭게 하소서"는
캔버라에서의 간절한 기도였습니다.
오! 하나님, 당신이, 오직 당신만이 우리 갱신의 근원이십니다.
우리는 당신 앞에 보잘것없는 믿음으로 엎드렸습니다.
우리 자신을 드려
당신의 성령의 능력과 진리 안에서 당신과 함께 일하고자 합니다.

우리 과거의 여정에 대해 하나님께 감사와 찬송을 드립니다.
오! 하나님, 그 미쁘심이 얼마나 큰지요!

옮긴이 서문

　　세계교회협의회(World Council of Churches) 제10차 총회가 지난 2013년 10월 30일부터 11월 8일까지 열흘 동안 "생명의 하나님! 우리를 정의와 평화로 이끄소서!"라는 주제로 대한민국 부산에서 열렸다. WCC 역사에서 총회는 언제나 그 동안의 발걸음을 돌아보며 평가하고, 앞으로 걸어가야 할 방향을 내다보며 정립하는 중요한 계기였다. 이번 부산총회를 통해서도 그리스도인들은 이 땅에 하나님 나라의 임재를 위해 생명·정의·평화의 가치를 붙들고 추구해야 할 사명을 지니고 있음을 재확인할 수 있었다.

　　이번 대한민국에서 열린 WCC 부산총회를 통해 한국의 그리스도인들은 감사와 우려의 상반된 마음을 모두 갖게 되었다. 한편으로 이 땅에서 역사적인 의미를 지닌 전 세계 형제자매들의 축제를 가지게 된 것에 대해 감사하면서, 다른 한편으로 WCC를 둘러싸고 일어난 지나친 찬반 논쟁을 보면서 교회의 가시적 일치를 추구하는 WCC가 오히려 교회분열의 빌미가 되는 것은 아닐지 우려하였다. 한국에서는 장로교 통합교단과 합동교단이 갈라졌던 1959년에도 WCC로 인한 과열 논쟁이 있었는데, 50년이 훨씬 지난 지금도 별로 달라진 것이 없다. 안타까운 것은 양측 모두가 WCC가 지향하는 바가 무엇인지, 무엇을 말하고 있는지, 어떤 길을 가고 있는지에 대한 충분하고 차분한 검토가 없이 서로의 입장만을 반복적으로 주장하며 평행선을 달리고 있다는 점이다. 이런 이유 때문에 이 책을 번역하게 되었다.

　　장로회신학대학교 에큐메닉스연구부는 지난 2011년에 에큐메니칼 운동에 대한 잘못된 오해를 바로잡고 올바른 이해를 돕기 위해『에큐메니즘 A에서 Z까지』라는 책을 펴낸 바 있다. 부산총회를 마치고 난 지금, 많은 학생들과 사람들로부터 WCC의 에큐메니칼 운동이 추구하는 내용과 방향에 대해 알 수 있는 객관적 자료를 제시해 달라는 요청을 받았다. 이에 연구부에서는 다른 무엇보다 WCC 총회의 공식보고서를 소개하는 것이 좋겠다고 생각하였다. 현재 국내에는 이형기 교수가 번역하고 편집한 WCC 『역대총회 종합보고서』가 있는데 이 책은 암스테르담 1차 총회부터 캔버라 7차 총회까지의 내용을 담고 있다. 따라서 국내에는 아직 소개된 적이 없는 8차 하라레 총회보고서를 박경수 교수가, 9차 포르투 알레그리 총회보고서를 서원모 교수가 번역하여 소개하기로 하였다. 부산에서 열린 10차 총회의 총회보고서까지 나오게 되면 WCC의 총회보고서들이 모두 우리말로 소개되는 것이니 WCC를 바르게 이해하고자 하는 분들에게 많은 도움이 되리라 생각한다.

1998년 아프리카 짐바브웨의 하라레에서 열렸던 8차 총회는 WCC 역사에서 특별한 의미가 있는 총회였다. 1948년 WCC가 창립된 지 50만에 열린 "희년" 총회였고, 21세기를 내다보는 시점에서 WCC의 정체성과 방향성을 새롭게 모색하며 헌장과 강령까지 수정했던 "회심" 총회였다. 번역자는 이 책을 번역하면서 이 총회의 메시지가 오늘날에도 여전히 유효할 뿐만 아니라 꼭 필요하다는 것을 절감하였다.

작은 결실이긴 하지만 고마운 마음을 전해야 할 사람들이 많다. 먼저 추천의 글을 써주신 이형기 교수님께 감사를 드린다. 이교수님은 20년이 넘는 기간 동안 수많은 책과 논문을 통해 에큐메니칼 운동을 한국에 소개하고 확산시킨 산 증인이다. 그리고 부산총회에 참석하여 역자와 함께 "한국에큐메니칼신학원"(KETI)에서 함께 고민하며 토론했던 학생들, 한국교회가 "그리스도의 몸"으로서 하나의, 거룩한, 보편적, 사도적 공동체가 되기를 기도하며 실천하는 모든 분들에게 감사의 마음을 전하고 싶다. 또한 이 보고서를 번역하고 출판하는 모든 과정을 지원해 준 장로회신학대학교에도 고마움을 표한다. 한국교회가 이 땅에 화해와 통일, 정의와 평화의 복된 소식을 전하는 하나님 나라의 통로가 되길 간절히 기도한다.

2014년 7월

장로회신학대학교 기독교사상과문화연구원

에큐메닉스연구부장 박경수 교수

추천의 글

　　본인의 책 『WCC 역대총회 종합보고서』(한국장로교출판사, 1993)는
1991년 캔버라 제7차 WCC 총회 보고서까지만 다루었다. 그러던 중 2013년
제10차 WCC 부산총회를 계기로 에큐메니칼 운동에 관심 있는 분들이 제8
차 총회와 제9차 총회의 보고서가 없음을 아쉬워하였다. 이에 장로회신학대
학교 '기독교사상과문화연구원' 산하 '에큐메닉스연구부'가 제8차와 제9차
총회보고서를 출판하기로 하여, 제8차는 에큐메닉스연구부장인 박경수 교수
가, 그리고 제9차는 서원모 교수가 번역 출판하기로 하였다. 장로회신학대학
교와 이 분들의 노고에 심심한 감사를 드린다.

　　희년총회: 1998년 하라레 총회는 1948년 제1차 암스테르담 총회로부터
50년이 되는 '희년' 총회였다. '하나님께 돌이키라 – 소망 가운데 기뻐하라'
는 총회 주제는 전적으로 희년과 관계가 있다. 주제의 전반부는 '회심'에 대
한 것으로서 후반부의 '소망 가운데 기뻐하라'(롬 12:12)로 이어지는 바, 이
는 '희년'의 실천이 미래의 희망이라고 하는 것을 뜻하였다. 그 핵심은 WCC
창립 50주년과 UN 인권선언 50주년을 기념하면서, 아프리카 대륙의 부채탕
감에 초점을 맞추는 것이었다. 이미 1975년 제5차 WCC 총회가 케냐의 나이
로비에서 열린 것도 그 당시 아프리카 여러 나라들의 독립투쟁의 상황 때문
이었으니, 우리는 나이로비 총회가 식민종주국들로부터 아프리카의 정치적
독립 쟁취를 의식하였다면, 제8차 하라레 총회는 경제적 독립 쟁취를 생각하
였다고 볼 수 있다.

　　주요 이슈들: 추천자는 '지구화'(globalization)와 'WCC에 대한 공동
의 이해와 비전'(A Common Understanding and Vision of the World
Council of the Churches: CUV)이 본 총회에서 가장 중요한 이슈라고 본
다. 전자는 소비에트 공산체제의 붕괴와 공산 동구권의 해체 이후 지구화된

'신자유주의의 글로벌화' 이슈로서 아프리카 대륙과 아시아와 라틴아메리카 대륙의 부채문제와 직결되었고, 후자는 향후 WCC가 나가야 할 방향을 결정하였기 때문이다.

그 다음으로 중요한 이슈는 'WCC와 대화광장'에 대한 것과 'WCC와 동방정교회'의 문제였다. 전자에 관하여, WCC는 자신의 제도화와 관료화를 막고 자신의 '공동소명'을 잘 수행하기 위한 '교회들의 코이노니아'의 포괄적인 의미, 즉 보편교회(Church Universal 혹은 Catholic Church)와 지역교회(local and regional churches)의 코이노니아 그리고 교회들의 다양성과 연속성을 포함하는 보편성을 강조하였다. 이는 에큐메니칼 운동을 '신앙과 직제'와 '삶과 봉사'와 '세계선교와 복음전도'를 한데 묶는 '하나의 에큐메니칼 운동'으로 보는 것도 포함하였다. 한 걸음 더 나아가, WCC가 에큐메니칼 기구들 가운데 하나로서의 '대화의 광장'(Forum of Christian Churches and Ecumenical Organizations)임을 주장하였고, 향후 WCC 비회원교회들인 오순절 교회들, 복음주의 교회들, 그리고 로마 가톨릭교회 사람들이 개인자격으로 참여하는 '글로벌 기독교 포럼'(Global Christian Forum)을 제안하였다.

그리고 후자에 관하여는, WCC가 동방정교회가 제안한 이슈를 정식으로 다루기로 한 것이었다. 즉, 정교회는 초대교회로부터 종교개혁 이전 까지만 해도 서방교회에 맞먹는 파트너로서 세계교회를 지도해 왔으나, 16세기 개신교 종교개혁 이래로 개신교 안에 수많은 교파들(서방교회)이 생기어, 결국 WCC의 대표권에 있어서 개신교가 큰 비중을 차지하게 되면서 문제가 발생했다. 문제의 핵심은 의회모델에 따른 다수결에 의한 의사결정 과정 때문이었다. 즉, 신앙과 신학문제들 까지도 다수결로 결정하는 회무처리 방식이 WCC의 다수 회원권을 가진 개신교에게는 크게 유리하였으나, 정교회에게는 매우 껄끄러웠다. 이로써 하라레는 '동방정교회 특별 연구위원회'를 설치

하여 이 문제를 깊이 있게 심의하도록 하였으니, 포르투 알레그리 WCC 총회 (2006) 때부터는 임원선출과 예산 문제 등을 제외한 신앙과 신학의 문제들에 관하여는 합의모델에 따른 만장일치제를 채택하여 오늘에 이르고 있다.

'파다레'와 에큐메니칼 운동의 3흐름: 추천자는 하라레 총회에 참석하면서 충격을 받았다. 본인은 1991년 호주 캔버라 제7차 WCC총회에서 '분과 토의'에 참여하여 '분과 보고서' 작성에 동참하였다. 그래서 본인의 『WCC 역대총회 종합보고서』는 주로 캔버라 총회까지의 '분과 보고서'들을 주된 내용으로 담고 있다. 하지만 하라레 총회부터는 에큐메니칼 엘리트들(신학자 그룹)의 '분과 보고서' 작성이 아니라 모든 총회 참석자들의 동참을 중요시한 것이다. 그러니까 WCC 총회의 회의 절차가 다분히 '의회민주주의'로부터 '풀뿌리 직접민주주의'로 이동한 것으로 보였다. 그러니까 앞에서 지적한 만장일치제 역시 종전의 의회민주주의를 귀하게 여기면서도 모든 풀뿌리를 중요시하는 제도였지만 말이다. 이를 상징적으로 보여는 것이, 포르투 알레그리 총회를 거쳐 부산 총회로 이어지는 '파다레' 전통이다. '파다레'에 대한 다음의 글은 부산 총회를 넘어 향후 WCC 총회의 분위기를 말해 줄 것이다.

짐바브웨의 쇼나 부족의 전통에서 "파다레"는 회합장소를 의미한다. 그것은 자유로운 교환, 공동의 경청, 나눔과 협의를 위한 장소이다. WCC는 이 개념을 빌려와 총회에 사용하였다. 파다레는 "모든 참가자들을 돕기 위해 기획된 새로운 과정"으로서, 이를 통해 모든 사람들의 목소리가 들려질 수 있다. 실행의 어려움과 창조적인 가능성 둘 다를 인식하면서, WCC의 한 지도자는 "파다레는 불가능한 임무지만, 우리는 그것을 떠맡게 될 것이다."라고 말하였다.

12월 7일에서 11일에 이르는 5일 동안 400개가 넘는 각종 부스들이 캠퍼스 여기저기 흩어져서 개설되었다. 어떤 사람들은 명백히 파다레에서 토론을 주도하거나 참여하려는 목적으로 수천 마일을 이동해서 하라레에 왔다.

파다레에서 개설된 몇몇 부스들은 WCC 사역의 핵심적인 차원에 대해 다루었기 때문에 "대화의 광장"(forum)이라는 특별한 지위를 부여받았다. 예를 들어 신앙과 직제 5차 세계대회(산티아고 데 콤포스텔라, 1993), 폭력극복을 위한 프로그램(Programme to Overcome Violence), 여성에 대한 폭력, 이주자, 세계화와 인종차별주의에 대한 대화의 장들이 있었다. 몇몇 그룹들은 자신들의 메시지를 전달하기 위해 짐바브웨 초중등학생들과 교회의 청소년 찬양대들이 출연하는 드라마, 춤, 뮤지컬과 같은 공연예술을 사용하였다. 어떤 사람들은 자신들의 이야기를 들려주었다. 몇몇 부스에서는 신앙과 직제에 관한 이슈들을 다루었다. 동성애를 포함해 인간의 성에 관한 이슈들을 비롯해 교회들이 다루기 어려운 주제들을 내놓기 위한 부스들도 몇몇 개설되었다. 부스들은 그 구조와 스타일에 있어 매우 다양하였다.(본 역서의 본문 중에서)

　　WCC의 이러한 변화 때문에 우리는 『WCC 역대총회 종합보고서』에서 발견하는 에큐메니칼 운동의 세 흐름(신앙과 직제, 삶과 봉사, 세계선교와 복음전도)의 '분과 보고서'로서의 공식문서들을 본 역서에서는 만날 수 없다. 우리는 이 에큐메니칼 운동의 세 흐름에 대한 공식문서들을 따로 읽고 연구하지 않으면 안 된다. 첫째로 우리는 1998년에 나온 『교회의 본성과 목적』에 유의해야 한다. 이 문서는 10년 이상의 연구과정을 거쳐 『교회: 하나의 공동 비전을 향하여』로 부산 총회에서 받아들여지고, 다시 향후 계속적인 연구과정으로 들어갔다. 둘째로 우리는 1996년에 발표된 『살바도르 세계선교와 복음전도 위원회(CWME)』 문서에 주목해야 한다. 본 문서는 2005년 아테네 CWME를 거쳐, 부산 총회에서 2013년 『모두 생명을 향하여』라고 하는 '에큐메니칼 선교와 전도 신학지침서'로 확정되었다. 이는 전통적인 에큐메니칼 선교와 전도 신학지침서인 1983년 '에큐메니칼 확언' 이후 하나의 새로운 신학지침서로서 부산 총회에서 통과된 것이다. 셋째로 우리는 하라레의 결의로 시발된 '폭력극복운동 10년'(Decade to Overcome Violence)에 주목한다. DOV는 자메이카의 킹스턴에서 열린 '국제에큐메니칼 평화대회' 의에서 작성된 2011년 '정의로운 평화로의 에큐메니칼 부름' 의 밑거름이 되었으니, 이 킹스턴 문서는 부산 총회에서 작성 통과된 '정의로운 평화의 길에 대한 성명' 과 더불어 21세기 인류가 추구해야 할 정의로운 평화의 길이다. 2001-2010년의 DOV운동은 1983년 '인종철폐운동' 과 1991년 '정의, 평화, 창조세계의 보전' (JPIC)으로 소급되는 '삶과 봉사' 전통에 속하지만 말이다.

바라기는 본 역서와 같은 노력의 결과들이 점차 축적되어 한국교회 나아가 세계교회가 주님의 몸으로서의 일치를 지키며, 세상을 향한 사명을 넉넉하게 감당하기를 간절히 바란다. 그리고 많은 사람들이 이 책을 통해 에큐메니칼 운동의 진정성을 발견하게 되기를 바라며 새로운 길을 걸어가고자 하는 용기를 얻게 되기를 기대한다. WCC 제8차 하라레 희년총회보고서를 번역해 준 박경수 교수에게 다시 한 번 감사의 인사를 전하며 추천의 글을 대신하고자 한다.

2014년 7월
이형기(Ph.D) 장신대명예교수 · 공적신학연구소소장

차례

이것이 우리의 약속입니다:

우리는 함께 할 것이며 계속해서 일치 안에서 더불어 성장할 것입니다.

우리는 세상이 믿을 수 있도록 우리 모두가 하나가 되라(요 17:21)는 예수 그리스도의 기도에 응답합니다.

우리는 하나님의 뜻 안에서 하늘에 있는 것이나 땅에 있는 것이 다 그리스도 안에서 통일될 것이라(엡 1:10)는 확신에 근거해 힘을 얻습니다.

우리는 우리를 묶는 것이 우리를 분리시키는 것보다 더 강하다고 단언합니다. 어떠한 실패나 불확실성도, 두려움이나 위협도 일치를 향한 여정을 계속해서 함께 걷고자 하는 우리의 의지를 약화시킬 수 없습니다. 우리는 우리와 함께 이 길을 걷고자 하는 사람들을 환영하고, 우리 공동의 비전을 넓히며, 신앙 안에서 함께 증언하고 행동할 수 있는 새로운 방식들을 발견하면서 이 길을 갈 것입니다.

우리는 50주년을 맞는 이때 WCC를 강화시키기 위해 다음과 같이 다짐하는 바입니다.

우리는 WCC를 그 기본 설립목적인 삼위일체 하나님의 영광을 추구하는 참된 에큐메니칼 교제로 강화시키고자 합니다.

기도:

일치의 하나님, 사랑의 하나님

우리 입술로 말하는 것들이 우리의 마음속에서 강해지게 하소서.

우리 마음으로 다짐하는 것들이 우리의 삶 속에서 생생하게 해주소서.

우리에게 당신의 성령을 보내주시어

우리가 감히 기도하지 못하는 것들을 기도하게 하시고,

우리가 주장하는 것 너머까지 주장하게 하시고,

우리가 각기 제 길로 가고자 할 때 우리를 묶어 주소서.

우리를 앞으로 이끄소서.

우리를 함께 이끄소서.

우리로 당신의 뜻,

우리 주 예수 그리스도의 뜻을 행하게 하소서.

아멘.

서문

하라레에서 개최된 WCC 제8차 총회는 어떻게 기억될까? 이 공식보고서는 앞선 일곱 차례 총회들의 중심 메시지를 회상하며 개회예배에서 함께 낭독했던 탄원 기도로 시작한다. 하라레에서 열린 이 희년 총회의 핵심 메시지는 무엇이었고 또 무엇으로 받아들여질까?

"아프리카에서 십자가 아래 함께 하기"는 하라레 총회 마지막 날에 대표들이 채택한 메시지의 제목이다. 메시지 초안에 대한 전체토론이 진행되는 동안, 몇몇 대의원들은 "함께 하기"(being together)보다 더욱 동적인 문구, 아마도 "함께 나아가기"(moving together) 혹은 "함께 세우기"(building together) 같은 표현을 찾아내어야 한다고 제안하였다. 이런 두 가지 표현은 총회의 프로그램지침위원회의 보고서에서 발견되고 있는데, 이번 총회에서 "운동"이 있었는가, 그리고 "세우는" 활동에 전념한 적이 있는가라는 질문을 제기하도록 만든다. 이 보고서의 내용은 독자들, 특별히 총회에 개인적으로 참여하지 않은 독자들로 하여금 스스로 그 답을 찾을 수 있도록 도와줄 것이다.

8차례의 WCC 총회는 각각 특징을 지니고 있고, 이 특징들은 그 공식 보고서에 반영되었다. 하라레 총회는 아프리카 대륙에서 열렸다는 점에서 특별했고, 성서에 나오는 희년의 테마를 반영하는 "하나님께로 돌이키라 – 소망 가운데 기뻐하라"는 주제를 내세웠다는 특징이 있으며, WCC 50주년을 기념하고 있다는 점에서도 특별하였다.

"WCC의 공동의 이해와 비전"에 관한 9년에 걸친 숙고과정에 회원교회들과 에큐메니칼 파트너들의 폭넓고 적극적인 참여에도 불구하고, 총회 개최에 앞서 WCC의 미래에 관한 두려움이 표출되어 왔다. 특히 동방정교회 교회들이 비판적인 관심을 피력하였다. 다음에 나오는 서론과 하라레 총회에 의해 채택된 보고서들은 이번 총회가 이러한 도전들을 총회 주제가 표방하는 정신에 따라 진지하게 받아들여 소망의 메시지로 응답했다는 것을 보여준다. 그것은 단지 WCC와 에큐메니칼 운동만을 위한 것이 아니고, 아프리카와 전체 세계를 위한 것이었다.

이번 총회에서 참가자들에게 특별한 중요성을 지녔던 두 가지 특징이 있었는데, 인쇄되어 나온 어떠한 보고서에도 정확하게 반영되지 못했다. 첫 번째는 총회의 예배생활이다. 예배 텐트에서 이루어진 매일의 예배, 특별한 예전 의식들과 소그룹으로 만나 성경공부를 하고 전체회의에서 발표된 것들에 대해 숙고하는 시간들이 있었다. 하라레에서 많은 사람들에게 이런 것들은 가장 강력한 에큐메니칼 경험의 순간들이었다. 총회의 예배서는 프로그램지침위원회가 "심장의 에큐메니즘"이라고 부르는 것을 양육하려는 모든 노력들과 관련해 앞으로 하나의 자원으로 남을 것이다.

두 번째 중요한 특징은 파다레이다. 파다레는 총회 프로그램이 진행되는 동안 나눔과 만남과 대화의 열린 장이었다. 매우 다양한 주제에 대해, 그리고 지역 에큐메니칼 노력의 경험들에 대해 수백 가지의 발표가 이루어졌다. 파다레는 프로그램지침위원회의 지도 아래 두 차례의 공청회를 통해 총회의 공식적인 의제와 결부되었다. WCC 총회의 프로그램을 짜는 데 있어 이러한 혁신적인 일을 경험하는 것은 개선의 여지가 있는 영역들이 많이 있다는 것을 지적하는 것이긴 하지만, 에큐메니칼 운동이 살아 있고 생동감으로 가득하다는 것은 전체적으로 가장 고무적이고 우쭐한 일이었다. 비록 그 반대를 입증하는 증거들도 있었지만 말이다.

파다레의 풍부한 다양성으로 인해, 보고서를 쓰는 사람들과 저널리스트들은 감히 이에 대해 다룰 엄두를 내지 못하였고, 참가자들 역시 선택의 어려움을 겪었다. 실로 전체적으로 총회 프로그램의 다면적인 특징은 비록 그것이 에큐메니칼 실재를 반영한 것이기는 하지만, 에큐메니칼 운동의 응집성과 하나됨에 대해 더욱 날카롭게 문제를 제기하고 있다. 보기에 따라서, 하라레에 참석한 사람들은 각자 다른 총회를 경험하였으며, 때때로 그들이 받은 인상과 평가가 너무 달라서 관련된 사람들이 같은 회의에 참석했던 사람들이 맞는지 의아할 정도이다.

　이 공식보고서와 다이앤 케슬러(Diane Kessler)가 쓴 폭넓은 서론은 하라레 총회에 대해 하나의 행사로서 그리고 그 결과물의 측면에서 포괄적인 전망을 제시하고 있다. 우리는 서로 상이하고 때로는 모순되는 면모들을 한데 합쳐 전체적인 일관성을 갖추게 해준데 대해 그녀에게 빚지고 있다. 이것은 총회에 대한 평가를 시작하는 과정에서 필수불가결한 조건이다. 하라레 총회와 더불어 WCC는 그 새로운 장을 열었다. 이 보고서는 앞에 놓인 어려움과 중요한 도전들을 부정하는 것이 아니라 "너희를 부르시는 이는 미쁘시니 그가 또한 이루시리라."(살전 5:24)는 확신 가운데 그것들을 직면할 준비가 되어 있는 희망적인 기대의 마음을 반영한다.

총무 콘라드 라이저(Konrad Raiser)

아프리카에서 십자가 아래 하나가 되어: 총회 메시지

"우리 하나님의 축복이 항상, 지금뿐 아니라 영원히,
그리고 모든 세대에 있기를. 아멘."

아프리카 북소리의 부름을 받아 우리는 300개가 넘는 교단들의 대표 자격으로 WCC 8차 총회로 짐바브웨의 하라레에 모였습니다. 우리는 거룩한 삼위일체의 생활과 교제를 우리와 함께 누리고 있는, 세계 각처에서 온 예수 그리스도 안에 있는 우리 형제자매들에게 인사를 전합니다.

WCC는 50년 전에 암스테르담 총회에서 그 신앙의 여정을 시작하였으며, "우리는 계속 함께하고자 한다."고 분명하게 천명하였습니다. 에번스턴, 뉴델리, 웁살라, 나이로비, 밴쿠버, 캔버라를 거치는 긴 여정을 통해 우리는 하나님께서 주시는 소망, 선교, 비전, 자유, 생명과 갱신을 누려왔습니다.

이번 총회의 주제 "하나님께로 돌이키라 – 소망 가운데 기뻐하라"는 우리 신앙과 삶의 가장 근본으로 다시금 눈을 돌리자는 초대이며, 거기서 우리를 깨어 움직이게 할 소망을 발견하자는 것입니다. 50주년 희년을 맞이하여 우리는 가난한 자들에게 복음을, 갇힌 자들에게 해방을, 눈먼 자들에게 다시 보게 함을, 눌린 자들에게 자유를, 그리고 주의 은혜의 해를 선포하는 바입니다.

기쁨이 넘치는 회합을 통해, 하나님의 선물이자 우리의 소명인 가시적인 일치를 향한 여정에 우리 모두와 온 교회가 동참하기를 요청합니다. 우리는 그리스도께서 우리 하나됨의 중심이시고 또한 우리 삶의 생명수이심을 알게 되었습니다. 그러나 우리는 종종 하나님의 뜻과 그분의 통치하심을 떠났음을 고백하며, 이 일을 애통한 심정으로 회개합니다.

총회는 그동안 예배, 기도, 그리고 성서연구를 중심으로 활동해 왔습니다. 예배처소의 중앙에 아프리카 대륙이 새겨진 거대한 십자가가 세워져 있습니다. 정말이지 우리가 아프리카에 있다는 사실이 이번 총회의 기쁨의 한 부분이 되고 있습니다. 이곳에서 우리는 지역 교회에서 믿음이 얼마나 성장하고 있고 생생하게 살아 움직이고 있는지 경험하였습니다. 우리는 하나님의 창조의 아름다움과 경이로움을 기뻐하였습니다. 우리는 어린 예수를 데리고 그 부모가 피난민으로 찾아왔던 땅이 아프리카라는 것과, 오늘날 아프리카가 다른 모든 대륙들과 마찬가지로 내쫓긴 자들, 집 없는 자들, 난민들이 많은 땅임을 기억합니다.

십자가의 능력에 이끌려, 우리는 십자가가 하나님마저 신을 벗은 가장 거룩한 땅이라는 사실을 기억합니다. 우리는 우리 주변에서 고통당하는 사람들을 목격하고 있습니다. 우리는 다른 모든 곳에서와 마찬가지로 여기서도 가난, 실업, 집 없음과 같은 긴박한 문제들과 맞닥뜨립니다. 우리는 세계화와 구조조정의 결과로 황폐하게 되어, 약하고 힘없는 자들이 더욱더 "보이지 않을 정도로 작은" 존재가 되고 있다는 이야기를 듣습니다. 우리는 우리의 형제자매들이 개발도상의 세계에서 초래되는 부채 위기의 냉혹한 현실을 우리와 함께 나누고 있다는 것도 듣고 있습니다. 우리는 가난한 자들과 주변부로 밀려난 사람들에게 이익을 주고 그들의 인권을 존중하는 방식으로 빚을 탕감해줄 것을 요구합니다.

우리는 에이즈로 고통당하는 사람들에게 다가가기를 열망해 왔습니다. 우리는 장애를 지닌 형제자매들 곁에 서왔습니다. 장애인들은 자신들과 관계맺는 것을 어려워하는 사람들에게 선물을 가져다줍니다. 우리 가운데서 토착민들의 목소리를 듣습니다. 그들은 정당하게 자신들의 소유인 땅을 요구하고 있습니다. 우리는 폭력에 의해 그 삶이 피폐해진 여성, 어린이, 난민들과 내쫓긴 사람들의 목소리도 듣습니다. 우리는 우리가 그들과 연대하고 있음을 표명하고, 폭력을 극복하고 모든 인류의 존엄성을 증진하기 위해 헌신하라는 도전을 받고 있습니다. 주변부에 있는 사람들에게 나아감으로써 하나님께서는 소동을 일으키고, 이 주변을 중심으로 만드십니다. 교회로서, 우리는 이러한 하나님의 아들과 딸들을 진정으로 가시적인 존재로 만들라는 소명을 받고 있습니다.

생명을 주는 물의 상징과 더불어 우리는 "여성과 연대하는 교회의 에큐메니칼 10년"을 완결하였습니다. 살아있는 편지들로부터 너무나 자주 고통스러운 현실에 관해 들었고 책임이 뒤따르는 연대를 요청하는 소리도 들었습니다. 바싹 마른 땅에 흘러내릴 때 물은 생명에 필수적인 것입니다. 예수는 우물가의 여인에게 그녀가 절실하게 필요로 했던 생수와 치유와 새 생명을 주셨습니다. 하나님의 부르심은 물의 이미지를 사용하여 거듭 표현됩니다. 우리는 구원의 물을 마시도록 초대받았고, 그리스도와 연합된 모든 사람들과 하나임을 천명하라는 요구를 받고 있습니다. 우리는 외로운 사람들, 가족을 잃은 사람들, 고아와 곤궁한 자들을 돕고 위로하며, 세상의 모든 상처가 치유될 때까지 목마름의 갈증을 잃지 말라는 요구를 받고 있습니다.

우리는 에큐메니칼 운동의 매 단계마다 어떻게 더 많은 참여를 진작시킬 수 있을지, 그리고 어떤 결정을 해야 다양한 전통과 문화에 속한 사람들의 필요와 기대를 반영할 수 있을지 고심해 왔습니다. 우리는 이번 총회 기간 동안 젊은이들이 너무나 분명하게 보여주었던 리더십을 환영하는 바입니다. 우리는 교회들이 교회생활과 사역의 모든 측면에서 젊은이들이 개입할 여지를 확보할 것을 촉구합니다.

하나님의 사랑에 이끌려 우리는 함께한다는 것이 무엇인지 더욱더 이해하려고 노력해 왔습니다. 우리가 WCC를 어떻게 이해해야 할지, 그리고 하나가 되기를 기대하면서 하나님께서 우리를 어떤 길로 부르시는지 탐구해 왔습니다. 우리는 세상의 많은 지역에서 그리스도인들 사이에 코이노니아 (communion)를 발전시키는 일에서 기쁨을 누려 왔습니다. 그리고 하나님께서 우리로 하여금 그 교제 가운데서 계속 함께 성장해서, 그러한 교제가 참으로 가시적인 것이 될 수 있도록 하라고 부르셨다는 것을 다시금 확언하는 바입니다. 우리는 같은 날에 부활절을 기념하는 소망과 같은 이러한 성장의 표지를 기뻐합니다.

우리는 또한 하나의 성만찬을 나누지 못하는 데서 드러나는 것과 같은 우리 가운데 여전히 남아있는 분열로 인한 고통을 겪고 있습니다. 하지만 우리는 우리를 하나로 묶는 힘이 우리를 나누는 힘보다 더 강력하다는 것을 계속해서 상기해 왔습니다. 그리스도인들의 기억은 우리의 분열에 그 중심이 있는 것이 아니라 예수 그리스도의 탄생, 삶, 죽음과 부활의 구속사에 집중되어 있습니다. 이런 이유로, 그리스도인으로서 함께 기억하는 것이 하나님께로 돌이키는 데 있어 본질적인 부분이고, 그래야 우리는 소망 가운데 기뻐할 수 있습니다. 우리가 하나님을 향하고 다른 사람들에게서 하나님의 얼굴을 볼 때 비로소 우리는 우리가 누구인지 알게 될 것입니다. 이것이야말로 참된 에큐메니칼 영성의 핵심입니다.

우리는 서로를 향해 열린 공간을 허용하고, 분열된 세상에서 서로서로 관계를 맺는 데 실패한 사람들에게 여지를 만들어 주고자 애썼습니다. 이번 총회에서는 폭넓은 사안과 방침들이 함께 제시되어, 성령이 믿음의 공동체를 어떻게 개인의 경계 너머까지 이끄시는지 깨달을 수 있는 기회를 제공합니다. 우리는 하나님의 풍성함을 경험하였고, 많은 믿음의 사람들을 둘러싸고 있는 세상을 향해 우리가 대응할 수 있는 다양한 방식들을 깨달았습니다. 우리는 종교적인 자유가 기본적인 인권이라고 주장하는 바입니다.

WCC는 계속 함께하고자 한다는 결심으로 그 믿음의 여정을 시작하였습니다. 우리는 이와 같은 결단을 하라레에서도, 심지어 우리가 직면한 어려움들을 알아차렸을 때도 경험하였습니다. 교회들이 오랫동안 하나라고 천명해온 것처럼, 우리도 지금 함께하고 있고, 회합이나 에큐메니칼 모임에서뿐 아니라 각각의 모든 장소에서 우리는 가시적인 일치를 향해 계속적으로 성장해 나가는 일에 헌신하고 있습니다. 모든 단계의 모든 에큐메니칼 사역들이 진력을 다해야 할 푯대가 바로 이와 같은 함께함입니다. 하나님께서 하나님의 통치의 사역 가운데 교회들에게 부여하시는 사명은 하나가 되라는 부르심과 결코 분리될 수 없습니다. 하라레에서 우리는 다시금 하나님께서 우리에게 부여하시는 사명이 광대하다는 것과, 하나님께서 그 사명을 함께 나누라고 말씀하시는 것을 깨닫습니다. 이 사명 가운데서 십자가 위의 그리스도의 희생을 통해 하나님과 화목하게 된 우리는 폭력과 전쟁으로 인해 찢겨진 사람들 사이에서 정의를 수반한 화해와 평화를 위해 일하도록 도전을 받습니다.

이번 WCC 8차 총회부터 우리는 여러분, 우리 형제자매들과 소망의 메시지를 나눕니다. 우리를 함께 부르신 하나님께서 우리를 그리스도 안에서 만물의 성취로 이끄실 것입니다. 우리 가운데 시작된 희년이 여러분에게 도달해서, 모든 피조물의 해방을 경축합니다. 우리가 다시금 하나님께로 돌이킬 때, 우리는 소망 가운데 기뻐할 수 있었습니다. 우리는 여러분이 우리가 함께 표현할 수 있었던 비전, 그리고 기도하기는 우리 공동의 삶과 증언이 될 비전을 우리와 함께 나누기를 바라는 바입니다.

우리는 모든 사람들,
젊은이와 늙은이, 여성과 남성, 평신도와 성직자의 은사를 확인하면서,
그리스도의 몸이 가시적인 일치를 이루기를 간절히 바랍니다.
우리는 인류 공동체의 치유를,
하나님이 창조하신 모든 피조물의 온전함을 기대합니다.

우리는 용서의 해방시키는 능력을,
반목을 우정으로 바꾸고, 폭력의 악순환을 끊는 능력을 믿습니다.

우리는 교회의 비전으로 도전받습니다.
모든 사람들에게 나아가 나누고, 돌보고, 하나님의 구속의 복음을
전하고, 하나님나라의 표지가 되고 세상의 종이 되는 비전.

우리는 교회의 비전으로 도전받습니다.
함께 길을 걷는 하나님의 백성으로서,
인종, 성별, 나이, 문화의 모든 분열에 맞서 정의와 평화를
실현시키기 위해 애쓰고, 창조의 본래 모습을 지키는 비전.

우리는 부활신앙을 지닌 백성으로서 함께 길을 갑니다.
배척과 절망의 한복판에서 우리는 기쁨과 소망 가운데 모든 생명이
충만해질 것이라는 약속을 붙듭니다.

우리는 기도의 백성으로서 함께 길을 갑니다.
혼란과 정체성 상실의 와중에서 우리는 성취되고 있는 하나님의
목표의 표지들을 분별하고 하나님의 통치가 임하기를 기다립니다.

하라레 1998:
서론과 개인적인 전망

1. 하라레 1998: 서론과 개인적인 전망

다이앤 케슬러(Diane Kessler)[1]

1.1. 서론

"하라레 1998." WCC 회원교회들이 파견한 대표들이 총회에 모였을 때, 이번 행사는 이 모임이 개최된 장소로 인해 그 성격이 규정되었다. 1998년 12월 3~14일 WCC 50주년이 되는 희년 총회는 아프리카 대륙에 있는 짐바브웨의 수도 하라레에서 짐바브웨 대학의 캠퍼스에서 개최되었다. 1948년 창설된 WCC 제8차 총회였다. 거의 2주 동안 각 대륙에서 온 근 5천명의 사람들이 활동하고 예배드렸으며, 공식적인 회의와 비공식적인 만남을 통해 이야기하고 또 들었다. 이러한 전체적인 과정은 어떤 방식으로든 WCC의 목표인 "한분 하나님이신 아버지와 아들과 성령의 영광을 위해 공동의 소명을 함께 수행하는 것," 특별히 "세상을 향한 증언과 봉사를 통해, 예배와 그리스도 안에서의 공동생활 가운데 표현되는, 하나의 신앙 안에 그리고 하나의 성만찬적인 교제 안에 있는 가시적인 일치로 서로서로를 초청하는 것이고, 또한 이러한 일치를 향해 앞으로 나아가게 함으로써 세상이 믿을 수 있도록 하는 것"이라는 WCC의 목표와 연관되어 있다(WCC 헌장의 I 기본원리, 그리고 III 목적과 역할을 보라). 이것은 쉽지 않은 책임이다. 동시에 이것은 WCC가 이 목표를 추구할 때 필요로 하게 되는 모든 시간, 에너지, 경비를 쏟을만한 가치가 충분히 있는 웅대한 비전이다.

기념일은 잠시 멈추고 숙고할 수 있는 기회가 된다. 이번 총회가 에큐메니칼 운동을 위해 다양한 방식으로 바로 이런 역할을 하였다. 대표들은 회원교회들이 지난 50년 동안 함께 어디에 있었는지 살펴보았고, 지금은 어디에

---

[1] 다이앤 케슬러는 미국 그리스도연합교회의 목사이며 매사추세츠교회연합회 사무총장이다.

있는지 평가하였으며, 21세기에 자신들의 함께 하는 삶에 영향을 미치게 될 몇 가지 결정을 내렸다.

이 책은 하라레 총회에 참석했던 대표들의 승인을 받은 공식문서들과, 전체토론에서 제기되었던 핵심 주제들에 대한 기록을 담고 있다. 이 책은 또한 핵심적인 제안, 보고, 메시지와 인사말, 통계, 참가자들의 이름, 그리고 WCC 헌장과 강령을 싣고 있다. 이러한 모든 것들은 WCC의 에큐메니칼 전통의 일부분이 될 것이다. 이 서론 부분에서 나는 이번 행사에 대한 개인적인 전망을 제시해 달라는 요청을 받았다. 이러한 관례를 통해 문서들은 맥락 속에 자리를 잡게 될 것이고, 책 전체에 묘미가 더해질 것이다.

1.2. 참가자

많은 나라와 교회에서 온 사람들이 대학 캠퍼스에 와서 먼저 베이트 홀에 마련되어 있는 등록창구로 향했다. 모든 참가자들은 사진이 붙어 있는 신분증을 교부받아 목에 걸었으며, 이것은 총회기간 동안 그들이 항상 착용하는 복장 중의 일부가 되었다. 줄을 선 사람들은 전 세계 교회의 다채로운 색상의 소우주였다. 검은색, 파란색, 분홍색의 성직자 의복, 성직자 깃, 다이시키(헐렁하고 밝은 색의 아프리카 셔츠), 사리(인도여성이 두르는 겉옷), 사롱(말레이군도 원주민의 허리 두르개), 그리고 티셔츠에서 넥타이에 이르기까지 다양한 서구 거리의 색상들이 펼쳐져 있었고, 현기증 나게 하는 다양한 언어들, 그리고 모든 대륙에서 모여든 사람들이 있었다.

하라레 총회는 WCC 역사상 가장 큰 규모였다. 여기에는 336개의 회원교회가 선출해 파견한 966명의 투표권을 지닌 대표들이 참여하였는데, 그 중 367명은 여성, 525명은 남성이었고, 안수를 받은 사람은 525명이었고 438명은 평신도들이었다. 여기에는 134명의 젊은이들도 있었다. 이들은 아프리카, 아시아, 카리브 해, 유럽, 라틴 아메리카, 중동, 북아메리카와 태평양 지역에서 왔다. 가장 많은 대표들이 참석한 대륙은 아프리카와 유럽이었고, 아시아와 북아메리카가 그 뒤를 이었다. 29개에 달하는 준회원교회들(이 교회들은 25,000명 이상의 구성원을 두어야 한다는 규정에 못 미쳐서 회원이 되지 못한 교회들이다)은 31명의 대표를 파견하였는데, 이들은 발언권은 있으나 투표권은 없는 참가자들이다. 총회 기간 동안 "매우 유감스럽게도 조지아의 정교회가 탈퇴하였다"는 고지가 있었고, 더 나아가 불가리아의 정교회도 회원에서 탈퇴했다는 것을 공식적으로 밝히는 편지를 받았다.

세 명의 중앙위원회 임원들이 번갈아 가며 전체회의를 주재하였는데, 의장인 아람(Aram I: Armenian Apostolic Church[Cilicial])과 부의장 소리투아 나바반(Soritua Nababan: Batak Protestant Christian Church[Indonesia]) 그리고 넬리다 리치에(Nélida Ritchie: Evangelical Methodist Church of Argentina)가 그들이다. 총무 콘라드 라이저(Konrad Raiser: Evangelical Church in Germany, 1992년 8월 중앙위원회에 의해 임명됨)는 모든 전체회의에서 연단에 자리하고 있었다.

46명의 내방객이 총회에 참석하였다. 이들 중에는 북한교회에서 온 4명의 대표들도 있었는데, 북한의 교회가 WCC 총회에 참석한 것은 처음 있는 일이었다. 그리고 다른 신앙전통에서도 8명이 참석하였는데, 시크교, 불교, 유대교, 이슬람교, 힌두교가 이에 해당하였다. 또 다른 참석자들로는 289명의 참관자들, 파견된 참관자들(비회원교회들이 파견한 사람들로, 이들 중 23명은 로마 가톨릭교회 소속), 그리고 파견된 대표들(그리스도교 세계연맹들과 각 나라별 그리고 국가를 넘어서는 권역별 교회연합기관들과 같은, WCC가 관계를 맺고 있는 기관들이 파견한 사람들)이 있었다. 121명의 자문단도 참석하였다. 이들은 총회 기간 동안 프로그램들의 제안에 특별한 기여를 할 수 있는 사람들이다. 자문단 중에 10명은 장애인들로, 모든 전체회의가 개최되는 대강당 주위에 있는 흰색 텐트에 종종 모여서 장애를 지닌 사람들에 대한 교회의 사역들에 대한 대화를 나누고자 하였다.

139명의 WCC 사무국 직원들이 총회를 지원하였다. 182명의 젊은이들이 스튜어드로 총회를 돕기 위해 열심히 일하였고, 이 행사를 위해 247명의 직원들이 선발되어 파견되었다. 짐바브웨 교회들에서 온 젊은이들은 빨간색 티셔츠를 입고 자원봉사 활동을 하였다.

많은 미디어들이 이번 행사를 다루었다. 총회의 스케줄은 매일 이루어지는 뉴스 회의에서 배포되었으며, 이때 미디어들은 핵심인물들에게 전날의 중요한 행사들에 대해 질문할 수 있는 기회를 가졌다.

덧붙여, 기록적인 수의 공인된 방문객들과 일일 방문객들이 일부의 혹은 모든 모임들에 참석하였는데, 이들은 방문자들을 위한 프로그램에 참가하기 위해 대강당 바로 옆에 마련된 텐트에 매일 집합하였다. 많은 방문객들은 아프리카 전역에서 와서, 모든 참석자들의 경험을 풍부하게 해주었다.

1.3. 책무

총회 대표들은 1991년 2월 캔버라 총회 이후 교회들이 함께 하는 활동을 평가하고, 다음번 총회가 이루어지기 전 7년 동안의 활동방향을 세우고, 총회가 채택하는 프로그램의 지침들을 수행할 책임을 지는 새로운 150명의 중앙위원회 위원을 선출하고, 자신들이 속한 지역에서 WCC 활동을 대표하고 설명하게 될 8명의 새로운 WCC 회장단을 선출하도록 위임받았다. 이전에 WCC 부총무였던 웨슬리 아리아라자(S. Wesley Ariarajah: Methodist Church of Sri Lanka)는 개회하는 전체 오리엔테이션회의에서 "총회가 여러분들의 손에 달렸습니다. 총회가 어떻게 될지는 여러분이 어떻게 할지에 달렸습니다."라고 말하였다.

그렇지만 이번 총회는 WCC 50주년이기 때문에, 사람들은 총회가 보다 폭넓은 시각을 가질 것을 요구하였다. 이번 총회는 다음과 같은 핵심적인 질문들과 씨름하였다. 교회들은 WCC를 통해 우리가 함께 해온 에큐메니칼 역사에서 무엇을 배웠는가? 우리가 배운 것들이 지금 우리에게 의미하는 것은 무엇인가? 미래를 바라볼 때 우리 교회들은 어떻게 대응해야 할 것인가?

1997년 9월 중앙위원회가 채택해서 회원교회들에 권고한 "WCC의 공동의 이해와 비전을 향하여"(CUV: Towards a Common Understanding and Vision of the WCC)라는 정책선언문이 대표들로 하여금 이러한 숙고를 할 수 있도록 도왔다. 자료를 요약하고 그 구체적인 법적인 함의들을 숙고하기 위해 두 차례의 심의회가 하라레에서 계획되었다. 대표들은 이슈들이 제시되고 세밀하게 논의되는 공청회에 참석하였으며, 특별한 권고안들을 둘러싼 참가자들의 토론에 참여하였다.

이러한 모든 활동들은 총회가 폐회하기 하루 전인 어느 화창한 일요일 오후에 구체화되었는데, 이때 참가자들은 "희년으로의 여정"에 초대를 받았다. 전직 BBC 해설자 웹(Pauline Webb)은 WCC를 통해 교회들이 함께 해온 50년에 대해 이야기를 들려주었는데, 1948년 암스테르담에서 열렸던 창립총회로부터 시작해 이전 총회들에 대한 내용들이 커다란 스크린을 통해 상영되었다. 남아프리카의 대통령 넬슨 만델라(Nelson Mandela)와 전직 WCC 총무인 필립 포터(Philip Potter)는 교회들이 함께해 온 활동들에 대해 그리고 이러한 공동의 증언이 사회에 미친 긍정적인 영향에 대해 증언하였다. 만델라는 이렇게 말하였다. "우리의 해방투쟁을 지원하기 위해, 우리의 지배자들이 금한 억눌린 자들의 교육에 종교기관들이 책임을 지기 시작한 날로부터 여러분의 지원은 종교가 우리의 해방에 기여할 수 있는 가장 구체적인 방식으로 공헌을 해주었습니다." 포터는 이렇게 말하였다. "저는 이 총회에 참석한 젊은이들이 2048년에 개최될 다음번 희년 총회에 참석해서 하나님께서 모두를 위한 선이라는 목적을 이루기 위해 그들 세대를 통해 행하신 일들을 증언해 주기를 간절히 소망합니다."

그날 오후에 1983년에 개최된 밴쿠버 총회를 생생히 연상시키는 잊기 어려운 순간이 있었다. 밴쿠버 총회 때 사람들이 자신들의 나라에서 가져온 봉헌물을 가지고 앞으로 나가는 행렬이 끝나고 당시의 총무인 필립 포터가 한 아프리카 어머니에게서 아이를 넘겨받는 일이 있었는데, 이 일은 그 총회가 끝나고 나서도 영화의 한 장면처럼 무의식적으로 떠오르는 장면으로 오랫동안 사람들의 기억에 남아있었다. 하라레에서 필립 포터는 총회에 연설하기 위해 단상으로 걸어가다가 지금은 15살이 된 그 소녀가 "저를 기억하세요?"라고 말하자 깜짝 놀랐다. 군중들은 기쁨의 환호를 보냈다.

희년 총회를 기념하는 행사가 끝나고, 모든 사람들은 재헌신을 다짐하는 예식을 위해 예배 텐트로 걸어갔다. 종교 지도자들이 자신들의 나라에서 만들어진 십자가들을 교환하는 동안, 예배자들은 짐바브웨 사람인 무가니와(Simon Muganiwa)가 만든 단순한 철사 십자가를 받았다. 십자가는 에큐메니칼 운동에 대한 우리 자신의 재헌신을 상징하였다. 예배자들은 다음과 같은 기도를 드리면서 십자가의 의미에 마음을 모으는 순서를 가졌다.

일치의 하나님, 사랑의 하나님
우리 입술로 말하는 것들이 우리의 마음속에서 강해지게 하소서.
우리 마음으로 다짐하는 것들이
우리의 삶 속에서 생생하게 해주소서.

우리에게 당신의 성령을 보내주시어
우리가 감히 기도하지 못하는 것들을 기도하게 하시고
우리가 주장하는 것 너머까지 주장하게 하시고
우리가 각기 제 길로 가고자 할 때 우리를 묶어 주소서.
우리를 앞으로 이끄소서.

우리를 함께 이끄소서.
우리로 당신의 뜻,
우리 주 예수 그리스도의 뜻을 행하게 이끄소서.
아멘.

그런 다음 참가자들은 일어서서 헌신을 다짐하는 기도를 드렸고, 이 기도는 힘이 넘치는 조화로운 소리로 커다란 푸른색 텐트에서 흘러나오는 한 짐바브웨인의 "할렐루야"와 더불어 울려 퍼졌다.

1.4. 상황

우리는 짐바브웨의 교회들의 초청을 받아 이곳에 왔다. 일찍 도착하거나 늦게까지 머문 일부 사람들은 이 지역을 둘러볼 수 있었다. 하라레 공항을 떠나 내가 총회 참석자들을 처음 얼핏 본 것은 짐바브웨 북서쪽에 있는 빅토리아폭포와 황게국립공원에서의 모임 전이었다. 하라레에서의 비행시간 동안 창밖을 내다보던 승객들은 무성한 녹색 경관과 나무로 뒤덮인 구릉진 언덕들, 철이 매장된 붉은 땅, 짧은 우기가 아직 오지 않아 말라버린 하천바닥들, 그리고 그 지역의 은데벨레(Ndebele) 족들이 살고 있는 둥근 초가지붕의 움막들이 모여 있는 마을들이 산재해 있는 것을 보았다.

많은 수의 짐바브웨 사람들은 아직도 작은 농장에서 암석이 많은 땅을 경작하면서 살고 있다. 현장에서 방문자들은 웅장하고 안개를 내뿜는 폭포에 위압당하였으며, 골짜기로 이어지는 다리에서 뛰어내리기에 충분할 만큼 모험적인(혹은 미친!) 번지점프를 즐기는 사람들, 그리고 동물들, 웅장하고 당당한 동물들인 코끼리, 사자, 자칼, 들개, 박쥐귀여우, 물소, 하마, 얼룩말, 쿠두, 야생돼지, 상상할 수 있는 모든 색깔과 모양과 크기의 새들이 있었다. 다른 사람들은 아프리카에 있는 가장 큰 규모의 유적지인 그레이트 짐바브웨를 방문하였다. 이곳은 7세기 유적지로, 오늘날 짐바브웨인들 상당수의 조상으로 쇼나(Shona) 어를 사용한 사람들에 관한 이야기를 담고 있다. 다른 사람들은 카리바(Kariba) 호 근처의 사파리로 가거나 마투사도나(Matusadona) 국립공원에 갔다.

처음 받은 인상으로 결론을 도출한다는 것은 위험한 일이다. 짐바브웨와 아프리카 대륙에 대한 체계적이고 복합적인 분석은 12월 8일 화요일에 이루어진 아프리카 전체회의에서 제공되었다. 덧붙여 짐바브웨 대통령인 무가베(Robert Mugabe)가 총회를 방문하여 50분간 대표들에게 연설하였다. 그의 연설은 세실 로즈(Cecil Rhodes)의 시기 이후에 그리스도교 선교사들과 그리스도교 교회들이 짐바브웨에서 수행한 긍정적이고 또 부정적인 역할에 대해 상세하고 근거에 기초한 개괄을 해주었다. 이 점과 관련해서 그는 1980년 국가 독립으로 이끈 투쟁이 이루어지는 시기에 WCC가 연대해 준 데 대해 감사를 표하였다. 특별히 인종차별철폐프로그램(Programme to Combat Racism)을 통해 표출된 연대의식에 대해 고마움을 나타내었다. (현재 날로 증가하고 있는 이 나라의 정치적인 혼란에 대해 일절 언급하지 않은) 무가베의 연설에 답하여, WCC 회장인 앤더슨(Vinton Anderson) 주교는 하나님의 형상을 따라 창조된 모든 인류의 자유와 동등성을 위한 계속적인 투쟁과 더불어 독립과 민주적인 헌법을 계속 보완해서 선포해야 할 책임을 강조하였다.

이곳의 풍미를 나타내기에는 이미지들을 사용하는 것이 더욱 적절하다. 이곳은 대조적인 것들로 가득 찬 나라고 대륙이다. 12월 5일 토요일 오후에 대표들과 방문객들은 시내를 관통해서 짐바브웨 교회들이 예배를 주관하는 장소인 루파로 경기장으로 반시간 가량 이동하기 위해 끝이 보이지 않는 버스행렬에 올라탔다. 이곳은 18년 전인 1980년 4월 18일 군중들이 모여서 짐바브웨라는 새로운 나라가 탄생한 것을 기념한 바로 그곳이다. 도착하자마자 우리는 환영의 표시로 식수를 제공받았다. 색깔 있는 옷으로 치장한 짐바브웨 교회 대표들이 풀이 무성한 운동장을 빙빙 돌자 여기저기서 카메라와 비디오가 작동하였다. 안정감 있는 북소리가 배경에 깔렸다. 그 리듬을 듣고 가만히 앉아 있는 것은 불가능한 일이었다.

내전으로 시달리고 있는 나라인 수단의 토릿 지역의 로마 가톨릭 주교인 타반(Paride Taban)의 엄숙한 설교는 이러한 분위기와 대조를 이루었다. 주교는 "전쟁과 살육을 중단하라. 우리에게 평화를 달라"고 호소하였다. 그는 노예제도가 지금도 수단의 일부 지역에서 행해지고 있다는 것을 상기시켰다. 그 다음 주에 14개의 폭탄이 남수단의 나루스 지역에서 터져 주교가 속한 성당과 초등학교에 피해를 입히고 6명이 죽고 14명이 상해를 입는 일이 일어났다. 이 사고는 WCC 총무와 의장으로 하여금 수단 정부에 강력한 어조로 우려를 표명하는 편지를 보내게 만들었다.

우리는 콩고민주공화국을 위시해 내전으로 황폐해진 다른 아프리카 국가들에 대해 알게 되었다. 콩고민주공화국에는 아프리카 대륙의 다른 정부들, 그리고 점점 많은 수의 짐바브웨 사람들이 관심을 갖게 되면서 짐바브웨와 다른 이웃국가들의 군대가 파병되었었다.

우리는 12월 8일에 있었던 아프리카에 대한 전체회의에서 다른 진지한 이야기들을 들었다. "희망의 여정"이라는 감동적인 정치영화에서 한 짐바브웨 집단(ZACT)이 생생한 이야기를 들려주었다. 이 드라마는 다음과 같은 역사를 기술하였다. "그렇게 해서 나는 다른 사람의 노예가 되었다. 그리고 이런 일은 우리 이웃들에게도 일어나, 케냐타(케냐의 초대 대통령), 은크루마(가나의 초대 대통령), 벤 벨라(알제리의 초대 대통령)와 넬슨 만델라(남아프리카공화국의 대통령)도 자신들의 땅에서 낯선 이방인들의 노예가 되었다. 이방인들은 한 손에는 총을 다른 한 손에는 성경을 들고 있었다. … 우리의 심장이 이방인들의 명령에 도전할 때 하나는 우리 심장을 쏘기 위한 것이었고 다른 하나는 우리 심장을 길들이기 위한 것이었다. 나와 우리 공동체에 속한 다른 사람들은 물을 퍼올리고 나무를 자르는 사람들이 되었다."이 드라마가 상영된 후에 피티아나(Barney Pityana)와 오두요예(Mercy Oduyoye)가 이에 대한 분석과 해설을 해주었다.

이들은 짐바브웨에서 일주일에 700명이 에이즈로 죽어가고 있는 현실에 대해 이야기해 주었다. 인구의 10퍼센트 정도가 바이러스에 감염되어 있다. 실직은 거의 50퍼센트에 육박하고 있다. 짐바브웨 달러는 약화일로에 있고, 인플레이션은 걷잡을 수 없는 실정이다. 다른 많은 아프리카 국가들에서와 마찬가지로, 사람들은 일자리를 찾아 도시로 몰려들고 있다. 귀중한 천연자원들은 급속도로 늘고 있는 국가부채를 갚는 데 충당되고 왔다. 토지개혁은 뜨거운 논쟁의 대상이다. 빈부의 격차는 계속 더 벌어지고 있다. 사람들은 정부 지도자들을 믿지 않고, 부패에 대한 이야기들이 자주 들려온다. 이러한 정보는 어린 병사들, 제3세계의 부채, 인권과 세계화와 관련된 총회의 조처들을 위한 배경이 되었다(공식문서들 참조). 어느 날 오후 대표들이 휴식시간을 끝내고 대강당에 모여들 때 다른 사람들은 대강당 주변에 어깨를 나란히 하고 서서 "부채를 탕감하라!"라고 반복해서 외치면서 큰 원을 이루고 있었다.

아프리카에 관한 전체회의가 있던 날 참가자들은 음악과 춤이 있는 저녁을 즐겼다. 밤공기를 타고 울려 퍼지는 아프리카 북소리는 총회 대강당에 계속 앉아 있다가 누리는 기분 좋은 변화였다.

커다란 텐트 안에서 이루어지던 아침 예배는 활력 넘치는 남아프리카의 "아메니"(Ameni)라는 응답송으로 끝을 맺었는데, 이 응답송은 "바바바바밤"이라 노래하는 에너지 넘치는 성가대의 강력한 베이스 음색으로 시작되었다. 한 참가자는 자신이 에큐메니스트들이 모인 방에서 일어나서 "바바바바밤"이라고 노래했고, 그렇게 해서 즉각 하라레 총회에 참석한 사람들의 주목을 받을 수 있었다고 말하였다. 참가자들은 12월 6일 주일예배에 초청되어, 지역교회의 예배에 참석하기 위해 인근 마을들로 흩어졌다. 12월 13일

참가자들은 로마가톨릭, 성공회, 감리교, 콥틱정교회와 그리스정교회가 각기 주재하는 지역의 성만찬 예식들에 참석하였다. 많은 사람들은 믿기 어려울 정도로 후한 접대를 받고 우의를 다졌으며, 전통적인 아프리카 북과 호쇼(hosho), 말린 작은 호박으로 만들어진 딸랑이 같은 악기로 드리는 새로운 예배를 경험했다는 이야기를 가지고 돌아왔다. 그리스도교 교회들은 다른 어떤 곳보다 아프리카 대륙에서 급속한 성장을 하고 있고, 토착적인 아프리카 교단 교회들(African Instituted Churches)이 발흥하고 있다.

1.5. 주제

하라레 총회의 주제인 "하나님께로 돌이키라 – 소망 가운데 기뻐하라"는 1954년 에번스턴 총회의 폐회 메시지 "그러므로 우리는 소망 가운데 기뻐하라고 말합니다."를 반복하고 있다. 이 주제는 12월 4일 아침 WCC 회장인 스리랑카 출신 멘디스(Priyanka Mendis)가 주재하는 심의회의에서 다루어졌다. 총회는 슬라이드들을 통해 마비야네–데이비스(Chaz Maviyane-Davies)의 디자인을 조각가 사마푼도(Wilbert Samapundo)가 튼튼한 검은색의 쇼나 족의 돌로 주제를 설명해 주는 영감 넘치는 조각물로 만들어 내는 것을 보았다. 조각품은 12월 3일 개회식에서 짐바브웨 교회협의회 회장인 쇼무티리(Enos Chomutiri)를 통해 총회에 전달되었다. 쇼무티리 목사는 "이것이 상기시키는 조형물이 되길 바랍니다. 우리 마음의 표시입니다."라고 말하였다. 정말이지 이 조각품은 우리에게 상기시키는 물건이 되어, 총회의 비공식적인 로고가 되었다.

총회 주제에 관한 세 개의 발표가 있었다. 티라나와 전체 알바니아의 정교회 추기경인 아나스타시오스(Anastasios), 브라질의 루터주의 신학자 데이펠트(Wanda Deifelt), 그리고 수년간 미국에서 가르친 일본계 신학자 고야마(Kosuke Koyama)가 발표하였다. 많은 사람들에게 이 주제를 다루는 전체회의는 이번 총회에서 감동적인 순간들 중 하나였다. 각기 다른 대륙, 다른 전통에 속한, 서로 다른 시각을 지닌 이들 세 사람의 그리스도인은 함께 전체 행사를 특징짓는 주제의 온전한 의미를 제시하였다. 이들의 발표는 숙고를 위한 시간을 두고 진행되었고, 중간에 희년에 주의를 환기시키는 성경 낭독 시간도 있었다.

발표자들과 대표들이 아침에 같은 언어권 사람들끼리 10명 남짓씩 그룹을 지어 토의시간을 가질 때 숙고하게 될 문제를 고야마가 제시하였다. "'사람이 사는 온 세상'(oikoumene)이 절망적으로 가난한 사람들, 굶주린 어린이들, 자신들의 고향에서 내쫓긴 사람들, 그리고 전쟁과 인종갈등의 무고한 희생자들로 가득하다. 핵으로 인한 절멸의 위협은 여전히 지평선에 걸린 구름처럼 드리워 있고, 우리 행성은 생태적인 위기에 사로잡혀 있다. 우리는 어떻게 소망 가운데 기뻐할 수 있는가?" 아나스타시오스는 총회에 "기억하지 않는 공동체 혹은 중간 중간 끊어지는 기억을 지닌 공동체는 문제가 있고 허약하다."는 것을 상기시켰다. 그는 "모든 다른 것들이 시작하고 그 의미를 갖게 되는 것은 그것[회상, 기억]으로부터이다."라고 말하였다. 데이펠트는 돌이킴의 과정에서 "돌아온 탕자 아들에게서와 같은"회개가 필요하다고 말하였다. 그녀는 총회에 이런 질문을 던졌다. "그리스도인들이 우리 시대의 불의에 대항해 한 목소리로 말하지 못하는 이때 우리가 세상을 향해 무슨 메시지를 줄 수 있습니까?"

전체 총회 기간 동안 대표들은 이런저런 방식으로 이 질문에 답하고자 애썼다. 그들은 예배와 성서묵상을 통해 하나님을 향하고 그분께 나아갔다. 데이펠트의 말에 의하면 하나님은 "역사 속으로 뚫고 들어와 십자가에 못 박히신 분이다." 원형 텐트 안에서 예배자들이 짐바브웨 예술가 무타사(David Mutasa)가 조각한 거대한 4.5미터의 티크나무 십자가에 몰려든 것은 우연이 아니었다. 그리고 그들은 고야마가 제시한 다음과 같은 말을 깊이 숙고하였다.

"소망은 미래와 관련이 있습니까? 그렇습니다. 하지만 그것은 사랑과 더욱 관련되어 있습니다. 소망은 시간 이야기가 아닙니다. 그것은 사랑 이야기입니다." (주제에 관한 이러한 묵상들의 전문에 대해서는 제2장을 보라).

전체회의 회의장에서 이루어진 공식적인 정책이슈에 관한 토론에서 총회에 모인 대표들은 회원교회들에게 우리 시대의 긴급한 이슈들, 즉 인권, 세계화, 제3세계 부채 문제를 다루도록 권고하는 발언을 통해 이런 소망을 구체화하려고 애썼다. 이러한 그리고 다른 이슈들은 이 주제의 두 번째 측면인 희년과 관련되어 있다.

짐바브웨 대학 교목인 바카레(Sebastian Bakare)는 '삶의 북소리: 아프리카 상황 속에서의 희년' 이라 불린 예비 기도시간에 WCC 50주년과 성서의 희년전통의 연관성을 환기시켰다. 그는 "이 전통에 따르면, 50번째 되는 해는 모두 희년이 된다. 그 해에는 한 해 내내 축하가 이루어질 것이다. 땅과 동물들은 쉬게 되고, 부채는 탕감될 것이며, 토지는 원래의 소유자에게 귀속될 것이다." 총회 대표들은 성서의 희년과 오늘날의 사회적, 정치적, 그리고 경제적 상황 사이에 구체적인 연관을 지었다.

1.6. 과정

대표들은 회합에 참가하기 전에 서면자료들을 받아 보았다. (그 반대의 조언에도 불구하고, 하라레 행 비행기 안에서 이 자료들을 열심히 읽는 참가자들을 볼 수 있었다.) 『캔버라에서 하라레까지: 1991–1998년의 WCC 활동에 대한 자세한 설명』은 WCC 사무국 직원들과 회원교회의 대표들이 WCC의 후원 아래 수행된 방대한 분량의 활동에 대해 요약해서 기록하고 있다. 그들은 캔버라에서 위임받은 데 따라, 그리고 이미 확립되어 있는 정책의 전통에 따라 이 일을 하였다. 로마 가톨릭교회와 WCC가 함께 구성한 공동연구모임(Joint Working Group)의 17명의 회원들 또한 "WCC와 로마 가톨릭교회 사이의, 특별히 WCC의 다양한 기관들과 프로그램들과 로마 가톨릭교회 사이의 협력의 형태들"에 관한 7번째 보고서를 내놓았다. 1998년 7월 발간된 「에큐메니칼 리뷰」(*The Ecumenical Review*)는 "WCC의 공동의 이해와 비전을 향하여"(CUV) 문서에 관한 "계속적인 논의"에 충당되었다. 『하라레를 향한 여정에 대한 정교회의 숙고』(*Orthodox Reflections on the Way to Harare*)는 WCC의 정교회 담당 직원이 준비한 책으로, 불길한 소문이 무성하고 조지아와 불가리아 정교회들이 단호한 탈퇴를 감행한 상황에서 필수적인 독서목록이 되었다. 이들의 탈퇴는 총회의 진행과정에 그늘을 드리웠다.

총회는 세 방면에서 일을 추진하였다. 첫 번째 책무는 캔버라에서 하라레에 이르는 여정을 WCC의 목적과 목표에 관한 논의를 통해 숙고하는 것이었다. 이 과정은 우선적으로 12월 3일에서 7일에 이루어졌는데, 여기에는 의장과 총무가 제출한 전체적인 보고서들, "공동의 이해"에서 비롯될 수 있는 헌장 내용의 수정안을 소개하면서 CUV 문서에 대해 벌인 토론, "여성과 연대하는 교회의 에큐메니칼 10년"의 요약도 포함된다. 종교지도자들과 정치지도자들이 보낸 인사말들도 이 기간 동안 읽혀졌다. 여기에는 대한민국의 김대중 대통령이 보낸 축하인사도 포함되어 있다. 총무는 정치지도자가 보낸 이러한 인사말을 함께 나누는 것은 관습에서 벗어나는 일이지만, WCC와 대한민국의 김대중 대통령 사이에 "수년간 다져온 상호 이해와 지지의 특별하고 밀접한 관계"가 예외를 둘 수 있게 해주었다고 말하였다.

이러한 모든 정보는 세 차례에 걸친 일련의 공청회에서 다루어졌다. 공청회는 12월 7일 월요일에 각기 90분씩 개최되었고, 이때 대의원들과 다른 참가자들은 교회들이 WCC를 통해 함께 해온 활동들에 대해 면밀히 검토하고 평가하도록 장려되었다. 전체적인 공청회 과정은 이전의 총회에서 이루어지던 관습에서 벗어난 것이었다. 이전에는 각 분과들이 사전에 준비된 보고서들을 검토했었다. 총회를 준비한 사람들의 의도는 회원교회들이 파견한 대의원들이 가능한 한 충분히 "누릴 수 있는" 공개적이고, 자유로운 환경을 조성하는 것이었다.

첫 번째 공청회는 WCC가 캔버라와 하라레 총회 사이 기간 동안 활동해 온 네 개의 프로그램 단위, 즉 일치와 갱신; 선교적 교회 – 건강, 교육, 증언; 정의, 평화, 그리고 창조; 나눔과 봉사의 영역과, 더불어 사무국의 사역에 관한 공청회로 나뉘어 진행되었다. 사무국의 경우에는 교회와 에큐메니칼 관계, 종교 간의 관계, 소통, 보세이에 있는 에큐메니칼 연구소, 그리고 재정이 포함되었다. 그렇게 많은 자료들을 상대적으로 적은 시간 동안 다루면서 그 장점, 단점, 그리고 방향성에 대해 건설적으로 숙고한다는 것은 어려운 일이었다. 그럼에도 불구하고 대표들과 사무국 직원들은 맹렬한 노력을 기울였고, 몇몇 사람들은 특별한 질문들을 준비해 와서 나중에 총회 위원회 활동들에서도 다시 언급하였다.

하라레 이전의 WCC 체계를 반영한 첫 번째 공청회와는 달리, 두 번째 공청회는 주제와 이슈 중심으로 조직화되었다.

– **일치**: 예배, 영성, 교회의 가시적인 일치, 교회론과 윤리를 다룸.
– **정의와 평화**: 다툼, 폭력, 세계화로 특징지어지는 세계, 그리고 화해를 필요로 하는 세계에 대한 관심.
– **함께 나아가기**: 회원교회들 사이의 소통과 에큐메니칼 운동 전체를 다룸.
– **배우기**: 종교 간의 관계를 다루고, 세상의 문화적 그리고 종교적인 다원상황을 인식하는 그리스도교적 그리고 에큐메니칼적인 구성을 다룸.
– **증언**: 증언과 복음전도를 통해 복음을 전하는 것과, 개종의 문제에 관심.
– **연대성**: 교회의 환경에 대한 관심을 다루고, 정의롭고 지속가능한 공동체의 발전과 그것을 가능하게 하는 실질적인 조처에 관심을 둠.

프로그램 지침 위원회(Programme Guidelines Committee)는 아봄(Agnes Abuom)을 의장으로, 로저슨(Barry Rogerson)을 보고자로 두고,

보고서 첫 부분에서 WCC의 활동을 평가하고, 두 번째 부분에서는 미래를 위한 권고를 해달라는 임무를 부여받았다. 의사일정이 진행되는 동안 회합을 가지는 다른 위원회들로는 다음과 같은 것들이 있었다.

- **인선위원회**: 새로운 중앙위원회 지명자들, WCC 회장단을 준비해서 총회에 검토와 선출을 의뢰할 책임이 있다.
- 통신문 위원회: 교회들에 보낼 통신문으로, 총회의 경험과 소망을 망라하는 문서를 준비할 것을 위탁받았다.
- **재정위원회**: WCC의 재정을 전체적으로 감시하고 중앙위원회와 사무국의 업무수행을 위한 전반적인 지침을 마련할 책임이 있다.
- **공공쟁점처리위원회**: 특정한 공적 이슈에 관해 선언문 초안을 작성하도록 위탁받았다.
- 두 개의 **정책자문위원회**: I 위원회는 다음의 사항들에 대해 책임을 갖는다. 의장과 총무의 보고서들에 대한 총회의 조처를 위한 권고안을 제시하고, 회원교회·로마 가톨릭교회·다른 에큐메니칼 기관들과의 관계, WCC 헌장과 강령에 관한 잠정적인 수정안, 그리고 CUV 문서에 대해 권고안을 제시할 책임이 있다. II 위원회는 특별히 세계화, 국제적인 부채, 그리고 아프리카와 에큐메니칼 10년에 관한 전체회의에서 도출되는 문제들과 관련해 장래 WCC 정책에 관한 총회의 조처를 위한 권고안을 제시할 책임이 있다.
- **실무위원회**: 총회의 일상적인 활동을 조정하고 의제 내용의 모든 조정상황을 감독할 책임이 있다.

　　2주간에 걸쳐 총회는 이러한 실무들을 행하기 위해 전체회의를 20차례나 가졌다.

1.7. 파다레

　　이번 총회의 완전히 새로운 특징은 파다레(Padare)로, 공식적인 숙고를 확산시키기 위해 기획된 것으로, 총회의 의사결정 측면으로부터는 분리된다. 짐바브웨의 쇼나 부족의 전통에서 "파다레"는 회합장소를 의미한다. 그것은 자유로운 교환, 공동의 경청, 나눔과 협의를 위한 장소이다. WCC는 이 개념을 빌려와 총회에 사용하였다. 파다레는 "모든 참가자들을 돕기 위해 기획된 새로운 과정"으로서, 이를 통해 모든 사람들의 목소리가 들려질 수 있다. 실행의 어려움과 창조적인 가능성 둘 다를 인식하면서, WCC의 한 지도자는 "파다레는 불가능한 임무지만, 우리는 그것을 떠맡게 될 것이다."라고 말하였다.

12월 7일에서 11일에 이르는 5일 동안 400개가 넘는 각종 부스들이 캠퍼스 여기저기 흩어져서 개설되었다. 어떤 사람들은 명백히 파다레에서 토론을 주도하거나 참여하려는 목적으로 수천 마일을 이동해서 하라레에 왔다. 파다레에서 개설된 몇몇 부스들은 WCC 사역의 핵심적인 차원에 대해 다루었기 때문에 "대화의 광장"(forum)이라는 특별한 지위를 부여받았다. 예를 들어 신앙과 직제 5차 세계대회(산티아고 데 콤포스텔라, 1993), 폭력극복을 위한 프로그램(Programme to Overcome Violence), 여성에 대한 폭력, 이주자, 세계화와 인종차별주의에 대한 대화의 장들이 있었다. 몇몇 그룹들은 자신들의 메시지를 전달하기 위해 짐바브웨 초중등학생들과 교회의 청소년 찬양대들이 출연하는 드라마, 춤, 뮤지컬과 같은 공연예술을 사용하였다. 어떤 사람들은 자신들의 이야기를 들려주었다. 몇몇 부스에서는 신앙과 직제에 관한 이슈들을 다루었다. 동성애를 포함해 인간의 성에 관한 이슈들을 비롯해 교회들이 다루기 어려운 주제들을 내놓기 위한 부스들도 몇몇 개설되었다. 부스들은 그 구조와 스타일에 있어 매우 다양하였다.

기울인 노력의 결과는 들쑥날쑥하였다. 어떤 행사들은 등록하는 참가자가 너무 적어서 취소되었고, 또 다른 행사들은 50, 60, 70 혹은 그 이상의 사람들이 몰려들어 열광적인 반응을 일으켰다. 모두에게 너무나 다행스럽게도, 논쟁적인 이슈들을 다룬 부스들은 서로의 말을 경청하는 정신을 지키는 가운데 수행되었다. 대체로 개설된 부스들은 교회의 관심사와 우선순위에 대해 목소리를 내려는 목적으로 기획되었다. 그것들은 자유롭게 진행되어, 에너지를 만들어 내고, 마음을 넓혀주었으며, 아주 미미하지만 확실한 방식들로 그 숙고한 내용들을 널리 퍼뜨려 내쫓긴 민중들에게 영향을 미치는 매개체들이었다.

1.8. 인선과정

총회가 하는 일 중에 필수적인 한 부분이 새로운 WCC 회장단과 중앙위원회 위원들을 선출하는 것이다. 앞선 총회들에서와 마찬가지로, 인선위원회는 폭넓게 포괄하고 권역별, 교회별, 성별, 평신도/성직자, 젊은이, 토착민들의 안배를 고려해 균형을 지키려고 무척이나 노력하였다. 인선위원회는 또한 연속성을 확보하기 위해, 재선될 가능성이 있는 대의원들의 비율을 고려하였다. 나이로비에서 밴쿠버에 이르는 기간에 이 비율은 27퍼센트였고, 밴쿠버에서 캔버라에 이르는 기간은 26퍼센트, 캔버라에서 하라레까지는 18퍼센트였다. 인선위원회는 가능한 한 언제나 회원교회들이 추천한 것들뿐 아니라, 국가별 혹은 권역별 집단들이 제시한 바 있는 추천내용들에서 선별하고자 애썼다.

인선위원회는 12월 5일, 8일, 11일에 세 차례 보고를 했다. 최종적인 후보자 명부에는 여성이 39.4퍼센트, 젊은이가 14.7퍼센트, 정교회(동방과 오리엔탈)가 24.6퍼센트, 평신도가 43.3퍼센트 포함되었다. 교단별 균형은 다음과 같았다. 성공회는 10퍼센트, 침례교회 4.7퍼센트, 자유교회, 오순절교회 그리고 아프리카 교단교회가 6.7퍼센트, 루터교회 8.6퍼센트, 감리교회가 10퍼센트, 정교회가 24.6퍼센트, 기타 6.7퍼센트, 개혁교회가 22퍼센트, 그리고 연합교회가 6.7퍼센트였다.

인선과정 중에 위원장인 주교 탈버트(Melvin Talbert: United Methodist, USA)는 이런 말을 했다. "대표단을, 특별히 여성과 젊은이 대표와 관련하여 이렇게 구성할지 지금 결정하는 것이 총회로 모인 우리에게 부과된 의무입니다." 세 번째 발표를 하면서 그는 인선위원회가 그 목표를 달성하지 못했다는 것을 시인하였는데, WCC 회원교회들의 수가 늘어난 것이 그 이유들 중 하나였다. 그는 일부 회원교회들이 행사하는 압박에 비추어 볼 때 최선을 다하였다고 말하였다. 전체토론에서 다섯 명의 특별히 제시된 예비후보를 거절한 후, 대의원들은 인선위원회의 추천을 받아들여 자신들에게 제출된 후보자 명부를 승인하였다.

그들은 또한 자신들의 경험에 기초해, 앞으로 개최될 총회의 진행과정에서 개선될 수 있는 방안들에 관해 새로 구성된 중앙위원회에 몇 가지 전반적인 권고사항을 적어 보냈다. 여기에는 이런 내용들이 담겼다. (1) 같은 권역에 속한 교회들을 교대시킬 수 있는 과정을 제시하라. (2) 어떤 한 교회에게 허용되는 최대 의석수를 재고하라. (3) 한 개인이 몇 차례까지 맡을 수 있는지 그 임기를 제한하라. (4) 회장단에 지명된 사람들의 이름을 발굴해 내는 과정을 명확하게 하고 균형을 잃지 않을 분명한 지침들을 두라. 곤란하고 어색한 상황이 연출되었는데, 중앙위원회에 새로이 선출된 아르메니아 정교회의 한 평신도 여성이 자신의 이름을 철회시키고 자신이 속한 교회의 한 성직자 대표가 중앙위원회에 위원으로 참석할 수 있도록 한 것이다. 그렇지만 총회는 그녀의 요구를 받아들이지 않기로 결정하고 그에 대한 논의를 중앙위원회에 회부시켰다.

1.9. 예배
대학 캠퍼스의 푸른 광장에 자리한 커다란 타원형의 푸른 텐트는 하라레 총회를 위한 중심적인 예배장소였다. 텐트의 중앙에는 아프리카 대륙의 윤곽이 중앙에 새겨진 커다란 티크나무 십자가가 우뚝 솟아 있었다. 3,400명 정도가 수용될 수 있는 공간으로, 매일 아침 이 텐트는 사람들로 꽉 들어 찼다. 사람들은 텐트를 향해 끊임없이 흘러들어왔으며, 힘이 넘치는 찬양대의 목소리와 아프리카 북의 충만하고 풍부한 소리가 만들어 내는 거부할 수 없는 리듬에 이끌려 들어왔다. 극도로 문화적으로 억제되어 있는 사람조차도 음악에 이끌리지 않을 수 없었다.

만질 수 있는 실체적인 상징들이 예배의식 전체에 수놓아져 있었다. 세계 각국의 종교 지도자들이 다시 헌신을 다짐하는 예배 중에 교환하기 위해 이번 총회로 가지고 온 십자가들, 치유와 상쾌함과 환대의 물, 축성된 빵과 포도주, 스리랑카의 관습에 따라 치유를 위한 기도와 함께 제공되어 먹은 잎사귀들, 철사로 만들어진 단순한 아프리카의 십자가들이 있었다. 중앙아메리카에서 일어났던 허리케인 미치(Mitch)의 피해자들과 짐바브웨의 에이즈 환자들을 돕기 위한 특별헌금도 드려졌다.

전체 총회는 예배로 둘러싸였다. 예배로 하루를 시작하고 예배로 끝맺었다. 나흘 동안 사람들은 대학교 예배당에서 드려지는 정오예배에 참석할 수 있었다. 하루를 마칠 때는 예배당에서 이루어지는 기도회에 참석하든지 텐트에서 보다 자유로운 형식으로 진행되는 기도와 찬양에 참가하든지 선택할 수 있었다. 매일 예배를 드리는 사람들은 커다란 텐트에서 예배드린 후 작은 그룹으로 나뉘어 성경연구와 묵상의 시간을 가졌다. 이 소그룹에서는 그날 예배의 주제들에 대해 긴밀하게 탐구할 수 있었다.

이러한 정규적인 리듬에 덧붙여, 총회는 루파로 스타디움(Rufaro Stadium)에서 짐바브웨의 교회들이 주관하는 특별예배를 몇 차례 드렸다. 12월 6일 주일에는 지역교회들과 함께 예배를 드리고, 주일 저녁 철야기도회에서는 바닥에 촛불들을 켜두고 성만찬을 통해 우리의 상한 모습을 인지하는 시간을 가졌다. 이 시간에 예배드리는 사람들은 마가복음의 수난이야기에 의

거한 십자가의 길 기도처를 따라 움직였다. 월요일 아침의 부활의 아침 기도 시간에는 정교회의 전통이 많이 재현되었으며, 12월 13일 주일 오후의 재헌 신 예배도 여기서 드려졌다.

　　오늘날 많은 교회들이 성만찬을 함께 기념하는 것이 불가능하게 되었기 때문에, 중앙위원회는 총회에서 공식적인 성만찬예배를 드리는 것이 적절할 지 아닐지에 대해 깊이 그리고 치열하게 논의하였다. 결론은 다섯 개의 장소 에서, 로마가톨릭, 성공회, 감리교, 콥틱 정교회와 그리스 정교회 방식으로 아침 성만찬 의식을 진행하기로 하였다. 이에 앞서 저녁 철야기도회가 이루 어졌는데, "우리의 상함을 고백하고 회개"하는 시간이었다. 그리고 주일 오 후의 헌신 예배가 뒤를 이었다. 일부 사람들은 이러한 결정에 만족감을 표했 지만, 또 다른 사람들은 그것을 실패로 여겼다.

　　중앙위원회가 임명한 19명의 위원으로 구성된 예배위원회는 WCC 사 무국 직원의 도움을 받고 도로시(Dorothy McRae-McMahon: Uniting Church of Australia)의 지도력 아래서, 언어, 예배 주관자와 찬양을 바꾸어 가며 조화로운 전례 구조를 마련했다. 예배는 음악을 통한 준비, 침묵, 시편 51편에 기초한 인사, 찬송, 기도, 말씀의 시작, 성경봉독, 말씀에 대한 화답, 중보기도, 주기도문, 축도와 찬양으로 구성되었다. 동시에 예배자들은 세계 각처에서 온 현기증 날 정도로 다양한 지도자, 언어, 찬양, 기도와 관습들을 경험하였다. 이것은 보편적 교회에 대해 생생하게 상기시켜 주었다. 그렇지 만 인도자가 "우리 모두 일어나서 우리를 하나로 묶으시는 주님의 기도를 우 리 각자의 언어로 드립시다."라고 말하였을 때, 세계 각처의 수많은 모국어 들이 우리 모두의 하나님에게 바치는 공동의 기도문에 함께 가담했을 때, 일 치가 구체적으로 경험되었다.

1.10. 다른 행사들과 프로그램들

총회가 열리기 3일 전에, 400명의 사람들이 **총회를 앞둔 젊은이 행사**(Pre-Assembly Youth Event)를 위해 대학 캠퍼스에 모였다. 참가자들은 젊은이 대표들, 스튜어드와 방문자들로 구성되었는데, 모두 30세 미만이었다. 이 모임은 새로운 세대의 에큐메니칼 지도자들을 양성하기 위한 하나의 방책이다. 이 회합이 낳은 하나의 구체적인 성과는 8명의 WCC 회장단 중 한 사람은 젊은이가 되어야 한다는 권고였다. 미국에서 온 감리교 목사인 배니스터(Kathryn K. Bannister)가 이 직책에 선출되었다. 젊은이 대표들은 총회 전체회의에서 생기 있고, 눈에 잘 띄었으며, 목소리를 내는 존재들이었다. 스튜어드는 12월 5일 총회에 메시지를 전달하였다. 그들은 또한 "우리의 다양성과 우리의 독특한 달란트들을 상징적으로 표현할 수 있는" 토양을 제공해 주었다.

어떤 사람들은 총회 방문자들이야말로 양쪽 진영에서 최상의 것을 취한다고 생각한다. 특별히 마련된 방문자 프로그램을 통해 그들은 총회의 예배에 참석할 수 있고, 특색 있는 발표자들의 발표를 들을 수 있으며, 총회에서 일어나는 일들의 의미에 대해 함께 숙고할 수 있다. 하지만 대의원들에게 요구되는 세세한 것들에 의무적으로 참여하도록 강요받지는 않는다. 하라레 방문자들은 대강당 바로 옆에 있는 커다란 흰색 텐트에 모여서, 텔레비전 모니터를 통해 총회의 전체회의들을 볼 수 있었다. 그들은 또한 그들 나름의 "국가별 그룹"에 참여하고, 성경공부를 하고, 특별한 공동연구회에 참석하고, 파다레에서 제공되는 수많은 프로그램에도 참여할 수 있었다.

총회 참석자들 중 일부는 2주에 걸친 "신학교"에 참석하였다. 여기서는 에큐메니칼 정신 형성을 위한 소중한 기회를 제공받을 수 있었다. 이 프로그램은 젊은 성직자들과 신학교 학생들을 하나로 묶어주었다. 그것은 "국제적인 에큐메니칼 운동과 직접 조우할 수 있는 기회이자, 오늘날의 교회와 에큐메니칼 지도자들을 만날 수 있는 기회"가 되었다. 7개의 강좌를 듣고 토론에 임하는 것과 아울러, 참가자들은 또한 방문자 프로그램을 통해 총회장에 들어갈 수 있었다.

1.11. 여성과 연대하는 교회의 에큐메니칼 10년

천 명이 넘는 여성들과 대략 30여 명의 남성들이 총회가 열리기 전 4일 동안 에큐메니칼 10년 기념 축제에서 춤을 추고, 노래하고, 눈물을 흘리고, 예배하고, 기념하고, 분석하고 전략을 세웠다. 그들은 "여성과 연대하는 교회의 에큐메니칼 10년"(1988~98)의 성과를 평가하고, 그 10년이 끝나고 있기에 미래를 위한 방침을 세우기 위해 모였다. 그들은 하라레에 있는 벨베데레 기술교사 훈련대학(Belvedere Technical Teachers Training College)에서 만났다. 교회에서 이루어지는 여성에 대한 폭력을 주제로 이 축제기간에 열린 공청회는 9명의 여성들이 여성의 눈물을 상징하는 물동이를 들고 가서 중앙에 놓인 큰 그릇에 옮겨 담는 것으로 시작하였다. 이 공청회는 강간, 가정폭력, 성매매와 노동착취 관행에 관한 싸늘한 이야기들을 끌어내었다. 나중에 핀란드 오울루의 대주교 암브로시우스가 총회 대의원들에게 이 에큐메니칼 10년에 관해 보고하면서 이렇게 말하였다. "이 팀이 방문하고 나서야 나를 포함한 많은 사람들은 여성을 상대로 한 폭력과 경제적인 불의가, 문화적으로 조절되든 그렇지 않든 간에 온 세계에 걸쳐 교회안팎으로 그렇게 많이 존재하고 있다는 것을 처음으로 알고 충격을 받았다." 이러한 증언은 총회 대의원들에게 촉매작용을 하였고, 이들은 교회와 사회에서 여성을 대상으로 한 폭력에 맞서기 위한 노력을 배가시키겠다고 다짐하였다.

12월 7일에 있었던 심의회의에서 총회 대의원들은 프라사스(Despina Prassas: 콘스탄티노플의 에큐메니칼 총대주교), 랄라(Biasima Lala: 콩고의 그리스도교회), 만찰라(Deenabandhu Manchala: 남인도교회), 맥크룸

(Mukami McCrum: 스코틀랜드교회), 대주교 암브로시우스(Ambrosius: 핀란드 정교회), 우드(Bertrice Wood: 미국의 그리스도연합교회)로부터 에큐메니칼 10년에 관한 보고를 들었다. 이 회의를 주재했던 앤더슨(Vinton Anderson: 미국의 African Methodist Episcopal Church)은 대의원들에게 "연대의식에서 책임의식으로 옮겨갈"것을 요구하였다. 우드 목사는 "에큐메니칼 10년 기념 축제에 참가한 남성과 여성들이 WCC 제8차 총회에 드리는 편지"를 제출하였다.

1.12. 무대의 이면

여러 가지 점에서 이번 총회는 "첨단기술"총회였다. 컴퓨터가 이를 가능하게 하였다. 물론 이따금씩 고장과 같은 기술적인 문제로 당황하긴 했지만 말이다! 처음으로 참석자들이 멀리 떨어진 자국의 사무실, 친구와 사랑하는 사람들과 이메일을 통해 의사소통을 할 수 있게 되었다. WCC는 "인터넷 카페"를 제공하였다. 누구든지 회원가입을 하고, 로그인하고 컴퓨터를 통해 전 세계 많은 사람들과 "이야기를 나눌" 수 있었다. 컴퓨터 시대에 극히 조심스럽게 입문하고 있는 사람들에게 이것은 기적과도 같은 일로 여겨졌다.

WCC 사무국 직원들이 여기저기서 휴대하고 있는 무선 휴대폰은 관련 없는 사람들에게 종종 재미를 주는 요소가 되었다. 회합 중간에 전화벨 소리가 갑자기 울리고, 누군가가 갑자기 일어나 무리를 벗어나 그 기계를 귀에 갖다 대고 말을 하였다. 우리는 웃음을 터뜨렸지만, 사실상 전화기는 캠퍼스 여기저기에 사람들을 분산시키는 데 있어 필수불가결한 것이었다.

기반시설의 또 다른 측면은 매우 "수준 낮은 기술"이었다. 사무국 직원들과 자원봉사 스튜어드들이 손에 많은 문서를 들고 복사기가 있는 스윈턴 홀에서 대강당으로 캠퍼스를 가로질러 오가는 모습을 볼 수 있었다. 때때로 휘몰아치는 비바람을 뚫고서 말이다. 총회는 기대 이상의 많은 참가자들로 인해 기분 좋은 놀라움에 사로잡혔다. 덕분에 여기저기서 줄을 서는 풍경이 연출되었는데, 등록을 위해서도, 차를 마실 때도, 식사를 할 때도, 은행에서도 줄을 서야 했다. 사람들은 이에 대해 관대했고(대부분의 시간에!), 사실상 이렇게 줄을 서는 와중에 예기치 못한 만남이 일어나곤 하였다. WCC 직원들은 이 모든 것들 가운데서도 씩씩하게 창조적으로 일하였다.

　　총회는 남반구의 여름 우기 동안 개최되었다. 많은 경우 오후에 파란 하늘이 갑자기 회색빛으로 바뀌곤 했다. 캠퍼스 중앙 일대에 들어선 시장에 내걸린 알록달록한 아프리카 직물들이 바람에 춤추기 시작하곤 했다. 사람들은 우산이나 피할 곳을 찾느라 허둥대었다. 그러곤 비가 내렸다. 사실상 12월 1일에 총회 시작을 바로 앞둔 시점에 찾아온 사나운 천둥을 동반한 폭풍우(10년 이내 최악이었다고 보도된)는 정전사태를 초래했고 총회준비를 위해 일찍 도착한 사람들의 기세를 꺾으려 들었다.

　　사람들이 도착하자, 일꾼들이 파다레 부스들에 설비를 공급하고 다른 서비스들을 제공하기 위해 짚풀로 지붕을 만드는 모습을 볼 수 있었다. 캠퍼스 여기저기 참호들이 파헤쳐졌는데, 이것은 대학에서 절실히 요청되는 새로운 컴퓨터 시스템을 가설할 수 있도록 배려해 준 결과였다. 이러한 미로와도 같은 진흙투성이 선들을 빗대어 키시코프스키(Leonid Kishkovsky: 미국의 정교회)는 이렇게 말했다. "이런 상황이 '에큐메니칼 참호'에서 일한다는 구절에 새로운 의미를 부여하는 군요."

　　녹색 복장을 한 경호원들이 모든 빌딩에 배치되었다. 이들은 늘 경계태세를 풀지 않고, 우호적이었으며, 도움이 되어 주었다. 참가자들은 그들이 들고 다니는 WCC 로고가 새겨진 가방으로 신원확인을 받았으며, 이 가방은 날이 갈수록 더 많은 문서들로 불룩해졌다. 커다란 푸른색의 WCC 로고는 버스에 두드러지게 내걸렸는데, 이 버스는 절반에 가까운 참가자들을 캠퍼스 밖에 있는 다양한 숙소로 친절히 실어 날랐다.

도시 근방에 있는 커다란 광고게시판들에도 WCC를 환영하는 내용이 내걸렸다. 사진을 찍기에는 꽤 불편한 장소에서 택시 밖으로 뛰어나오지 않고는 배길 수 없었던 사람이 한 사람만은 아니었다.

1.13. 이 모든 것은 무엇을 의미하는가?

50살이 된 WCC는 훌륭함도 갖추었지만 취약점도 있다. 암스테르담에서 대의원들은 "계속 함께 할" 것이라고 밝혔다. 에번스턴에서 그들은 "함께 앞으로 나아갈"것이라고 말했다. 하라레에서 대의원들은 "일치 안에서 함께 성장할"것을 다시금 확인하면서 기도하였다. 그들은 성령께서 "우리가 감히 기도하지 못하는 것들을 기도하게 하시고 … 우리가 유혹을 받아 각기 제 길로 가고자 할 때 우리를 묶어 주소서."라고 기도하였다. 그들은 일치와 사랑의 하나님께 "우리 입술로 말하는 것들이 우리의 마음속에서 강해지게 하소서."라고 간구하였다.

하라레 총회에 대해 사전에 이루어진 뉴스보도들은 이 대회가 긴장과 논쟁으로 가득 찬 어지러운 대회가 될 것이라는 불안감을 고조시켰다. 이러한 염려는 현실화되지 않았다. 사실상 이번 총회는 보다 맛깔 나는, 성숙한, 다듬어진 에큐메니칼 운동을 반영한 총회였다. (적어도 공식적인 문서들에서는) 여전히 가시적인 그리스도인들의 일치라는 목표에 대해 선명함을 잃지 않으면서도, 우리가 직면하고 있는 도전들로 인해 차분해진 가운데 하나님에 대한 우리의 신뢰를 상기하였다. 대의원들의 활동에 함축되어 있는 것은 교회연합 운동이 비록 불완전한 도구일 수는 있지만 우리가 가진 최상의 수단이라는 인식이었으며, 우리는 일체의 혼란과 다툼에도 불구하고 이것을 포기하지 않도록 힘쓸 것이라는 다짐이었다.

WCC 총회와 같이 다채롭고 다면적인 것을 개관하겠다고 시도하는 것은 벅찬 도전이다. 말로 표현하면 우리의 생각이 얼마간 고착되어 버린다. 총회가 끝나자마자 이루어지는 모든 비평들은 임시적인 것으로 간주되어야 한다. 시간을 두고 교회들의 응답을 통해 테스트를 거친 공식문서들은 총회 활동이 지닌 충분한 가치를 드러낼 것이다. 그럼에도 불구하고 얼마간은 시험적이고 임시적인 평가들이 필요할 것이다.

1. 하라레 총회에서 교회들은 가시적인 그리스도인들의 일치에 대한 자신들의 헌신을 재확인하고 새롭게 하였다. 대의원들 모두가 이 헌신의 충분한 의미를 다 이해한 것은 아니겠지만(우리 가운데 누가 여기에 해당할지 알 수 없으나), 그들은 "공동의 이해와 비전"을 고찰하고 새로운 헌신의 예배시간에 자신들이 속한 교회를 대표하여 그들의 다짐을 선언하였다. 우리 교회들이 충분히 화해될 때, 우리가 서로 그리고 우리 주변의 세상과 관계를 맺고, 책임지고, 헌신하는 방식이 달라질 것이다. 모퉁이에 있는, 아래 구역에 있는, 도시 건너편에 있는, 세계 곳곳에 있는 교회들은 새로운 눈으로 서로를 보게 될 것이다. 많은 사람들에게 있어, 이렇게 교회가 함께 하는 새로운 존재양식이 어떻게 보일지 상상하는 것은 어려운 일이다. 그렇지만 화해가 실체적으로, 구체적으로, 가시적인 방식으로 일어날 때, 그것은 변화를 일으키고 기운을 북돋울 수 있다. WCC는 에큐메니칼 옹호자로 섬기고, 상기시키고, 도우고, 필요할 때는 교회들을 이러한 가시적인 일치라는 목표를 향해 부추기면서 이 여정에서 핵심적인 역할을 하고 있다.

2. 총회는 우리의 에큐메니칼 상호의존성에 대한 인식을 강화시켰고, 보편적인 것과 지역적인 것의 연관성에 대한 인식도 강화시켰다. 총회는 WCC가 세계적인 차원의 그리스도교 연합기관들, 국가 차원 및 권역 차원의 교회협의회들, 그리고 다른 에큐메니칼 기구들과 같은 에큐메니칼 파트너들과 제휴하여 일하도록 보다 의도적인 다짐을 하였다. 총회는 에큐메니칼 운동이 하나라고 재확인하였다. 에큐메니칼 운동은 하나의 완전체이다. 그 이야기는 모든 사람에게 속한다. 그 전통은 우리의 전통이다. 우리 교회들은 그

일부이다. 우리는 거기에 참여해 왔다. 우리는 거기에 공헌해 왔다. 그것이 지닌 강점은 바로 우리의 강점이고, 그 단점은 우리의 단점이다. 그것이 행하는 싸움은 우리의 싸움이다. 그리고 어디에 있든 그리스도인들은 그 전통의 미래를 만들어 나가는 데 일조하게 될 것이다.

3. **사람들은 로마가톨릭, 복음주의자들, 오순절파와 토착교회들까지, 자신들 가운데 있는 모든 그리스도교 교회들을 포괄하는 방법들을 찾아내어 우리의 에큐메니칼 활동을 온전하게 하고 싶다는 열망을 밝혔다.** 우리는 이렇게 하려면 어떻게 하는 것이 최선인지 항상 분명하게 아는 것은 아니다. 텐트에 초대받을 사람들이 모두 오고 싶어 하는 것은 아니다! 하나의 전통에는 맞는 것이 다른 전통에는 그렇지 않을 수 있다. 한 장소에는 적합한 것이 다른 곳에서는 도무지 맞지 않을 수도 있다. 에큐메니칼 텐트가 더 커지면 함께 일할 수 있는 우리의 역량에 무리가 올 것이다. 그렇지만 이러한 열망은 올바른 길에 서 있고, WCC 총회는 그것을 존중하고 그에 응답하고자 노력하였다. 타당한 몇 가지 염려를 덧붙이면서, WCC 대의원들은 WCC가 참여하는 하나의 세계적인 대화의 광장이라는 아이디어에 관해 다양한 에큐메니칼 기구의 지도자들과 계속 협의해 나갈 것을 지지하였다. 이러한 대화의 광장은 어떤 하나의 교회연합체의 회원들에게만 책임이나 의무를 부여하지 않고서도 정기적으로 개최될 수 있을 것이다. 이것은 하나의 접근방식이 될 수 있다. 이것은 그 나름의 위험성도 지니고 있어, 특별히 (몇몇 대의원들이 지적했듯이) 교회들이 교회 사이의 분열을 치유하는 어려운 일을 감당하는 대신에 이러한 제한된 의무에 너무 편안하게 길들여질 수도 있을 것이다. 그렇지만 이러한 조처를 취하면서 대의원들은 우리가 에큐메니칼 운동에서 실험적인 일을 단행하고 새로운 일을 시도하는 것을 두려워해서는 안 된다는 말도 덧붙였다. 우리가 가시적인 일치라는 궁극적인 목표를 놓치지 않는 한, 그것들이 제대로 작용하는지 지켜보면서, 만약 그렇지 않을 경우 또 다른 것을 계

속 시도하면 될 테니까 말이다.

4. 정교회는 에큐메니칼 운동에 있어서 자신들의 입장에 대해 단호하고 힘차게 말하고 있고, 이들의 이야기는 사람들의 주목을 받고 있다. WCC 대의원들과 사무국 직원들은 총회 기간 동안 정교회가 제기한 교리적이고 교회론적인 이슈들을 경청하였다. 의장과 총무 모두 보고서에서 각기 이러한 관심사를 언급하였고, 이것이 총회에서 몇몇 잠재적인 문제들을 둘러싼 긴장을 완화시키는 데 일조하였다. 테살로니키 회합 직후에 나온 1998년 5월의 선언문에 따르면, 이러한 몇몇 사안들에는 WCC의 의사결정기구에 더 많이 참여하고 싶다는 정교회의 열망도 포함되어 있었고, "그들의 전통과 맞지 않는"이슈들, 즉 정교회가 아닌 교회들과 함께 성찬식을 거행하는 것, 포괄적인 언어의 사용, 여성안수, 성적 소수자들의 권리, 그리고 종교적인 혼합주의와 관련된 경향들과 같은 이슈들에 대한 저항도 포함되어 있었다. 변화의 과정은 단기적으로 혼란스러울 수 있는데, 그것은 모든 사람들이 항상 그래왔던 대로 일하고 생각하는 데 익숙하기 때문이다. 그렇지만 이러한 이슈들의 대두는 에큐메니칼 운동에서 건전하고 긍정적인 발전이다.

더욱이 소련이 와해된 이후, 이전 소련 지역과 여타 동유럽 국가에 위치한 많은 정교회는 국내외적으로 그 구성원들이 생애를 통해 한 번도 경험해보지 못했던 새로운 자유를 경험하고 있다. 정교회 대표들이 테살로니키에서 밝힌 데 따르면, "지역 정교회 내부의 일부 극단주의자들이 … 교회의 지도층을 비판하고 그 권위를 손상시키기 위해 에큐메니즘이라는 주제를 이용하고 있고, 이를 통해 교회 내에 분열과 분파를 일으키려고 하고 있다."이러한 상황은 불확실성과 새로운 방향정립, 그리고 내 생각에 아직 우리 가운데 누구도 충분히 이해하고 있지 못한 의미들을 낳고 있다.

총회는 제기된 이슈들을 연구하고 가능한 조치들을 제안하도록 특별 위원회의 창설을 승인하였다. 이것은 에큐메니칼 운동 전체에 그 영향을 미칠 수 있는 긍정적인 진전이다.

　　5. **하라레에는 어떤 신선한 추진력이 있어, 서로에게 말을 걸고 귀를 기울이게 하고, 공식적인 결정을 내리는 새로운 방식에 대해 생각하게 하고, 공통분모를 모색하게 하고, 차이가 첨예하게 드러날 때는 그런 차이의 근원을 분명하게 밝히도록 해주었다.** 우리가 일치를 이루지 못한 것들 중에 어떤 것들은 아주 까다로운 문제들로 그 해결책이 불명확하였다. 이러한 일은 교회 내부에서도 마찬가지이기 때문에, 교회들이 함께 모인 여기서 이런 일이 있다고 해서 우리가 놀라서는 안 될 것이다. 우리는 우리 각자의 교회들 내에서는 성취할 수 없는 변화들을 WCC를 통해 이루기를 원하고, 그래서 교회들이 WCC를 통해 함께 그러한 변화들을 만들어 낼 수 없을 때 격분하게 되는 것이다. 인내가 초조하게 하기는 하지만, 에큐메니칼 운동에서 인내는 필수적인 미덕이다.

　　파다레에서 다루어진 몇몇 주제들은 어려운 문제들을 야기하였지만, 나는 하라레에서 예수 그리스도의 교회가 된다는 것이 의미하는 바를 보다 신실하게 반영하도록 우리의 에큐메니칼 실무를 새롭게 수행할 수 있게 해줄 방식을 찾는 희망적인 모색을 보았다. 우리는 우리가 생각하는 것만큼 서로에 대해 제대로 알지 못하고 있다. 너무나 자주 우리는 실재를 풍자하고 있는 고정관념의 틀 안에 사람들과 교회들을 집어넣고 있다. 에큐메니칼 운동은 이러한 틀을 뚫고 나갈 수 있도록 도와준다.

　　넬슨 만델라는 "희년으로의 여정"이 있던 주일 오후에 인종차별철폐 프로그램에 대해 WCC 회원교회들에게 감사를 표하면서, "무엇보다 여러분은 억눌린 자들이 자유를 얻을 수 있는 가장 적절한 방법이 무엇인가에 대해 그 억눌린 자들의 판단을 존중하였습니다."라고 말하였다. 다른 말로 해서, 사람들은 귀를 기울였고, 그 들은 바에 따라 응답하였다. 대화의 과정은 시간이 오래 걸릴 것처럼 여겨지지만, 총회는 이러한 과정에 대한 확신과 다짐을 분명히 하였다.

6. **교회적이고, 영적이고, 예언적인 것과 에큐메니칼 요구의 봉사 차원 사이의 필수적인 관계는 명료해지고 강화되었다.** "WCC의 공동의 이해와 비전"(CUV) 선언문은 "에큐메니즘의 사회적인 차원의 우선성을 옹호하는 사람들과 영적인 혹은 교회적인 에큐메니즘의 우선성을 옹호하는 사람들 사이의 계속적인 긴장관계와 때로는 반목"(단락 2.5)을 목격하면서, 이전의 분기점을 확인한 바 있다. 총회에서 CUV 연구과정은 교회의 표지들과 충분히 조화를 이루는 방식으로 교회의 이러한 차원들을 포괄하고자 하였고, 이러한 점은 기도문 "우리의 에큐메니칼 비전"(Our Ecumenical Vision)에 나타나 있다. WCC 지도자들은 말과 행동으로, 하나의 에큐메니칼 운동의 표현으로서 신앙과 직제 그리고 삶과 봉사의 고전적인 관심사가 통일성을 지닌다는 것을 분명하게 만들고자하는 의도를 가진 것처럼 보인다. 그들은 교회론과 윤리, 교회와 세상, 복음과 문화 사이의 관계에 대한 계속적인 연구를 통해 그렇게 했다.

더욱이, 대의원들과 방문객들은 그리스도교의 영적인 전통의 공통핵심인 기도, 예배, 성경공부에서 에큐메니칼 탐구의 토대를 놓을 필요가 있다는 점을 비공식적으로 또 공개적으로 언급하였다. 12월 13일의 헌신 예배에서 반복해서 밝힌 단언, "우리가 그리스도의 십자가에 더 가까이 다가갈 때 서로에게 더 가까워진다."는 다짐이 총회 전체에 울려 퍼졌다. 모든 행사에서 기도, 예배, 성경공부라는 이러한 세 요소가 중심적인 지위를 갖도록 계획되었으며, 이것이 참가자들의 삶과 봉사의 모든 모습을 형성하였다.

7. **급격한 변화가 우리가 이제 막 벗어나려 하는 20세기에 일어났다. 그것은 "세계화"라 이름 붙여졌고, 대의원들은 이러한 현상이 함축하고 있는 것들이 "WCC 활동에서 핵심적으로 강조되어야 한다."고 말하였다.** 교통, 기술, 통신, 경제와 재정의 변화를 통해 세계와 거기에 속한 것들이 점차적으로

상호의존성을 지니게 되고 더욱 밀접히 연관되고 있다, 이러한 사실은 새로운 방식으로 사는 우리 생활의 일부분이다. 민족의식과 국경의식이 증대하고 있는 것과 동시에, 우리가 당연한 것으로 여기던 경계들을 뛰어넘는 일들도 있었다. 온 세계에서 사람들이 비행기를 타고 아프리카 대륙으로 오는 데 며칠이나 몇 주가 아니라 몇 시간 걸렸다. 어떤 사람들은 친구와 가족에게 이메일을 보냈다. 그들은 그리스도인들이 소수자 신분인 지역에서 그들에게 가해지는 위협에 대해 들었고, 생생한 습격 사건의 소식을 듣기 위해 신문을 읽거나 케이블 텔레비전을 시청하려고 집에 갔다. "가난에 내몰린 사람들에게 지워진 부채의 옥죄임을 끝내기 위해" 채택된 선언문이 말하고 있듯, "부채위기의 사회적, 정치적, 생태적 비용은 더 이상 감내하기 어려우며 시정되어야 한다."

이 모든 것이 무엇을 의미하는지 예상하기는 어렵다. 좋든 나쁘든, 특히나 점차 한데 뒤섞인 경제에 어떤 영향을 미칠지 알 수 없다. 하지만 대의원들은 이러한 분야에서 WCC를 통해 교회들이 나아가야 할 진로를 흔들림 없이 모색하였다.

8. **총회는 주일 오후 희년을 향한 여정이 이루어지는 동안 회상하는 행동을 통해, 에큐메니칼 운동이 과거, 현재, 미래의 영역에 미쳐야 함을 인식하였다.** 만약 우리 역사를 기억하지 않는다면 우리는 곤경에 빠질 것이다. 다음 세대에게 귀 기울이지 않으면 우리는 쇠퇴하고 말 것이다.

우리는 에큐메니칼 전통을 보유하고 있고, 이것은 중요하다. 동시에 (비록 때때로 서툴기는 하지만 회장단 중 한 사람을 젊은이로 세우려고 하는 등) 젊은이들을 WCC의 활동에 중요하게 포함시키려고 노력함으로써, **총회는 새로운 세대의 에큐메니칼 지도자들을 양성하고자 하는 방침을 강화하려고 애썼다.** 전통과 젊은 세대, 이 두 가지는 모두 에큐메니칼 탐구에 있어 본질적인 요소들이다.

에큐메니칼 운동은 하나님의 본성 자체에 그 뿌리를 두고 있다. 따라서 교회의 일치와 인류 공동체의 회복은 교회들에게 있어 하나의 선택사항이 아니다. 우리에게 요구되는 것은 우리가 약하고 오류를 범하기 쉬운 존재임에도, 우리의 제한된 시공간 지각력과 우리의 불완전한 구조에도 불구하고 길을 모색하고, 미래에는 더 나아지기 위해 현재 가능한 최선을 다하고, 성령의 말씀에 함께 귀를 기울이고 응답해야 한다는 것이다.

감사의 말!

에큐메니칼 총회는 에큐메니칼 운동을 반영한다. 우리는 오직 함께 함으로써 전체 그림을 보기를 꿈꿀 수 있다. 따라서 나는 특별히 회의 중이든 그 이후든 자신들의 관점과 인상을 자유롭게 나누어준 모든 사람들에 감사를 표한다. 또한 나와 편집 작업을 함께 해준 동료들 플로우(Dafne C. Sabanes Plou: 스페인), 로스키(Nicholas Lossky: 프랑스), 빌켄스(Klaus Wilkens: 독일)에게 감사한다. 우리는 정기적으로 만나 보고서의 구조에 대해 정기적으로 의논하고 견해를 나누었다. 이러한 교제는 자극이 되고, 참신했으며, 참으로 도움이 되었다. 다비(Colin Davey), 그린(Rosemary Green), 월(Margot Wahl)은 실무회의에서 필기사로 섬겼다. 때때로 알아내기 어려운 연설자의 정확한 이름과 다른 세부적인 것들을 수집해 주었다. 그리고 우리는 모든 과정에서 WCC의 보도통신 담당인 코렐리(Evelyne Corelli), 반엘데렌(Marlin VanElderen), 코크(Jan Kok), 비시난드(Elizabeth Visinand)의 도움을 받았다.

주제: "하나님께로 돌이키라 –
소망 가운데 기뻐하라"

2. 주제: "하나님께로 돌이키라 – 소망 가운데 기뻐하라"

2.1. 서론

총회 둘째 날 아침(12월 4일), 활기찬 아프리카 음악에 이끌려 대강당으로 모여든 대의원들과 방문객들을 상대로 총회 주제를 충분히 담은 세 편의 깊이 있는 발표가 있었습니다. 먼저, 티라나와 두레스와 알바니아 전체의 추기경인 아나스타시오스(Anastasios)는 "회상"(anamnesis: remembrance)이 교회와 세상에 대해 함축하는 바에 대해 탐구하면서, 에큐메니칼 운동에서 회상이 지니는 중요성을 청중들에게 고양시켰습니다. 총회에 참석한 대의원들은 두 번째 발표에 주목하기 전에 침묵의 시간을 가지고 아나스타시오스가 밝힌 것들에 대해 숙고할 수 있었습니다. 브라질의 사오레오폴도에 있는 루터란 신학교의 부학장이자 조직신학 교수이고, 브라질의 루터파 복음주의교회 회원인 완다 데이펠트(Wanda Deifelt)는 그리스도인들이 죄를 뉘우치기 위해 필요로 하는 특유의 방식을 칭하는 "회개"(metanoia: conversion)에 대해 발표하였습니다. 그녀의 발표에 이어, 몇몇 대표자들이 서로 다른 목소리와 서로 다른 언어로 "희년"과 관련된 성서구절들(레 25:8–17, 39–43)을 읽었습니다. 세 번째 묵상은 뉴욕의 유니온 신학교 에큐메니칼 연구부에서 최근 은퇴한 교수이자 이전에 일본의 그리스도연합교회의 선교사였던 코수케 코야마(Kosuke Koyama)가 맡았습니다. 그는 총회 주제의 두 번째 부분에 관해 연설하면서, 우리가 무수한 고통과 폭력에 직면해 있으면서 어떻게 소망 가운데 기뻐할 수 있을지에 대해 숙고하였습니다. 그런 다음 대의원들은 자신들이 묵상한 내용을 적어서 소그룹으로 가져가 함께 토론하는 순서를 가졌습니다.

2.2. 회상(anamnesis)

아나스타시오스: 티라나, 두레스, 그리고 알바니아 전체의 추기경

하라레의 고지대에서 WCC의 50주년을 축하하면서, 우리는 두 번째 밀레니엄의 끝에서 그리스도인들의 대담한 행진을 회상합니다. 그동안 이어져 온 총회에서 다양한 모임들, 분투, 성공, 실패, 열광과 좌절이 있었습니다. 그렇지만 대체로 행진은 계속 이어졌습니다. 수고와 고통이 동반되었고 비전과 기대도 있었습니다. 그리고 이제 우리는 자기비판을 통해 다시금 헌신을 서약하기 위한 전환점에 도달한 것입니다.[2]

1. 모든 민족과 모든 문화전통에서 온 수천의 사람들이 수백의 그리스도교 전통과 온 세계 수백만 사람들을 대표하여 여기에 모였습니다. 여기 모인 **우리 모두를 묶는 공통의 끈은 놀라운 사건들에 대한 일련의 기억입니다.** 그렇지만 대체로 하나의 특별한 기억이 있는데, 이것이 다른 모든 기억들의 중심적인 뿌리가 되는 회상입니다.

지난 총회들의 주제들을[3] 간단히 돌아보면 여러 가지 상황들과 영적인 출발점에 대한 것뿐만 아니라 새로운 모색에 대한 갈망까지 들어 있었음을 알 수 있습니다. 이제 우리는 이 대담무쌍한 여정의 다양한 측면들에 대해 상기하게 될 텐데, 우리는 하나님께서 우리에게 허락해 주신 모든 선한 것들에 대해 찬미하는 태도를 가지면서, 동시에 우리가 범한 실수와 태만에 대해 회개하는 마음도 가지게 될 것입니다. 우리는 우리의 사고가 기반을 두고 있는 주춧돌에 대해 이전의 총회들에서 상기하게 됩니다: 예수 그리스도, 성령, 인류, 하나님; 그리고 무질서, 소망, 빛, 생명, 자유, 일치, 회복; 그리고 세상,

---

2) 8차 총회라는 것을 염두에 두고서 회상이라는 주제에 관한 나의 생각을 8가지로 제시하고자 한다.

3) 암스테르담(1948): "인간의 무질서와 하나님의 섭리." 에번스턴(1954): "그리스도 – 세상의 소망." 뉴델리(1961): "예수 그리스도 – 세상의 빛." 웁살라(1968): "보라, 내가 만물을 새롭게 하노라." 나이로비(1975): "예수 그리스도는 자유하게 하시고 하나 되게 하신다." 벤쿠버(1983): "예수 그리스도 – 세상의 생명." 캔버라(1991): "오소서, 성령이여 만물을 새롭게 하소서."

모든 피조물, 만물.

　이번 WCC 50주년은 자연스럽게 두 번째 원의 영역으로 나아갑니다. 이천년 동안 교회는 행진을 계속해 왔습니다. 그동안 변화시키는 모습도 보였지만 비극적인 사건들도 있었습니다. 이 역사는 허비된 과거가 아닙니다. 그것은 우리가 오늘날 경험하는 것들의 잠재의식으로 있습니다. 지금 우리의 모습은 모두 지난 이천년 동안 일어났던 사건들에 의해 결정되어 왔습니다. 기억할 게 없는 공동체 혹은 간헐적인 기억만 지닌 공동체는 문제들로 가득 차 무너지기 쉽습니다.

　그렇지만 이 두 번째 기억의 원은 온 세상과 우주와 시간 전체를 포용하는 거대한 세 번째 원에 둘러싸여 있습니다. 앞의 두 개의 원이 존재하는 것은 세 번째 원을 위한 것입니다. 교회는 언제까지나 기억하는 사람들의 공동체로 남을 것입니다. 하나님은 어떻게 우주 창조 때부터 시간이 흘러오는 내내 전적으로 그분에게 뿌리를 내리고 있는 개인 혹은 존재를 선택하고, 인도하고, 보호하고 축복해 왔습니까? "여호와의 일들을 기억하며 주께서 옛적에 행하신 기이한 일을 기억하리이다."(시 76(77):11). 교회는 감사함으로 회상하고, 기억할 때 힘과 영감을 얻게 됩니다. 하나님께서 자신의 백성들을 노예 상태에서 해방으로 이끌어내셨을 때 그들에게 주신 명령이 바로 "네 하나님 여호와께서 행하신 것을 기억하라."(신 7:18)는 것이었습니다. 이후에 이 유월절 사건은 그리스도의 인격 안에서 새로운 의미와 관점과 활력을 얻게 됩니다.

　2. 전체적인 일련의 기억들이 종국에는 **우리 그리스도인들의 정체성을 규정하는** 근본적인 회상, 즉 인류의 삶에 임하는 하나님의 놀라운 개입에 대한 기억으로 이끕니다. 믿음과 헌신 가운데서 그리스도 안에서 성령을 통해 이루어지는 하나님의 경륜에 대해 기억하는 것이 우리의 자의식을 결정짓습니다. 바로 이것으로부터 다른 모든 것들이 시작되고 그 의미를 갖게 되는 것

입니다.

우리는 기억이 기본적인 심리적 구조, 즉 인간의 자의식과 건강상태와 연관되어 있는 복합적인 기능을 구축한다는 것을 알고 있습니다. 일반적으로, 기억은 좀 더 생생하기도 하고 덜 생생하기도 합니다. 후자의 경우, 기억은 어떤 먼 과거에 대한 단순하고 희미한 기억이 될 수 있고, 전자의 경우, 기억의 강화를 통해 과거가 현재가 되고 미래를 분명하게 규정하게 되기도 합니다. 인간 문명 전반과 모든 획득된 지식은 기억을 조직하고 이용하는 능력에 기초하고 있습니다.

기억의 착오와 쇠퇴는 보다 전반적인 인간성의 쇠약함을 가져옵니다. 아테네 대학의 저명한 교수의 경우가 생각납니다. 그는 사고로 기억력에 심각한 손상을 입었습니다. 친구들과 만날 때면 그는 이렇게 말하곤 했습니다. "너도 알다시피 나는 최고의 대학교수들 중 한 사람이야." 그가 쇠약해져 있었던 것은 분명하였습니다. 사람이 기억력을 잃으면 엄청난 위기에 처하게 됩니다. 상당히 자주 우리 개개의 그리스도인들 혹은 그리스도교 공동체들은 심각한 부상을 당한 사람이나 집단을 닮아 있습니다. 왜냐하면 우리는 그리스도인으로서의 자의식에 대한 생생한 기억을 잃어버렸거나, 너무나 허약한 방식으로만 회상의 능력을 유지하고 있기 때문입니다.

3. 우리가 견실하게 지키고 있는 대들보는 그리스도의 구속사역에 대한 회상입니다. 그리스도의 구속사역에 대한 회상은 우리 존재 속에 스며들어 있고 계속적으로 우리를 변화시킵니다. **회상은 단순히 지적인 작용이 아닙니다. 그것은 하나의 행동입니다.** 회상은 비교할 수 없을 정도로 폭넓은 스펙트럼을 지니고 있는데, 사고 작용의 요소를 포함하고 있으면서 동시에 **그것을 실존적이고 개인적인 사건으로 만듭니다.** 성만찬을 함께 나누는 공동체의 구성원들로서 우리는 다시금 그리스도 안에서 성령을 통해 이루어지는 하나님의 경륜, 성육신, 십자가 사건, 그리스도의 부활, 그분의 재림, 그리고 성령의

임재에 대해 상기하고 우리의 정신을 일깨웁니다. 우리는 그것들을 함께 나누어 가집니다. 우리는 우리 자신의 인간적인 능력을 통해서가 아니라 성령의 은혜를 통해서, 성례에 수반되는 하나님의 자존적인 에너지를 통해 이 일을 합니다.

"주 예수께서 잡히시던 밤에"(고전 11:23) "이것을 행하여 나를 기념하라."(눅 22:20; 고전 11:24)라고 주님께서 명하셨습니다. 끊임없이 나오는 거룩한 에너지는 이천년 동안 그리스도인들의 예배의 중심점이 되어 왔던 성만찬 성례에서 그 정점에 달합니다. 예전적인 용어로 "회상"(anamnesis)은 성만찬 기도와 축성된 봉헌의 핵심입니다.

회상은 훨씬 더 광범위합니다. "받아서 먹으라. 이것은 내 몸이니라."(마 26:26; 막 14:23, 고전 11:24 참조), "너희가 다 이것을 마시라 이것은 나의 피 곧 언약의 피니라."(마 26:27)라는 그리스도의 말씀에서 시작해서, 그것은 봉헌, 성령 임재를 위한 기원으로 나아가고, 성령의 능력에 의한 거룩한 봉헌물의 축성에서 정점에 달하고, 하나의 개인적인 사건이 되는 거룩한 성만찬을 통해 완성됩니다. 따라서 회상은 존재의 근원이 되시는 삼위일체 하나님에게로 끊임없이 돌이키는 동적인 행위가 됩니다. 그것은 그리스도께 접붙이는 것이고, 성령을 받는 것이고, 시공간 안에 있는 우리 삶과 우리의 행진에 의미를 부여하는 것입니다. 회상의 회복을 통해 교회는 그 생명력과 진리를 유지합니다.

4. 회상은 온 세계 민족들의 문화적인 틀 안에 존재하는 다양한 전통에 따라 **엄청나게 다양한 방식으로** 이루어집니다. 몇 년 전에 저는 동유럽 도시에 있는 장엄한 대성당에 있었습니다. 대성당은 박해 이후에 교회에 반환되어서 지금까지 지속되어 왔습니다. 예전은 아주 인상적이고 사람의 마음을 끌어당겼습니다. 성만찬이 있은 후에 한쪽 구석에 앉아 저는 이전에 아프리카의 산중 마을에서 짚으로 된 지붕과 먼지가 가득한 마룻바닥이 있는 오

두막에서 경험했던 예전을 상기해 보았습니다. 저는 자문해 보았습니다. 그리스도께서는 어디에서 더 편안함을 느낄까? 그곳일까 여기일까? 보다 진정성 있게 그리스도를 회상할 수 있는 곳은 어디일까? 곧 답이 나왔습니다. 이곳과 그곳 모두라는. 외적인 차이들에도 불구하고, 그 사건들의 본질을 결정짓는 요소는 두 경우 모두 **같은** 것입니다. 그리스도의 신비로운 임재, 그분의 살과 피를 우리가 나누는 것, 신자들이 다다르는 정점이 같은 것으로서, 유일무이한 사건을 회상하고, 전 인류 역사의 핵심을 회상하고, 그것을 경험하는 것이었습니다.

5. 대도시의 빈민촌 교회에서 혹은 무신론적 박해로 인해 피폐해진 알바니아의 교회에서 혹은 장엄한 대성당에서 거룩한 성만찬을 거행하면서 회상을 경험하는 동안, 우리는 더 이상 현실의 협소한 혹은 보다 안락한 공간에 고립된 존재가 아닙니다. 우리는 온 우주와 관련된 가장 본질적인 사건의 중심으로 들어갑니다. 우리는 세상의 창조주요 구속주인 그리스도와 연합됨으로써, 세계 역사의 중심에서 살게 됩니다. 따라서 우리는 부유하든지 가난하든지, 영예로운 지위에 있든지 낮은 신분이든지, 자존감이 높든지 낮든지 간에 우리가 견뎌내고 있는 모든 형태의 속박으로부터 해방됩니다.

회상은 본질적인 방식으로 **우리를 세상과 결속시킵니다.** 회상은 우리를 세상의 역사, 그 고통, 그 깊은 모색들의 한복판으로 인도합니다. 회상은 우리에게 온 세상을 향한 그리스도의 구원 사역을 상기시킵니다. 그리스도의 구원 사역은 온 우주, 땅과 하늘, "만물"을 포괄합니다. "그리스도의 몸이요 만물 안에서 만물을 충만하게 하시는 이의 충만함"(엡 1:23)인 교회는 본질적으로 무너질 수 없고 따라서 교회에 대해서는 조금도 염려할 필요가 없습니다. 교회는 "온 세상을 위해" 존재합니다. 교회는 기도, 메시지, 관심, 행동을 통해 인류의 모든 고통, 개인과 집단의 착취, 여성과 어린이에 대한 다양한 억압, 지역적인 갈등, 세계적인 재정불안과 불의, 그리고 심각해지고 있는 생태계의 위협을 포괄합니다. 교회는 "만물 안에서 만물을 위해" 신령한 은사를 제공합니다.

6. 물론 항상 어디서든지 **회상**이 우리의 삶과 매일의 실천 그리고 폭넓은 계획에서 단절된 **단순한 기념으로 변질될 수 있는 커다란 위험**이 도사리고 있습니다. 우리는 종종 예전 안에서 소통하지만, 그럼에도 불구하고 계속해서 불의와 우리의 삶을 규정하는 자기본위적인 격정 가운데 처해 있습니다. 회상은 마술적인 방식으로 작동하는 것이 아닙니다. 그것은 삶 속에서 부단히 확장되어, 삶을 더욱 풍성하게 하고, 우리의 행동을 통해 영향을 미치고, 우리의 계획을 위한 기준을 제시하고, 우리의 결정을 조명하고, 우리의 행동을 지지할 필요가 있습니다. 예전 안에서 그리스도의 십자가와 부활에 대한 기억을 의식적으로 공유하는 우리 모두는 우리의 일상생활로 돌아가서, 우리의 개인적인 책임인 일상의 제단에서 다른 형태의 예전 즉 "예전 이후의 예전"(1975년 에치미아진Etchzmiadzin에서 제시된 모토)을 계속 해나가고, 우리가 처해 있는 지역에서 우주적인 비전을 바라보면서 우리의 의무를 다해야 합니다.

새로운 세계화의 시기에 오늘의 인류를 근심케 하는 모든 문제들, 에큐메니칼 운동에서 우리와 관련된 모든 이슈들은, 이 회상을 통해 그리스도의 진리, 사랑, 희생이라는 특별한 빛의 조명을 받고, 산상수훈의 팔복이 말하는 (마 5:3-12) 고요한 낙관주의의 조명을 받고, 우리가 어떻게 주류가 될지 혹은 세상적인 권력을 갖게 될지 염려하지 않고 희생적인 섬김을 실천하겠다는 결단의 조명을 받게 됩니다.

회상은 회개와 정화의 동력을 지니고 있습니다. 다양한 복잡성들이 우리를 관습적인 행동, 오만함, 위선, 다양한 자기중심적인 기대로 밀어붙입니다. 회상은 우리를 본질적이고 참된 것으로 돌아가도록 해줍니다. 하나님의 뜻에 대한 절대적인 복종이 없다면, 희생을 위한 준비가 없다면, 청결한 마음이 없다면, 이타적이고 용기 있는 사랑이 없다면 그리스도인의 독특성은 없는 것입니다.

에큐메니칼 운동에서 우리는 종종 이런 시류에 휩쓸려 길을 잃었습니다. 우리는 많은 이슈들에 대해 말하고 있지만, 우리 정체성의 본질적인 요소는 망각하고 있는데, 우리 능력이 우리 자신의 계획과 결정에서 나오는 것이 아니라, 하나님께서 그분의 교회를 통해 우리 안에서 역사하는 데서 나타난다는 확신 가운데 우리가 회상하는 바를 살아내는 것이야말로 우리 정체성의 본질입니다. 마음을 바꾸고, 생활을 바꾸고, 하나님을 향하는 것은 십자가에 달렸다가 부활하신 주님이 우리에게 맡기신 독특하고 영원한 모델을 기초로 한 회복을 뜻합니다. 우리가 우리 프로그램들을 확립할 때 그 출발점 혹은 기준점이 되는 것은 세상을 위한 하나님의 사랑의 정점에 대한 회상입니다. 그 회상과 그에 뒤이은 일들을 경험하게 되면 우리는 그리스도의 신비한 몸인 교회의 살아 있는 세포가 됩니다. 이것이 우리를 다른 모든 사람들과 기구들로부터 구별시키는 것이고, 우리를 다른 모든 위험한 혼합으로부터 정화시키는 것입니다.

7. **회상은 단순히 과거에 주목하는 것이 아닙니다.** 그것은 과거와 미래를 현재로 만듭니다. 우리 의식의 중심으로, "이제도 있고 전에도 있었고 장차 올 자"(계 1:8), 영원하고 처음과 끝이 없는 그분의 사역의 중심으로 돌아가는 회상은 창조된 시간의 고전적 범주를 뛰어넘습니다. "너희가 이 떡을 먹으며 이 잔을 마실 때마다 주의 죽으심을 그가 오실 때까지 전하는 것이니라"(고전 11:26). "영광스러운 재림을 … 기억하는 것"(성 요한 크리소스토무스의 예전)은 장차 올 종말로 우리의 지평을 엽니다. 성만찬에서 장차 이루어질 사건이 "이미 완결되었다"고 말해지는데, 그것은 "제사장이면서 동시에 제물이신"(알렉산드리아의 클레멘트) 그리스도께서 공간과 시간을 초월해 있고 피조물을 초월한 분이기 때문입니다. 이것은 우리의 영혼으로 하여금

만물이 그리스도 안에서 회복될 세상의 종말을 향하도록 해줍니다(엡 1:9-12).

8. 따라서 회상은 사랑의 하나님께서 세상 역사 가운데 행하신 놀라운 일들을 노래하는 **영광의 찬가의 근원**이 되고, "말할 수 없는 그의 은사에 대한"(고후 9:15) 감사의 샘이 되며, 우리가 축제에서 전적으로 회상을 경험한 성도들의 승리를 함께 나눌 때 기쁨과 환희의 원천이 됩니다. 회상의 조명을 받아, 우리는 사람들 앞에서, 그리고 세상 앞에서 존중하는 마음과 진정한 사랑으로 설 수 있게 됩니다. 또 회상은 우리로 하여금 현실에 대해 저항할 수 있게 해주고, 미래를 소망하게 해주며, 우리 앞에 닥칠 새로운 도전에 맞설 결심을 할 수 있도록 해줍니다.

이와 같은 방식으로 회상은 갱신이 되고, 존재로 하여금 시간과 공간에 눈뜨게 합니다. 회상은 우리를 역사와 창조세계의 중심으로 이끌어 주고, 그래서 우리는 참으로 에큐메니칼적이고, 현재적인 동시에 보편적인 존재가 됩니다.

2.3. 회개

완다 데이펠트(Wanda Deifelt)

인류가 참된 회심의 필요성을 깨달을 때는, 비록 충분하지는 않을지라도, 바꾸고 새롭게 출발할 시간이 있습니다. 하나님이 역사 속으로 뚫고 들어오시는 이런 순간은 우리가 거룩한 것으로부터 벗어나 있다는 것뿐 아니라, 우리가 죄 가운데서 인간성을 완전히 상실했다는 것 또한 우리에게 일깨웁니다. 우리를 인간답게 만들어 주는 것과의 관계를 상실함으로써 우리는 우리 이웃과 우리 자신의 필요에 둔감해집니다.

회개, 회심은 우리로 하여금 인간 실존의 불확실성을 감수하도록 합니다. 우리는 죄인인 동시에 의인입니다. 우리는 선함과 관대함과 사랑의 능력을 지니고 있습니다. 하지만 우리는 악, 이기심, 증오의 잠재성 또한 지니고 있습니다. 이러한 투쟁의 와중에 우리는 쉽게 자기보호와 현상유지를 위한 논증에 굴복하게 됩니다. 우리는 대담하게 맞서는 법을 잊어버렸습니다. 그리스도인인 우리가 얼마나 쉽게 이 세상의 기준에 순응하는지를 인정하는 것은 언제나 망설여지는 일입니다. 정의를 향한 열망, 위험을 감수하면서 우리 가운데 보다 평등한 관계를 실현시킬 수 있는 역량은 오랫동안 둔화되어 왔습니다.

인간으로서 우리는 항상 변화와 순응의 갈림길에 서 있습니다. 또한 우리는 지금과는 다른 실재를 갈망합니다. 우리는 우리 자신의 노력으로 이룰 수 없는 어떤 것을 그리워하고 향수를 느낍니다. 이러한 추구는 모턴(Nelle Morton)의 다음과 같은 말에 잘 나타나 있습니다. "나는 집이 장소가 아니라는 것을 알게 되었습니다. 집은 움직이는 것이고, 관계의 속성을 지니는 것이며, 그곳에서는 사람들이 더욱 '그들 자신'이 되고자 하고 동시에 점차로 세상에 대해 책임지는 존재가 되고자 합니다." 이것이 우리가 하나님의 통치의 실재에 대해 느끼는 바입니다. 그곳에는 정의, 평화, 재결합, 화해가 있습니다. 우리는 이미 존재하지만 아직 충분하지는 않은 어떤 것, 즉 오직 하나님을 통해서, 예수 그리스도 안에서, 성령의 능력을 통해서만 확립될 수 있는 실재를 갈망합니다. 이 실재가 우리를 집으로 이끌 것입니다.

따라서 집으로 돌아가는 탕자와도 같이, 우리는 회개합니다. 우리는 무엇보다 먼저 하나님을 인식하는 방식에 대해 회개합니다. 브라질의 작곡가이자 음악가인 쎄사르(Chico César)는 아프리카 풍의 리듬으로 이렇게 노래합니다. "하나님을 가만 내버려두지 않고, 개인적인 일꾼처럼 대하는 사람들이 있습니다. 이런 사람들은 사악하고 하나님의 생활을 지옥으로 만듭니다." 우리는 하나님을 길들이고 하나님의 위대함을 우리의 제한된 언어와 경험 안에 가두려고 한 것을 회개합니다. 우리는 인간의 일을 정당화하기 위해 하나님의 이름을 이용하고 있음을 고백합니다. 우리는 이렇게 기도하고 있습니다. **"당신의** 뜻이 땅에서와 같이 하늘에서도 이루어지게 하소서."

　우리는 또한 동료 인간들을 인식하는 방식에 대해서도 회개합니다. 창세기 이야기에 따르면, 하나님은 하나님의 형상에 따라 남자와 여자를 창조하셨습니다. **모든** 인간은 계급, 인종, 신분, 성별, 나이, 성적 취향에 관계없이 하나님의 형상을 반영합니다. 우리가 서로의 눈을 들여다보면, 거룩성을 어렴풋이나마 발견할 수 있을 것입니다. 인간관계가 깨어질 때 우리는 더 이상 서로를 마주하고 그 눈을 들여다볼 수 없게 됩니다. 우리는 권력을 지닌 위치에서 위에서 내려다보거나 무력한 처지에서 아래에서 올려다볼 수밖에 없게 됩니다. 다른 사람의 눈을 들여다보는 것은 같은 공간에 동등하게 서는 것을 뜻합니다. 회개는 타자에게로 돌이키는 것입니다. 이방인과 낯선 사람들은 하나님의 보호하시는 날개 아래에, 그리스도의 십자가 아래에 있습니다.

　그러므로 우리는 다른 사람들과 연대하여 살면서, 모든 것을 포용하는 그리스도의 넓은 팔이 되라고 초대받았습니다. 우리는 에이즈의 희생자들과 연대하라는 요청을 받습니다. 현재 전 세계에 3천3백만 명 이상의 사람들이 에이즈에 감염되었고, 아프리카에만 2천2백만 명의 에이즈 환자가 있습니다. 에이즈 환자 중 절반이 15~24세라는 사실은 우리 젊은이들의 미래에 대해 생각하도록 합니다. 우리는 기근, 전쟁, 토착민에 대한 학살, 제대로 마실 물도 없고 건강관리도 받지 못해 죽어간 수백만 명의 어린이들에 대해 눈감고 있었던 데 대해 회개하도록 요청받고 있습니다.

　밀레니엄의 끝에 이른 지금 우리가 사람들 사이에 또 나라들 사이에 경제적 불균형을 목격하고 있다는 것은 수치입니다. 낭비와 결핍이 이웃해 있습니다. 한쪽에서는 소수의 사람들이 물질적인 풍요 속에 있고, 다른 쪽에서는 다수의 사람들이 결핍 가운데 있습니다. 그들의 삶은 "부족한" 삶이라 할 수 있으며, 직업도 없고, 땅도 없고, 집도 없고, 목소리도 없고, 힘도 없습니다. 간단히 말해 이 모든 것이 가난한 사람들을 결코 인간으로 살 수 없게 만듭니다.

흔히 20세기는 여성들의 위대한 세기라 말해집니다. 이전에는 결코 여성들이 지금처럼 교회와 사회에서 법적인 권리, 교육, 재산, 지도력을 지닐 수 없었습니다. WCC는 1988~1998년을 "여성과 연대하는 교회의 에큐메니칼 10년"으로 선언하기까지 했습니다. 하지만 여성과 소녀들은 여전히 차별, 폭력, 매춘, 상해와 성폭행의 고초에 노출되어 있습니다. 많은 문화와 사회에서 여성은 여전히 발전가능성이 있고 나눌 수 있는 재능을 지닌 온전한 인간으로도, 성만찬의 친교에 초대받은 하나님의 자녀로도 인식되지 않고 있습니다. "에큐메니칼 10년"이 경과한 후에 나온 보고서를 보면, 그동안 교회가 참으로 여성들과 연대한 시기였는지, 아니면 여성들이 다른 여성들과 연대한 시기였는지 의문스럽습니다.

우리는 자연을 인식하고 하나님의 창조세계를 다루는 방식을 회개합니다. 인간뿐 아니라 동식물과 모든 생태계를 파괴하는 광범위한 대파국의 조짐으로 미루어볼 때 우리는 보다 조화로운 환경을 위한 우리의 몸짓이 거의 아무런 영향도 미치지 못했음을 깨닫습니다. 우리는 인간인 우리가 창조의 중심에 있고, 땅을 정복하고 다스릴 권한을 부여받았다고 여기고 있습니다. 그렇지만 우리는 상호의존적인 존재입니다. 결국 하나님은 다른 날을 택해 인간을 창조하신 것이 아니라, 같은 날 "가축과 기는 것과 땅의 짐승"(창 1:24)을 만든 직후에 아담을 만드셨습니다.

비록 우리가 예배에 대해서도 회개하기는 하지만, 우리는 정말 그 의미를 이해하고 있습니까? 우리 중 많은 사람들은 우리가 잘못한 것이 없기 때문에 우리는 "깨끗하다"고 느낍니다. 그렇지만 때때로 우리는 행함으로써가 아니라 행하지 않음으로써 죄를 범합니다. 우리는 행위로써뿐 아니라 태만으로 죄를 짓고 있습니다. 빌라도처럼 우리 손을 씻지 말고, 우리의 단정함이 마치 마음의 순결함인 양 가장하지 맙시다. 오히려 용기 있게 예언하고 우리 손에 진흙을 묻힙시다. 빈민촌, 가난한 자들, 거리에서 자는 어린이들, 섹스 관광으로 인해 매춘에 방치된 10대들, 삶의 의미를 찾지 못한 마약 중독자들의 진흙더미에 손을 내밉시다. 우리 진리와 확실성을 흔들어 놓는 다른 사람들에게 손을 뻗어 잡음으로써 우리 손을 더럽히는 것을 감수합시다. 그럴 때에 우리는 다른 사람들이 하나님 앞에서 거룩한 자들이라는 것을 깨닫게 될 것입니다.

이렇게 해서 우리는 하나님께로, 우리 안에 있는 거룩성으로, 타인과 자연 안에 있는 거룩성으로 돌이키게 됩니다. 하나님께로 돌이킨다는 것은 또한 인간에게로 돌이키는 것이고, 우리 시대의 특징인 고난, 고통, 죽음을 인지하는 것입니다. 회개는 우리 눈에 눈물을 가져다줍니다. 우리는 인간이 얼마나 연약한 존재인지, 얼마나 하나님의 은혜와 사랑을 필요로 하는지 깨닫게 됩니다. 스페인 시인 펠리페(León Felipe)는 오랜 멕시코 망명생활 이후 80회 생일 때 쓴 글에서 눈물로 자신의 극한에 이르는 용기에 대해 썼습니다. "내 눈이 거기에 이르렀을 때, 내 눈의 기능은 더 이상 우는 것이 아니라 보는 것입니다. 우리가 추구하는 우주의 모든 빛, 거룩한 것, 시적인 것을 우리는 어떤 사람들의 눈물이 흐르는 창을 통해 보게 될 것입니다."

우리는 눈물을 통해 세상을 봅니다. 우리 눈에 맺히는 눈물로 본다는 것은 우리가 오직 편파적으로 볼 수 있다는 것을 인정하는 것입니다. 즉 우리는 고통당하는 자들의 편에 섭니다. 눈물로 흐려진 눈으로 본다는 것은 이 세상으로부터의 도피를 말하는 것이 아닙니다. 막달라 마리아처럼 무덤 밖에서 우는 것입니다. 그녀가 흘린 눈물은 박해받고 십자가에 달려 죽은 그분과 자신을 동일시하는 것이었습니다. 우리가 고통 받는 사람들과 함께 그들을 위해 우는 것은 그들 편에 서는 것이고, 그로 인한 결과를 감내하는 것입니다.

바울이 그랬듯이, 죽음이 이기지 못하고, 부활을 통해 하나님의 온전한 창조가 승리할 것임을 선포하는 것입니다.

우리는 사람들에게 하나님께로 돌이키고 소망 가운데 즐거워하라고 당부합니다. 그것은 장차 올 잔치를 미리 맛보는 것입니다. 이미 우리 가운데 현존하는 하나님의 통치의 표지를 지금 여기서 증언할 것도 당부합니다. 하나님의 나라는 우리의 노력 때문이 아니라 하나님으로 인해 존재하는 것입니다. 그리스도인인 우리들은 우리 가운데서 하나님나라의 표지가 되어 이 시대에 예언자의 목소리를 내라고 부름 받았습니다. 이 시대의 불의에 맞서 그리스도인들이 한목소리를 낼 수 없는 이때에 우리는 세상을 향해 어떤 메시지를 줄 수 있겠습니까? 왜 우리 그리스도인들은 우리를 분열시키는 문제들에 그토록 많은 시간과 정력을 낭비하는 것입니까? 우리 시대는 우리에게 더 분명한 증언을 요구하고 있습니다. 이 시대는 우리가 위험을 무릅쓰고 생명을 위해, 더 풍성한 생명을 위해 사랑 가운데 열정을 품으라고 요구합니다.

50년 전 WCC가 시작되었을 때, 다루어야 할 이슈는 분명했습니다. 20세기 두 차례의 세계대전 이후의 화해와 재건이 절대적으로 요청되었습니다. 나치의 통치 아래 박해받았던 사람들을 치유하고 불의를 고쳐나가기 위한 시간이었습니다. 그때처럼 오늘날에도 우리는 예언자적 목소리, 화해의 목소리와 미래를 향한 비전을 필요로 합니다. 그러나 안타깝게도 우리는 예언이 점차 부당이익을 취하는 것으로 대체되어 왔다는 것을 깨닫습니다. 종종 우리 교회 안에서 이익이 예언보다 더 중요한 가치를 지니고, 우리 가운데서 경쟁이 협력의 자리를 빼앗아 차지하고 있습니다. 이 점에 대해 우리는 회개해야 합니다.

하나님은 십자가에 못 박히기 위해 역사 안으로 뚫고 들어오셨습니다. 그리스도인인 우리는 십자가에 달리신 그리스도의 관점에서 세상을 보아야 합니다. 우리는 눈물로 세상을 바라봅니다. 세상의 고통과 고난을 체감하기 때문입니다. 십자가 아래에 서서 "내가 그리스도를 믿습니다."라고 말하는 것보다 더 근본적인 말은 없습니다. 이것은 하나님을 향한 우리의 깊은 헌신입니다. 하나님은 우리에게 등을 보이지 않고 우리의 공적에 따라 우리를 심판하지 않으시며, 우리를 찾아와 은혜의 손을 내밀어 끌어안으시고, 우리가 교제를 회복하도록 초대하십니다.

엘살바도르에 생겨난 십자가들은 우리가 하나님과 타인들과 재결합하는 새로운 차원을 상징하고 있습니다. 선명한 색깔의 십자가들은 가난한 사람들, 하층민들과 내쫓긴 사람들 가운데 현존해 계신 하나님을 보여줍니다. 그리스도의 고난은 우리로 하여금 회개하게 하며, 더 이상의 고통은 용납할 수 없다고 말할 수 있게 해줍니다. 우리가 수확의 첫 열매를 맛볼 수 있었기에 우리는 하나님과 타인과의 화해라는 열매를 경축할 수 있습니다. 회개의 열매는 정의, 자유, 평화, 평등이며, 하나님의 모든 자녀들에 대해 존중하고 존귀히 여기는 것입니다. 그렇기 때문에 우리는 하나님께로 돌이켜 우리 죄를 고백하고 다시 정의로운 길을 열라고, 그리고 소망 가운데 기뻐하라는 요청을 받습니다.

2.4. 소망 가운데 기뻐하라

코수케 코야마(Kosuke Koyama)

"소망 가운데 기뻐하라." 이 말이 얼마나 이상하게 들립니까! 우리는 어떻게 이 메시지를 "받아먹을"(렘 15:16) 수 있습니까? 우리는 폭력으로 파괴되고 부서진 세상에 살고 있습니다. "온 땅"(oikoumene)에는 가난으로 절망하는 사람들, 굶주린 아이들, 터전을 빼앗긴 사람들, 그리고 전쟁과 인종갈등으로 인한 무고한 희생자들로 가득합니다. 핵으로 인한 절멸의 위협은 여전히 지평선 위의 구름과도 같이 드리워져 있고 우리가 살고 있는 지구는 생태계의 위기에 직면해 있습니다. 그런데 어떻게 소망 가운데 기뻐할 수 있겠습니까?

우리가 일상 가운데 경험하는 기쁨과 소망에 대한 인식으로는, 우리에게 기쁨을 주는 이 소망의 메시지가 지니는 신비를 이해할 수 없습니다. 신비는 온 세상을 끌어안는 자비로운 하나님에게 속한 것입니다. 세상이 더 절망적일수록, 생명을 지탱하는 하나님의 자비는 더 본질적이고 더 결정적인 것이 됩니다. 이것이 우리의 믿음입니다. 이것이 우리의 현주소입니다. "소망 가운데 기뻐하라"는 메시지는 긍휼의 하나님으로부터 "땅에 있는 모든 주민들에게" 울려 퍼집니다(레 25:10 참조). 우리는 하나님의 말씀을 듣습니다. "네가 선 곳은 거룩한 땅이니 네 발에서 신을 벗으라"(출 3:5). 온 세상은 이제 거룩한 땅입니다. 우리는 신발을 벗습니다. 은혜는 맨발입니다.

우리의 생각을 집 없이 사셨던 예수 그리스도에게로 돌이킵시다. "… 인자는 머리 둘 곳이 없도다"(눅 9:58, 2:7). 세상을 향한 하나님의 포용은 머리 둘 곳 없었던 인자 안에서 더욱 강력해집니다. 아무도 십자가에 달리신 예수보다 정처 없는 사람은 없습니다. 십자가에 못 박힌, 맨발로, 상하고 찢긴 그리스도께서 부서지고 찢긴 세상을 향해 말씀하십니다. 십자가는 하나님마저 신을 벗은 가장 거룩한 땅입니다. "오, 때로 그 일로 나는 떨려, 떨려, 떨려. 거기 너 있었는가? 그때에, 주님 그 십자가에 달릴 때"이 복음적인 공간에서 "우리는 거꾸러뜨림을 당하여도 망하지 않습니다!"(고후 4:9, J.B. Phillips). 이 공간은 위로자이신 하나님의 성령에 의해 육성되고 유지됩니다. 이것이 바로 WCC 8차 총회가 하나님의 은혜로 찾고자 하는 공간입니다.

"소망 가운데 기뻐하라"는 부르심은 "우리를 향한 열정으로 가득 찬 하나님"(impassioned God: 출 20:5, Jewish Bible)으로부터 시작됩니다. 이 세상과 세상을 품으시는 하나님 사이에는 고통스러운 관계가 있습니다. 호세아 선지자를 통해 하나님은 말씀하십니다. "내 마음이 내 속에서 돌이키어 나의 긍휼이 온전히 불붙듯 하도다"(호 11:8, Anchor Bible). 이스라엘은 신앙을 지키지 못했습니다. 그렇지만 하나님은 이스라엘을 결코 포기하지 않았습니다. 세상은 불신앙에 차있습니다. 그러나 하나님은 세상을 포기하지 않습니다. 하나님은 딜레마에 사로잡혀 있습니다. 하나님은 곤란한 상황에 **빠졌**고, 사랑 때문에 이 곤란은 더 심화됩니다. 우리의 주제인 "소망 가운데 기뻐하라"의 신비는 하나님의 내면에 관한 이 특별한 이야기 안에 숨겨져 있습니다.

소망은 미래와 관련이 있습니까? 그렇습니다. 하지만 그것은 사랑과 더욱 관련되어 있습니다. 소망은 시간 이야기가 아닙니다. 그것은 사랑 이야기입니다. "우리가 **언젠가** 승리할 것이다"라는 말의 의미는 "우리는 **긍휼**의 힘으로 승리할 것이다"라는 것입니다. 복음은 과감하게 시간 위에 사랑을 둡니다. 복음서의 치유 이야기들, 그리고 "제3일에 그가 죽은 자들 가운데서 다시 살아나셨다"(사도신경)는 신앙고백은 이 놀라운 진리를 가리키고 있습니다. 소망은 예수의 모든 치유의 선포가 그러하듯이 사랑의 열정으로 가득 차 있습니다. "일어나 네 상을 가지고 집으로 가라"(막 2:11). 기억하십시오! 이 말을 한 사람이 바로 머리 둘 곳조차 없었던 분이고, 세상을 품으시는 하나님을 온전히 입으신 분입니다. 이 모든 상황이 얼마나 감동적입니까! 만약 시편기자가 말한 것처럼 하나님이 스올("차가운 창고")에 계신다면 스올은 하나님의 사랑의 열기에 녹아내릴 것입니다(시 139:8). 마르틴 루터 킹 목사가 버밍햄 시의 감옥에 갇혔을 때 그의 사랑에 불타는 소망으로 그 감옥이 뜨거워지지 않았습니까? 사랑으로 불타오르지 않는다면 도대체 소망이 무엇이란 말입니까? 사랑의 대상이 온 세상이 아니라면 도대체 무엇이란 말입니까? 소망은 불타는 사랑 이야기입니다.

소망은 아직 보이지 않는 것에 관한 것입니까? 그렇습니다. "보이는 소망이 소망이 아니니, 보이는 것을 누가 바라리요?"(롬 8:24). "예수를 너희가 보지 못하였으나 사랑하는도다.…"(벧전 1:8). 하지만 소망은 "우리가 들은 바요, 눈으로 본 바요, 자세히 보고 우리의 손으로 만진 바라"는 말씀에 그 뿌리를 두고 있습니다(요일 1:1). 만일 사랑이 보이지 않고 만질 수 없는 것이라면 도대체 그 사랑은 무엇입니까? "보이는 그 형제자매를 사랑하지 않는 자는 보이지 않는 하나님을 사랑할 수 없느니라"(요일 4:20). 수백만의 어린이들이 처해 있는 절망적인 가난이 보입니다. 인종차별이 보입니다. 살상무기들이 보입니다. 빈민촌이 보입니다. 굶주려 죽은 사람들이 보입니다. 부자와 가난한 자의 간극이 빤히 보입니다. 이러한 현실에 대한 우리의 응답이 분명히 보여야 합니다. 은혜는 보이지 않는 세상에서는 작동될 수 없습니다.

그렇지만 이 세상에서 통치자들은 "소외된 자, 고아와 과부"(렘 7:6; 또한 출 22:22, 시 82:3, 막 12:40, 약 1:27), 그리고 "굶주린 자, 목마른 자, 이방인, 헐벗은 자, 아픈 자와 갇힌 자"(마 25:31-46)를 보이지 않게 만들려고 애를 씁니다. 이것은 폭력입니다. 복음은 눈에 보여야 한다고 역설합니다. 굶주린 어린이들의 쇠약해진 모습이 세상에 환히 드러나야 한다는 것입니다. 보이지 않게 만드는 것과 폭력 사이에는 연관성이 있습니다. 사람들은 하나님의 형상의 존엄성을 입었기에, 밝히 드러나 보여야 합니다. 믿음, 소망, 사랑은 "보이는 것" 안에 있지 않다면 생명력이 없습니다. 에큐메니칼 운동은 교회의 가시적 일치를 추구합니다. 하나님께서도 예수 그리스도 안에서 가시적인 존재로 드러나지 않았습니까?(요 1:18, 14:9). 복음은 보이는 것 안에서 구원의 신비를 봅니다. 여러 종교는 보이지 않는 것을 높이고 보이는 것을 경멸하는 경향이 있습니다. 그러나 속임수 없는 진정한 소망을 키울 수 있는 것은 "듣고, 보고, 만지는" 복음입니다.

한분이신 하나님께서는 7000개가 넘는 언어로 말하는 하나의 세상을 포용하십니다. 하나님은 모든 문화와 민족들에게 열려 있는 분입니다. "내 백성 애굽이여, 내 손으로 지은 앗수르여, 나의 기업 이스라엘이여 복이 있을지어다"(사 19:25). 하나님은 얼마나 많은 언어로 말씀하실까요? 모든 언어입니다! 어느 누구도 고립된 언어를 사용할 수 없고, 배타적인 자기 정체성을 지닐 수 없습니다. 모든 사람들은 거미줄처럼 연결되어 있습니다. 세상 안에 교회가 있고, 교회 안에 세상이 있습니다. 하나님께서 교회에 하신 말씀은 하나님께서 세상에 하신 말씀입니다. 하나님께서 교회를 위한 말씀과 세상을 위한 말씀으로 각기 "두 개의 말씀"을 주시는 것이 아닙니다. 하나의 세상이 "양"과 "염소"에게 하시는 그리스도의 말씀을 듣습니다(마 25:31-46). **하나의** 세상을 향해 예수께서 선포하십니다. "사탄이 하늘로부터 번개같이 떨어지는 것을 내가 보았노라"(눅 10:18). 하나님께서 이 하나의 세상을 사랑으로 끌어안을 때 세상은 "뒤집힙니다"(행 17:6). 이 얼마나 큰 소동입니까!

소동을 일으킬 소지가 많은 예수의 비유를 들어보십시오. "아직도 거리가 먼데 아버지가 그를 보고 측은히 여겨 달려가 목을 안고 입을 맞추니라"(눅 15:20). 달려가는 하나님이라니요! 중심이신 하나님이 주변으로 달려가는 데 대해 우리는 무슨 생각을 할 수 있습니까? 우리가 당황하고 있는 사이 주변이 중심이 되어버립니다! 빛이 중심이 아닌 주변으로부터 비춥니다. "건축자들이 버린 돌"에서 구원이 나옵니다(막 12:10). 이 무슨 예상치 못한 소동입니까! "빨리 제일 좋은 옷을 가져와 아들에게 입히고, 손에 반지를 끼우고 발에 신을 신겨라.… 그리고 살찐 송아지를 끌고 오라.…" 은혜는 평온이 아니라 소동을 불러옵니다. 교회는 부서진 세상을 맞아들이러 달려가는 그리스도의 몸입니다. 본성상 우리의 소망은 평온한 것이 아닙니다. 그것은 소동으로 가득 찬 것입니다. 달려가시는 하나님에 의해 "뒤집어지는" 이 세상에서 우리는 "소망 가운데 기뻐하라"는 사도의 가르침을 이해할 수 있게 됩니다.

신학의 임무는 이 은혜로 촉발되는 소동을 생생하게 묘사하는 것이고, 그것을 가시적인 것으로 만드는 것입니다. 목회는 "옷을 빨리 가져오는" 것입니다. 복음이란 예수 그리스도의 오심으로 예고된 시끌벅적한 사건입니다. 소동은 고통을 동반하는 것입니다. 그리스도를 따르는 사람들은 오늘날 우리가 맞닥뜨린 몇몇 이슈들에 대해 서로 다른 견해와 확신을 지닐 수 있습니다. 그것은 그들이 함께 진지한 성서연구와 경건한 예배에 참여하고 있을 때도 마찬가지입니다. 진실함과 경건함으로 우리는 우리의 견해와 확신을 세상을 품으시는 긍휼이 많으신 하나님의 빛에 비추어보아야 합니다. 신학과 목회에서 우리는 "맨발"이 되어야 하고 "머리 둘 곳이 없어야"합니다.

거할 집조차 없었던 사도가 "소망 가운데 기뻐하라"고 말합니다(롬 12:12; 고전 4:11). 사도는 계속해서 "손 대접하기를 힘쓰라"(롬 12:13)고 말합니다. 그는 예레미야의 에큐메니즘과 일치하고 있습니다. "그 성읍의 평안을 구하라.… 이는 그 성읍이 평안함으로 너희도 평안할 것임이라"(렘 29:7). 자비로운 성령께서는 우리에게 낯선 자들, 세상과 더불어 기뻐하라고 권면합니다. 세상은 단지 "염소"가 아닙니다. "보라 내가 너희를 보내니 양을 이리 가운데로 보냄과 같도다"(마 10:16)라는 말씀은 절대적인, 고착화된 진리가 아닙니다. 하나님의 성령은 "양과 염소"의 세상을 끌어안습니다. "때가 찼고 하나님의 나라가 가까이 왔습니다"(막 1:15). 요한복음의 말씀을 바꾸어 말하면 "하나님께서 자기 땅에 오시매 자기 백성이 기쁨으로 영접하였습니다!"(요 1:11 참조). 이것이 우리가 소망 가운데 누리는 기쁨의 본질입니다. 사적이고 배타적인 공동체의 기쁨은 모두를 소망으로 이끄는 데 실패합니다. 이것은 복음이 아닙니다. 모든 피조물과 더불어 소망을 가지고, 모든 피조물과 더불어 기뻐하십시오! 이 얼마나 폭넓은 지평입니까!(시 139:7-10).

이 지평은 환상이 아닙니다. 하나님에게는 그 누구도 낯선 자가 아닙니다. 그 문화적, 종교적, 인종적, 정치적인 정체성이 뭐든지 간에 모든 사람은 하나님에게 둘도 없고 비교할 수도 없는 사람입니다. 이것이 하나님의 온전한 에큐메니즘의 뿌리입니다. 그러나 우리의 행동이 "내가 내 아우를 지키는 자입니까?"(창 4:9: 죄를 가장 분명하게 설명해 주는 표현)라고 말할 때 우리는 하나님을 이방인 취급을 하는 것입니다. "내가 내 아우를 지키는 자입니까?"라고 말하는 것은 다른 사람을 불결하다고 경멸하는 것입니다. 이것은 세상을 향한 소망의 토대를 파괴합니다. "소망 가운데 기뻐하는 것"은 "네 이웃을 네 몸처럼 사랑하는 것"입니다. 소망이 **지금** 경험되지 못한다면 그것은 장차도 경험되지 못할 것입니다.

우리가 기꺼이 이웃의 사랑을 받아들이지 못한다면 이웃을 사랑할 수 없습니다. 우리가 낯선 사람들의 호의를 받아들이지 못한다면 우리 또한 낯선 사람들에게 호의를 베풀 수 없습니다. 복음은 이러한 쌍방통행을 지지합니다. 일방통행은 자기 의를 만들어냅니다. "한 여자가 매우 값진 향유 곧 순전한 나드 한 옥합을 가지고 와서 그 옥합을 깨트려 예수의 머리에 부었습니다." 비록 이 행위가 구경꾼들 사이에 적지 않은 소동을 일으키긴 했지만 예수는 이 환대에 깊이 감동하여 그것을 **받아들이고** 그녀에게 말씀하십니다. "내가 진실로 너희에게 이르노니 온 천하에 어디서든지 복음이 전파되는 곳에는 이 여자가 행한 일도 말하여 그를 기억하리라"(막 14:3-10).

"소망 가운데 기뻐한다."는 것은 "뒤집어엎는" 가능성입니다. 그것은 은혜로 야기된 소동 가운데 오늘을 사는 것입니다. 성서의 신비는 평온이 아닙니다. 그것은 열정에 사로잡힌 것입니다. 그것은 주변으로 가서 모든 사람을 포용하는 머리 둘 곳조차 없었던 예수에 관한 것입니다. 그러므로 주님께 노래합시다. 왜냐하면 "빛이 어둠에 비춰매 어둠이 빛을 이기지 못하기"(요 1:5) 때문입니다.

WCC의 활동:
과거, 현재, 미래

3. WCC의 활동: 과거, 현재, 미래

3.1. 서론

총회의 목적 중 하나가 지난 총회 이후 WCC를 통해 교회들이 함께 했던 것들에 관한 보고를 듣고 응답하는 것입니다. 총회 참석 대의원들에게 우편으로 미리 발송된 자료에 『캔버라에서 하라레까지』라는 보고서가 포함되어 있었습니다. 사진이 포함된 53쪽 분량의 문서는 총무단과 WCC의 네 구성단위(일치와 갱신, 건강·교육·증언을 통한 교회의 선교, 정의·평화·창조질서, 나눔과 섬김)의 활동을 강조하였습니다. 12월 4일 금요일에 대의원들은 대회 의장, 총무, 재정위원회로부터 보고를 받았습니다. 12월 7일 월요일에는 네 기구 중 한 곳의 보고를 듣거나 총무단의 보고를 듣도록 초청을 받았습니다. 프로그램 지침위원회의 구성원들은 캔버라 총회 이후 다양한 지역에서의 WCC의 활동을 평가할 보고서를 준비하기 위해 여러 곳으로 흩어져서 참석하였습니다.

3.2. 의장보고

아람 I: 실리시아의 총주교

1. 오늘 WCC 8차 총회로 모인 이때에, 저는 1954년 에번스턴에서 있었던 제2차 WCC 총회가 생각이 납니다. 공포와 절망의 시대, 동서방 사이의 대치국면이 전개되던 때에 모여서, 총회는 교회와 세상을 향해 "우리의 길에서 돌이켜 하나님의 길로 돌아가자"고, "소망 안에서 기뻐하자"고 절박한 호소를 하였습니다.[4]

---

4) W. A. Visser't Hooft, ed., *The Evanston Report: The Second Assembly of the World Council of Churches, 1954*, London, SCM, 1955, 1.

이 호소는 44년이 흐른 지금 더 절실하고 적합하게 들립니다. 지금 우리는 불확실성과 절망의 먹구름 아래 생태학적으로, 영적으로, 도덕적으로 위협당하고 있는 세상 속에서 교회와 세상을 향해 "하나님께로 돌이키라 – 소망 가운데 기뻐하라"고 목소리를 내기 위해 이와 같은 역사상 결정적인 시기에 다시 모였습니다.

2. 우리가 캔버라에서 만난(1991) 이후로 인류 역사상 전례가 없는 광범위한 변화들이 나타났습니다. 이데올로기가 붕괴되고, 장벽은 파괴되었으며, 인종차별정책은 거의 사라졌습니다. 그렇지만 냉전의 종식이 정의, 평화, 화해의 새 시대로 연결되지는 못했습니다. 세계는 망가지고, 나뉘고, 위협당한 채로 남아 있습니다. 이러한 철저하고 급속한 변화들과 복잡한 현실의 대두는 교회의 생활과 증언에, 에큐메니칼 운동과 WCC의 활동에 직접적인 반향을 불러왔습니다.

3. 사실상 캔버라에서 하라레에까지 이어지는 시기는 WCC에게 있어 일련의 중요한 프로그램의 성취, 회원 수의 괄목할만한 신장, 심각한 재정적 불안정, 그리고 교회와 사회로부터 오는 다양하고 많은 도전들로 특징지어집니다. 수많은 예측 불가능한 어려움들에도 불구하고 WCC는 캔버라 총회가 명한 것들의 범주 안에서 무거운 책임감을 지니고 그 사역을 수행해 왔습니다. WCC의 실제적인 활동에 대해 언급하기 전에, 저는 여러분 모두가 침묵의 기도로 "구름같이 허다한 증인들"을 기억해 주기를 바랍니다. 저마다 다른 교회, 다른 지역에서 온 그들은 에큐메니칼적인 가치들과 목표들을 진작시키는 데 중요한 공헌을 했고, 그 성과를 가지고 이곳에 왔습니다. 이러한 에큐메니칼적인 증인들은 우리 공동의 에큐메니칼 순례에서 항상 우리와 함께 있을 것입니다. WCC의 활동은 하나의 나뉠 수 없는 온전한 것으로, 이 사역에 우리 한 사람 한 사람 혹은 무리가 적극적인 참여를 하고 특정한 기여를 하는 것입니다. 이 지점에서 저는 의장으로서 그리고 부의장들을 대표해

서 전임 총무인 카스트로(Emilio Castro) 박사와 현 총무인 라이저(Konrad Raiser) 박사, 그리고 물러나는 중앙위원회와 실행위원회의 모든 구성원들, 위원회들, 사역단체들과 WCC 직원들에게 진심어린 감사를 표하고 싶습니다. 이들 모두는 캔버라 총회가 정한 프로그램들과 정책들을 수행하는 데 중요한 공헌을 하였습니다.

4. 중앙위원회는 자석과도 같은 존재로, 이것을 중심으로 WCC의 일상적인 일들과 프로그램에 따른 활동들이 조직화되고 발전되어 왔습니다. 캔버라 이후에, 중앙위원회는 다섯 차례 모였습니다. 이 모임들은 제각각 그 나름의 특징이 있었고, 참석률은 아주 좋았으며 참여도 진중했습니다. WCC는 교회들의 협의체입니다. 회원교회들은 자신들이 파견한 대의원들을 통해 우리를 선출해 자신들의 결정을 이행하도록 했습니다. WCC의 역할은 교회들의 종이 되는 것입니다. 그러므로 총회는 우리의 활동에 대해 설명하고 WCC의 청지기직분을 검토할 수 있는 안성맞춤의 장인 것입니다. 사실상 캔버라에서부터 하라레에까지 이르는 우리의 길고 복잡한 여정은 짧막한 의장의 보고서에서 요약될 수 없는 것입니다. 『캔버라에서 하라레까지』(*From Canberra to Harare*)라는 보고서와 『총회자료집』(*Assembly Workbook*)은 지난 7년간 WCC의 활동들에 대해 충분한 설명을 해주고 유익한 개관을 제공해 주고 있습니다. 파다레(Padare: 열린 마당)를 통해서뿐만 아니라 집중적인 청취 과정을 통해 이번에 여러분은 다양한 차원과 측면에서 WCC의 사역에 대해 평가할 수 있는 충분한 기회를 가지게 될 것입니다.

5. 저의 보고서는 두 부분으로 구성될 것입니다. 1부에서(6~46항) 저는 몇몇 핵심적인 관련분야에 집중하고, 새롭게 생겨난 경향들을 지적하고, 회원교회들에게 미치는 그 영향력을 상세하게 설명함으로써 WCC의 프로그램 사역에 대해 비판적으로 평가할 것입니다. 2부에서(47~71항) 저는 WCC 창립 50주년과 세계인권선언 50주년의 중요성에 대해 논의하고, 우리 교회의

생활에 대해 그리고 에큐메니칼 운동의 미래에 대해 이 두 개의 희년이 제기하는 몇 가지 도전과 관점에 주목할 생각입니다. 그리고 결론으로 저는 여러분과 이번 총회의 주제와 연관된 몇 가지 개인적인 생각을 나눔으로써 우리의 에큐메니칼 여정을 분별해 보고자 합니다.

I. 핵심 관련분야와 새로운 경향들

6. 1989년에 시작된, "WCC의 공동의 이해와 비전을 향하여"(CUV)로 알려진 일련의 진행과정은 우리가 고려하고 있는 시기의 중요한 주도적 의제가 되었습니다. 그것은 WCC를 두 개의 폭넓은 과정으로, 즉 내부적인 재구성 작업과 프로그램들에 우선순위를 매기는 일로 이끌었습니다. 첫 번째의 재구성 작업은 1991년 캔버라 대회 직후에 일어났고, WCC의 사역은 네 개의 구성단위, 즉 일치와 갱신, 건강·교육·증언을 통한 교회의 선교, 정의·평화·창조질서, 나눔과 섬김으로 나누어졌습니다. 역사적이고 방법론적인 이유들로 인해 각 단위는 다시 나뉘어 팀, 클래스, 데스크 등으로 다양하게 불리게 되었습니다. 각 구성단위들은 각각의 특이성을 유지하는 한도 내에서 협력하고 통합하는 방식으로 일하도록 권고되었습니다. 거의 6년간에 걸쳐 충분히 시험하고 또 구체적으로 경험해 본 결과, 교회들의 생활에서 일어난 중요한 변화들의 관점에서 구조의 결함이 드러났습니다. 이러한 현실은 WCC의 심각한 수입 감소와 결합되어, WCC로 하여금 CUV의 과정에서 두 번째 구조조정을 감행하도록 이끌었습니다. 1997년에 있었던 마지막 모임에서 중앙위원회는 제안된 구조적 변화들과 헌장의 수정사항들을 승인하여, 총회의 인가를 받도록 하였습니다. 하나의 기본적인 물음이 두 차례에 걸친 이와 같은 내적인 구조개혁 시행을 촉발시켰다는 데 주목하는 것이 중요합니다: 어떻게 하면 WCC가 에큐메니칼 운동의 기구로서 가시적인 일치를 계속

적으로 추구하면서 동시에 빠르게 변하고 있는 세상 가운데서 공동의 증언을 하면서 교회를 잘 섬길 수 있을 것인가? 이와 똑같은 관심이 WCC의 프로그램 사역을 결정하고, 유지하고, 규정하였습니다.

더 온전하고 더 가시적인 코이노니아를 향하여

7. 더 온전하고 가시적인 일치의 추구는 에큐메니칼 운동의 심장이며, WCC의 핵심목표입니다. 캔버라에서 총회는 교회의 일치를 하나님의 선물이자 소명인 코이노니아로 기술하고, 또 교회를 하나님과의 코이노니아와 우리 서로간의 코이노니아의 미리 맛봄으로 간주하는 선언문을 채택하였습니다. 제5차 신앙과 직제 세계대회(산티아고 데 콤포스텔라, 1993)는 교회의 생활과 사역을 위해 "신앙, 생활, 증언에서의 코이노니아"에 주목하면서 코이노니아의 의미와 그것이 함축하는 바를 탐구하였습니다. 이 세계대회에는 모든 대륙으로부터 다양한 교회전통에 속한 참가자들이 참가하였으며 각 지역 회합에서 수차례의 주제연구를 거쳐 준비된 것입니다. 이 세계대회에서 교회 생활에서 코이노니아를 가시적으로 표현할 수 있는 방법들을 탐구하였고, 친교를 나누며 사는 것의 신학적이고 실제적인 의미들을 밝혔습니다.

8. 더 온전하고 더 가시적인 코이노니아를 명확하게 추구한다는 측면에서 신앙과 직제 위원회는 의견수렴을 거쳐 "교회의 본질과 목적"이라는 문서를 준비하였습니다. 이 부분에 대한 우리의 차이들이 좀 더 가시적인 코이노니아를 향해 나아가는 것을 방해하고 있기 때문에 이 주제는 근본적인 중요성을 가지고 있습니다. 이 문서는 코이노니아에 대한 이해를 보다 깊이 탐구하고 있는데, 코이노니아는 "관여하는 것," "참여하는 것," "함께 행동하는 것," 그리고 "상호 책임과 의무를 지는 것을 포함하는 계약관계에 있는 것"

을 의미합니다.[5] 장래에 신앙과 직제 위원회는 교회답다는 것이 의미하는 바의 고백적인 표현들뿐만 아니라 맥락적인 표현들에 더욱 의존하게 하는 사역에 교회들을 어떻게 끌어들일지 고민해야 할 것입니다. 더 나아가, 우리는 다양한 환경 속에서 복음에 신실하고자 하는 사람들이기 때문에 서로에게 힘을 불어넣어야 할 책임이 있습니다. CUV 문서에서 밝힌 것처럼, WCC를 교회들의 친교로 이해한다는 것은 그와 같은 연대성과 책임감을 밝히도록 소속 교회들을 초대한다는 의미입니다.

9. 그렇지만 교회들은 복음을 어떻게 이해하고 그것을 드러내어 말하고 있습니까? 서로 다른 강조점들이 때로는 하나의 전통을 다른 전통으로부터 소외시켰고, 이것은 부분적으로 복음과 교회의 역사를 읽는 상이한 방법으로부터 비롯되었습니다. 더 온전하고 더 가시적인 코이노니아를 위해 씨름할 때, 그리스도교 신앙을 이해하고 표현하는 데 있어서 상황적 방법론까지 포함해서 해석의 방법론에 대한 의견 수렴을 하는 것이 중요하게 되었습니다. 더 온전한 코이노니아에 대한 추구는 또한 예배의 구조, 의미, 상징을 이해할 것을 요구합니다. 사실상 이 시기 동안 신앙과 직제 위원회는 전례학자들과 더불어, 오늘날 점차 많은 교회들이 드리고 있는 (성만찬 예배든 그렇지 않은 예배든) 예배의 기본적인 **패턴**에 대해 숙고하였습니다. 그리고 지역 교회가 처한 상황 속에서 예배의 **토착화**와 연관된 이슈들에 대해, 예배, 특히 세례의 **윤리적 함의**에 대해 논의하였습니다. 이러한 작업은 확실히 다양한 그리스도교 전통들로 하여금 서로의 예배를 하나의 진정성 있는 예배로 그리고 삼위일체 하나님에 대한 기도와 찬양의 표현으로 인식할 수 있도록 도와줄 것입니다.

10. 제5차 신앙과 직제 세계대회가 밝힌 대로, 세상의 고군분투에 진지

---

5) *The Nature and Purpose of the Church: A Stage on the Way to a Common Statement*, Faith and Order paper no. 181.

하게 참여하지 않는 교회일치에 대한 관심은 있을 수 없습니다. 신앙과 직제 위원회는 제3분과(Unit III)와 협력하여, **교회론과 윤리** 연구를 통해 코이노 니아가 사회윤리적인 이슈들에 참여하는 문제에 대해 갖는 함의가 무엇인지 탐구하였습니다. 저는 이와 같은 헌신이 교회 생활에 본질적인 부분이라고 믿습니다. 우리의 신앙을 오늘날 인류와 세상이 직면하고 있는 중대한 이슈 들에 적용시키는 것은 교회에게 있어 선택할 수 있는 "여분의 일"이 아니라, 복음에 대한 충실성의 문제입니다. 그리고 그리스도께서 우리에게 하나가 될 것을 요구하시기 때문에, 그분께서는 우리에게 오늘날의 윤리적, 사회적, 그 리고 경제적인 이슈들에 **공동으로** 참여하라고 말씀하시는 것입니다. 이러한 공동의 참여가 항상 분명하거나 편안한 것은 아닙니다. 그것은 기분을 상하 게 하거나 긴장을 유발할 수도 있고, "하나가 되려는" 우리의 결심을 시험할 수도 있습니다. 따라서 "값비싼 일치는 서로를 향한 값비싼 헌신을 요구합니 다."[6] 이것은 교회들에게 상호 신뢰와 상호적인 책임의식을 요구합니다. 코이 노니아는 서로를 위해 서로가 함께 기도하고, 우리 안에 있는 차이점들에도 불구하고 서로를 포용하는 그런 구심점을 확언하는 에큐메니칼 영성에 의해 뒷받침되고 강화되어야 합니다. WCC가 탐구하기 시작한 이러한 에큐메니칼 영성은 앞으로 한층 더 발전되어야 합니다.

에큐메니즘과 개종의 권유는 공존할 수 없다

11. 수년간 WCC는 계속해서 선교와 일치, 증언과 에큐메니즘의 본질적 인 관계에 대해 분명하게 밝혀 왔습니다. 에큐메니칼 운동과 WCC에 있어 개 종의 권유가 교회들의 생활에서 계속해서 고통스러운 현실이 되고 있다는 것

---

6) Thomas F. Best and Martin Robra, eds., "Costly Commitment," in *Ecclesiology and Ethics: Ecumenical Ethical Engagement, Moral Formation and the Nature of the Church*, Geneva, WCC Publication, 1997, para. 17, 28.

은 엄청나게 중대한 문제입니다. 에큐메니즘과 개종의 권유는 공존할 수 없습니다. 개종의 권유는 단지 증언을 거스르는(counter-witness) 것일 뿐만 아니라, 신학적 그리고 선교적인 근본 확신들을 부정하는 것입니다.

12. 우리는 공산주의가 붕괴된 이후 동유럽과 구소련에서 야기된 상황이 에큐메니칼 운동에 특별히 시급한 문제가 되어 왔다는 것을 잘 알고 있습니다. 1989년 이래 모든 중요한 에큐메니칼 모임들에서, 우리는 교회들로 하여금 공개적으로 자신의 증언을 표현하고 밝힐 수 있도록 해준 새로운 자유가 개 교회들에게 생각지도 못했던 기회를 제공했을 뿐 아니라, 다수의 외국 선교단체들에게도 그와 같은 나라들에서 이미 어떤 그리스도교 전통의 교회에 속해 있는 사람들을 향해 경쟁적인 선교활동에 나서게 만든 계기로 작용했다는 사실을 깨달았습니다. 동방정교회의 예전을 따르는 가톨릭교회들을 둘러싼 동방정교회와 로마 가톨릭교회 사이에 새롭게 등장한 긴장관계는 또 다른 적절한 예입니다. 따라서 우리의 역사를 어떻게 화해시키고 상호적인 무지와 불신을 어떻게 극복하는가 하는 문제는 또한 우리 시대에 근본적인 에큐메니칼 관심사가 되었습니다. 동유럽의 상황이 특수한 것이기는 하지만, 그것이 유일한 것은 아닙니다. 최근 들어 세계 다른 지역들에서도 공격적인 복음주의와 마치 자유시장에서 경쟁하듯 하는 호전적인 복음 선교가 확대 일로에 있는 것이 목격되어 왔습니다. 수많은 지역들에서 선교가 다시 살아나고 있는 데 대해 감사하지만, 개종을 권유하는 것과 다를 바 없는 행동으로 그리스도의 교회의 일치에 해악을 가하는 일들에 대해서는 결코 못 본 체 할 수 없습니다.

13. 무수하게 많은 새롭고 복잡한 상황들과 고충들에 직면하여 WCC는 사실 확인을 위해 팀을 조직하여 동유럽을 방문하게 했으며, 제네바에서 동방정교회 예전을 따르는 가톨릭교회(Uniatism)에 관해 중요한 전문가 모임을 가졌습니다. 1991년에 중앙위원회는 개종권유와 공동증언의 문제에 대

해 더 깊이 연구할 것을 권고하였습니다. 제2분과(Unit II)는 합동연구위원회(Joint Working Group: 로마 가톨릭교회와 WCC 사이의 협력을 증진시키기 위해 1965년 수립됨)의 사역을 통합하는 폭넓은 협의체적인 연구에 착수하였는데, 여기에는 교회들, 선교기관들, 복음주의파들, 오순절파들, 은사파들, 신학자들, 선교학자들, 그리고 지역 회중들을 포함하였습니다. 세계선교와 복음전도 위원회(브라질 살바도르, 1996)와 CUV 진행과정이 이러한 연구 노력에 새로운 추진력을 불어넣었습니다. 이로 인해 "공동의 증언을 향해: 선교에 있어 책임적 관계를 채택하고 개종권유를 포기하라는 요청"(Towards Common Witness)이라 불리는 선언문이 만들어지게 되었습니다. 1997년 중앙위원회의 승인을 받은 이 문서는 WCC의 돕고 촉진시키는 역할을 인정하면서도, 교회들과 함께 일을 추진할 주된 책임도 부과하고 있습니다.

다원주의: 그리스도교 교육을 위한 새로운 장

14. 우리의 일상생활에 영향을 미치는 이런 질문들에 대한 분석은 에큐메니칼 운동의 중요한 미완의 책무들 중 하나가 사실상 모든 수준에서의 **에큐메니칼 교육**이라는 것을 우리에게 상기시킵니다. WCC의 에큐메니칼 신학교육(ETE) 프로그램은 이 점에서 의미 있는 작업을 해왔습니다. 에큐메니칼적인 조직과 교육, 그리고 다른 교회들을 향한 사랑과 존중을 회원교회들은 새롭게 우선적 고려사항으로 삼아야 하며, 이와 더불어 공동증언의 긴급성을 요청해 온 WCC의 진술들을 교회들이 널리 퍼트리고, 토론하고, 인정하고 지지하는 것이 절대적으로 중요합니다. 교회들로 하여금 에큐메니칼적인 교제에서 자신들이 동의를 표한 원칙들과 지침들에 대해 얼마나 알고 있고 또 헌신하고 있는지 점검해 볼 것을 격려할 때가 되지 않았나 생각합니다.

15. 일치된 에큐메니칼 응답을 요청하는 또 다른 절박한 이슈는 다원주

의의 실체입니다. 전 세계적으로 각 지역의 그리스도교 공동체들은 자신들이 다른 신앙, 다른 문화전통, 다른 이데올로기적인 신념 혹은 무신론을 지닌 이웃들에 둘러싸여 있는 것을 알고 있습니다. 어떤 교회들에게 있어서 다원주의는 비교적 새로운 현상이고, 주로 이주자들과 피난민들을 통해 야기된 현상입니다. 다른 교회들의 경우 서로 다른 종교들이 공존하는 현상은 수세기 동안 그들의 현실이었고, 이들은 종교집단들 사이의 힘의 균형에 변화가 일어나고 근본주의가 융성해짐으로 인해 새로운 긴장을 겪고 있습니다.

16. 다원주의의 실체와 그것이 그리스도교 교육의 책무에 주는 도전들은 WCC와 교회들에게 더욱 우선적인 고려의 대상이 될 필요가 있습니다. 교회들은 다원적 사회라는 상황 안에서 가르치고 배우는 과정을 통해 어떻게 하면 보다 충분히 하나님의 화해와 포용성을 표현할 수 있을까요? 어떻게 하면 우리는 이방인들을 배척하도록 만드는 두려움과 편견을 극복할 수 있도록 지역 교회들을 도울 수 있을까요? 우리는 어떻게 하면 그리스도인들이 존중하고 마음을 여는 태도로 이웃들의 신앙 전통에 대해 배우도록 도울 수 있을까요? 타 종교와의 관계를 개선하기 위해 사용할 수 있는 자원은 어떤 것들이 있을까요?

이런 맥락에서 그리스도교 평신도 교육은 교회들에게 있어 계속적으로 우선적인 고려의 대상이 됩니다. 사실상 교회는 하나님의 백성이고, 남자와 여자가 모인 공동체입니다. 교회들은 사람 중심의 교육방법론을 개발해서, 그것을 통해 각 지역 교회 교인들이 자신들의 상황에 맞는 배움의 과정에 속할 수 있도록 해야 합니다.

17. 이 시기 동안 WCC는 제1분과(Unit I)의 포괄적인 공동체 연구와 제2분과(Unit II)의 복음과 문화 연구, 교육, 그리고 도시와 농촌의 선교 프로그램들을 통해 위의 질문들에 관해 숙고하고 나누는 일을 촉진시키고 다른 종교를 지닌 사람들 사이에 실질적인 협력을 독려하는 데 있어 주도적인 역

할을 하였습니다. WCC는 다원적인 상황 속에서 두 방향으로 발전시킨 프로그램을 통해 집중적으로 그리스도교 교육에 신선한 접근방식들을 진작시켰습니다. 그 중 하나는 주일학교 교사들, 학교의 종교교사들, 성인 대상 교육자들, 교구 사역자들, 커리큘럼 작성자들과 신학교 교수들을 대상으로 한 것이었고, 다른 하나는 다양한 여성 사역에서 탁월한 여성들, 전문직 여성들, 간종교적인(inter-religious) 상황에 놓여 있는 주부들을 대상으로 한 것이었습니다. 다른 종교를 지닌 사람들과 공동체 안에서 우리가 어떻게 그리스도인으로 살아야 할지에 대해 배울 수 있는 기초적인 교육 자료들을 개발하기 위해 인도네시아의 살라티가에서 개최되었던 국제적인 세미나에서 결실이 있었습니다. 또한 타슈켄트에서 선구적인 회합이 열렸는데, 거기서 그리스도교와 이슬람교 지도자들이 처음으로 모여서 서로간의 신앙에 대해서 배울 수 있는 방법에 대해 토론하고 교육과 훈련의 과정을 마련하고자 하였습니다. 그리스도인들이 하루하루의 일상을 나누면서 기쁨 가운데 성장할 기회를 만들어야 하고, 간종교적인 교육모델과 접근방식을 개발해야 하는 중요한 책무가 우리 앞에 놓여 있습니다.

상황선교

18. 어디에 있든 교회는 복음을 증거하도록 부르심을 받았는데, 그것은 진정성 있는 방식을 통해서 이루어져야 합니다. 먼저 하나님께서 그리스도를 통해 행하신 것들에 신실해야 하고 동시에 각 지역 문화 안에 뿌리를 내려야 한다는 점입니다. 최근 수십 년간 선교에 있어 진정성과 적합성을 요구하는 목소리가 에큐메니칼 논의들에서 매우 다급한 어조로 제기되어 왔습니다. 밴쿠버 총회는 모든 문화권에 복음을 상황에 맞게 선포해야한다는 점에서, 그리고 어떤 문화에서든지 복음의 변화시키는 능력이 나타나야한다는 점에서 회원교회들이 복음전도와 문화의 관계에 대한 이해를 높일 수 있도록 WCC

가 도울 것을 요구하였습니다. 캔버라 총회는 그리스도의 복음은 모든 문화 안에 성육신되어야 한다고 강하게 주장하였으며, 각 문화들이 복음을 어떻게 풍성하게 하는지를 교회들이 인식할 필요가 있다고 말하였습니다.

19. 지난 7년 동안 WCC는 각 문화에 제대로 토착화되어 상황에 맞게 복음을 전파하는 것을 의미하는 상황선교의 방향으로 숙고하고 활동할 것을 고무시키려고 애를 써왔습니다. 상황선교와 복음전파에 관해 각 권역별로 많은 토론회가 열렸습니다. 이런 모임들은 상황을 분별하고, 각 문화에서 선교와 복음전도의 동기와 내용과 방법을 점검해 볼 수 있는 중요한 기회가 되었습니다. 가난한 자들과 배척된 공동체들의 정의와 풍성한 삶을 위한 투쟁에 연대하고 참여하는 것은 오랫동안 교회의 선교에 핵심적인 것으로 간주되어 왔습니다. 이러한 사역은 도시농어촌선교부(URM)를 통해 발전되고 유지되어 왔습니다.

20. **복음과 문화 연구**와 그것이 세계선교와 복음전도 위원회에 제시한 초점은 교회들로 하여금 그들이 속한 문화 안에서 보다 진정성 있게 복음을 증거할 수 있도록 도왔습니다. 교회들, 에큐메니칼 단체들, 특별한 집단들, 신학기관들과 관심을 지닌 개인들이 60개국이 넘는 나라들에서 수행한 이 연구는 복음과 문화 사이의 역동적이고 창조적인 상호관계에 새로운 빛을 비추었으며, 교회들의 상황선교에 대해 가치 있는 비판과 중요한 확언들을 제시하였습니다. 복음과 지역 문화 사이에 충분히 깊은 상호작용이 이루어지지 않았던 곳에서는 교회들은 복음을 더욱 철저하게 구현하는 조처를 취하도록 요구받고 있습니다. 복음의 목소리가 강력한 힘에 의해 억눌림을 당해온 곳이나, 혹은 만연한 개인주의와 소비주의적인 가치들과 더불어 지나치게 안락하게 지내온 곳이나, 혹은 복음이 사적인 생활 영역으로 내몰린 곳에서 교회들은 그리스도교 메시지의 도전을 회복하라는 재촉을 받았습니다. 사실상 복음과 문화 연구는 우리로 하여금 복음과 관련해서 우리 문화의 상징과 가치

에 초점을 맞출 수 있도록, 그리고 복음의 현존을 억누르고 부정하는 문화의 구조적인 실체를 점검할 수 있도록 도와주었습니다. 우리는 인종주의, 사회적, 경제적, 정치적 주변화라는 폭력과 세계화의 파괴적인 영향력을 상대로, 모든 사람들과 피조물 전체를 향한 하나님의 포괄적이고 화해시키는 사랑에 기반을 둔 해방의 소식에 대한 교회의 단호한 증언으로 맞설 필요가 있다는 것을 확실하게 깨달았습니다. 저는 세계화, 상황화, 그리고 다원주의가 선교와 복음전도에 대해 함축하는 모든 것들에 대해 앞으로 진지하게 연구를 계속해야 한다고 믿습니다.

통전적인 치유 선교를 향하여

21. 교회는 예수 그리스도의 모범과 성령의 능력을 통해 하나님의 부르심을 받았고, 치유하는 공동체가 되고 치유사역에 참여하도록 부르심을 받았다는 것을 알고 있습니다. 전쟁, 불의, 가난, 배척과 병마로 인해 상처 입은 세상에서 교회는 치유, 용서, 온전함을 찾을 수 있는 은혜를 받았으며, 이 은혜를 사회에 전해야 합니다. 이러한 소명은 폭력과 불의로 인한 사람들의 배척이 전례 없이 광범위하게 이루어지고 있고, 환경적인 퇴락이 삶의 질을 파괴하고 있으며, 극단적인 시장경제가 공익의 우선순위가 되어야 할 건강문제의 방치와 더불어 인류 공동체의 생존과 복지를 위협하고 있는 오늘날의 상황 가운데서 더욱더 시급한 것이 되고 있습니다. 건강을 위한 교회의 행동 (CMC – Churches' Action for Health)이라는 프로그램을 통해 WCC는 교회들로 하여금 이러한 치유의 사역에 온전히 참여할 수 있도록 준비하고, 힘을 기르도록 특별히 요구해 왔습니다. 이러한 요구를 수행하는 데 있어 핵심이 되는 것은 영성, 신학과 윤리, 정의와 옹호, 인권과 여성과 약자들을 위한 관점, 능력갖춤과 역량배양이 서로 연결되어 있는 기본적인 확신이었습니다. 이 기간 동안 "의학과 신학: 이들은 협력할 수 있는가?"(Medicine and

Theology: Can They Get Together?)를 비롯한 세미나, 공동체를 기반으로 한 접근들에 대한 다양한 토론회와 문화적인 상황 안에서 건강과 치유에 관한 일련의 연구모임, 그리고 인권과 여성들의 취약한 상황과 같은 구체적 이슈들을 다룬 특별한 모임들을 통해 매우 중요한 사역이 성취되었습니다.

22. WCC는 교회들 사이에 협력을 촉진시키고, 인적 자원을 개발하는 문제에 대해 역점을 두고 다루고, 건강문제를 다루는 국제적인 포럼들에서 교회의 관점을 옹호하고, 교회와 연관된 건강시설들이 유지될 수 있도록 만드는 요소들을 분석하고, 교회의 건강과 치유 사역의 본질에 관한 견해들을 나누기 위해 또한 노력을 기울였습니다. 에이즈(HIV/AIDS)에 관해 폭넓게 진행된 WCC의 3년 동안의 연구는 질병과 건강, 상함과 치유 문제와 총체적으로 진지하게 씨름한 기간이었습니다. 에이즈와 관련된 고통, 두려움과 무지를 다루는 데 있어 도움을 요청하는 교회들의 요구에 응답하여, 특별히 소집된 자문기관은 신학과 윤리학 영역, 목회적인 돌봄과 하나의 치유 공동체로서의 교회, 그리고 정의와 인권을 특수하지만 동시에 상호 연관되는 방식으로 엮어내는 하나의 과정을 고안하였습니다. 교회가 수행하였던 기존의 사역과 각 지역에서 이미 확립되어 있는 관계에 기초하여 전문가 집단과 더불어 이루어진 연구과정은 교회들에게 정말 가치 있고 시기적절한 자료, 즉 「에이즈에 직면하여: 도전과 교회의 응전」(Facing AIDS: The Challenge, the Churches' Response)과 에이즈에 관한 성명서를 제공해 주었습니다. 1996년에 중앙위원회는 이 자료를 채택하였습니다. 이러한 사역은 교회, 기관과 네트워크가 연구결과들을 논의하고, 번역하고, 알게 된 것들을 적용하고 비평할 때 계속됩니다. 교회의 치유사역에 관한 WCC의 직무는 포괄적이고 서로 밀접하게 연관되어 있습니다. 교회들은 하나님께서 모든 사람에게 바라시는 충만한 삶의 표지로서, 자신들의 전체적인 자원들을 동원해서 인류의 상함을 치유하는 일을 감당하도록 도전을 받습니다. 이 영역에서 과거와 동일

한 방식으로 프로그램을 계속해서 수행해 나가는 것이 가능한 일이 아니기는 하겠지만, 교회의 치유 사역은 교회의 선교적인 소명의 본질적인 차원으로서, 계속해서 WCC 직무의 중심 분야 중 하나가 되어야 합니다.

존엄과 정의를 가져온 10년

23. **여성과 연대하는 교회의 에큐메니칼 10년**은 1988년 시작되었습니다. 이 10년의 기간은 에큐메니칼 운동이 시작된 이후 여성들을 상대로 해왔던 여러 공약들을 교회들로 하여금 구체적인 행동으로 표현해 낼 수 있도록 공간과 시간을 주기 위해 기획된 것이었습니다. 10년이라는 시간은 각 교회들의 관심과 이슈를 그 자신들 고유의 삶과 상황 가운데서 다루기에 충분히 넉넉한 것이었습니다. 초점은 각 지역교회와 국가교회에 두었는데, 그것은 각 교회를, 그리고 각 회중을 참으로 포괄적인 공동체로 만들기 위함이었습니다. 교회들이 기대했던 만큼 응답해 주지 않았다는 점은 유감스럽습니다. 그렇지만 교회들의 가시적인 연대 행동을 보여주는 중요한 이정표들이 있었습니다. 우리는 지난 10년 동안 몇몇 주목할 만한 변화들을 목격하였습니다. 일어난 모든 변화가 오직 지난 10년에 귀속될 수 있는 것은 아니지만, 그 10년이 교회들로 하여금 행동에 나설 욕구를 갖도록 하는 데 기여한 것만은 의심의 여지가 없습니다. 사실상 변화에 대한 소명에 있어서 교회들의 주도적인 역할, 의사결정을 포함해서 교회와 공동체 생활의 모든 영역과 모든 단계에서 여성들의 참여 증가, 사회적 경제적 정의와 연관된 이슈들을 다루는 데 있어 여성들의 합류 재개, 여성들을 상대로 한 폭력에 대한 관심의 증가, 많은 교회와 사회에서 유사한 발의와 활동들의 등장은 실로 에큐메니칼 10년이 교회의 생활과 증언에 미친 영향을 구체적으로 보여주는 것들입니다.

24. 10년이라는 기간의 중간시점에 회원교회들을 방문했던 에큐메니칼 팀들이 많은 것들 중에서 다음과 같은 사실을 확인했다는 점이 중요합니다.

a) 전 세계 여성들이 10년을 한 나라 안에서 그리고 세계적으로 서로서로 에큐메니칼적으로 연결되어 조직화될 수 있는 기회로 파악했습니다. 여성들 사이의 세계적인 연대의식이 증대된 것을 보여주는 예들이 많이 있습니다.

b) 중간시점에 이루어진 팀 방문은 여성들에게 자신들과 깊이 연관된 이슈들에 대해 발언할 기회를 제공하였습니다. 이 과정에서 네 가지 이슈가 특별한 주목을 받았습니다. (1) 교회생활의 모든 측면에서 계속적으로 여성들의 참여를 막고 있는 장애물들. (2) 세계적인 경제위기와 그것이 여성들의 삶에 미치는 중대한 위협. (3) 여성을 상대로 한 폭력, 그리고 이 문제가 교회의 진지하고 적극적인 관심을 요한다는 데 대한 인식의 증가. (4) 우리 사회를 갈가리 찢고 있고, 여성들의 삶에 영향을 미치는 인종차별주의와 외국인혐오.

c) 종종 여성들과 관련된 이슈들은 분열을 일으켜 왔고, 또 에큐메니칼 운동과 교회들의 내분을 초래하는 위협이 되어 왔습니다. 여성들이 목소리를 높일 때 그것은 너무나 자주 대항하는 것으로, 혹은 힘 있는 자리를 요구하는 것으로 비춰졌습니다. 교회에서 여성들의 참여에 대해 읽어보면 사실상 여성들은 보다 응답하는 교회가 되어달라고, 참여할 수 있는 포용적인 공동체가 되어달라고 호소하고 있다는 것을 알 수 있습니다.[7]

25. 여성들은 이 10년을 교회들이 여성이 기여한 바와 그 은사들을 기꺼이 맞이할 수 있는 시기라고 보았습니다. 그런데 교회들이 이러한 호소에 진정으로 귀를 기울였습니까? WCC는 엄청난 수의 일꾼들과 재정적인 자원들을 이 10년 프로젝트에 투자하였습니다. 교회와 에큐메니칼 운동에 그 가치는 어떤 것이었습니까? 10년 프로젝트와 에큐메니칼 운동이 거둔 성과에도 불구하고, 여성들은 교회생활과 그 사역 가운데 아직 충분히 받아들여지

---

7) *Living Letter: A Report of Visits to the Churches during the Ecumenical Decade – Churches in Solidarity with Women*, Geneva, WCC Publications, 1997.

고 통합되고 있지 않습니다. 10년 프로젝트가 성취한 것은 긴 과정의 시작점에 불과합니다. 이 총회는 에큐메니칼 10년에 관한 선언문을 검토할 것이고 또 교회들에게 10년 프로젝트에서 드러난 문제점들을 장차 진지하고 책임성 있게 다룰 것을 요구할 것입니다.

통합된 젊은이들의 참여

26. 젊은이들의 통합과 WCC의 활동과 사역에서 그것에 대한 관심은 에큐메니칼 역사에서 영속적인 흐름이 되어 왔습니다. 제5차 총회는 다음과 같은 언급을 함으로써 이러한 관심에 대해 밝혔습니다. "젊은이들의 사역은 얼마간 자율적인 성격을 지녀야 하는데, 조직상으로는 하나의 개별적인 프로그램 분과 안에 놓여야겠지만, 모든 단위들과 연계되어서 젊은이들을 충분히 에큐메니칼 운동의 활동 안으로 끌어들여야 합니다."[8] 그때 이후 WCC의 젊은이 사역은 하나의 분과 안에 소속되어 왔으며, WCC는 지침을 통해 젊은이 사역이 WCC의 제반 프로그램의 모든 측면에 스며들어야 한다는 것을 확실하게 해 왔는데, 그것은 젊은이들에 대한 관심을 "외딴 섬에" 처박아두려는 유혹을 극복하기 위함이었습니다.

27. **인턴십 프로그램**은 젊은이 팀과 인턴이 소속된 그 상위의 분과/프로그램 사이에 가교역할을 했습니다. 그것은 젊은이들을 훈련시키고, 그들의 재능을 개발시킬 뿐 아니라 상이한 분과들이 젊은이들이 갖고 있는 자원을 발견하고 자신들의 사역에 통합시킬 수 있도록 도왔습니다. 그것이 나중에는 젊은이들이 그들의 지역/국가에서 에큐메니칼 기폭제가 될 수 있도록 만들어 줄 것입니다.

복음과 문화 연구는 2년이 넘는 기간에 걸쳐 복음과 문화 팀과 젊은이

---

8) David M. Paton, ed., *Breaking Barriers: The Official Report of the Fifth Assembly of the WCC*, London, 제츠, 1976, 316.

팀 사이에 밀접한 협력과 분과를 넘어서는(cross-unit) 참여를 불러왔습니다. 젊은이들은 다음과 같은 일들에 참여함으로써 이 과정에 통합 되었습니다. (a) 특별히 젊은이들을 위해 고안된 국제적인 기획팀과 두 개의 연구모임에 참여. (b) 개별적인 젊은이들의 이벤트들을 전체적인 복음과 문화 과정에 연계시키는 복음과 문화 입안 팀에 참여. (c) 세계선교와 복음전도 위원회에 앞서 열린 젊은이들의 사전모임에 참여. 이 모임은 많은 젊은이들이 하나가 되어 이 과정에 참여하게 만들었고 그들이 그 회의에 최대한의 공헌을 하도록 해주었습니다.

28. 최근의 일들은 젊은이 팀이 다른 팀들(여성, PCR, ECOS, CCIA)과 협력할 때는 언제나 참여한 모든 사람들과 그 각각의 후원자들이 의미 있는 경험을 했음을 보여줍니다. 이 점에서 "젊은 후배 신학자들"과 함께 한 신앙과 직제 위원회의 활동에 특별히 주목할 필요가 있는데, 이들이 보여준 관계는 앞으로 더욱 촉진되어야 할 것입니다. 캔버라 총회의 권고를 따라, WCC는 젊은이들의 시각을 WCC의 전체 사역에 통합시키는 일에 전념하였습니다. 각 분과들의 사역에 대한 비판적인 평가는 3분과인 젊은이 사역 행정본부를 제외하고 이 지침이 충분히 이행되지 않았다는 것을 보여줍니다. 젊은이들이 에큐메니칼 운동을 더욱 풍성하게 할 수 있도록 이런 비정상적인 이변은 앞으로 시정되어야 합니다. 만약 교회 안에 에큐메니칼 운동에 마음을 두고 헌신한 새로운 세대의 젊은이들이 필요하다면 WCC는 이 책무를 진지하게 감당해야 합니다. 우리는 새로운 소명을 창조해 내기 위해 젊은이들과 함께 일해야 합니다. 오직 젊은이들을 에큐메니칼 여정에 통합시킴으로써만 우리는 젊은이들에 대한 기대와 대두되는 새로운 에큐메니칼 비전 사이에 다리를 놓을 수 있는 창조적이고 의미 있는 상호작용을 확립하게 될 것입니다.

지속가능한 사회를 통한 지속가능한 창조

29. 캔버라 총회는 하나님의 창조세계의 고통에 대한 새로운 자각으로 특징지어집니다. "정의, 평화, 창조세계의 보전"(1990 JPIC)에 관한 서울 세계대회는 이미 교회들에게 하나님의 창조세계와 새롭게 회복된 관계를 맺을 것을 요구하였습니다. 리오 데 자네이로 지구정상회담(Earth Summit)은 지속가능한 개발이 국제적인 협력을 진작시킬 수 있고 인류에게 새로운 방향을 줄 수 있다는 소망을 피력하였습니다. 그렇지만 유엔 지구정상회담 보고서는 작년에 가난, 소비, 생태계 파괴라는 이슈들을 언급하면서 별다른 진전이 없음을 보여주었습니다. 지구환경의 상태는 1992년 이래 개선된 바가 없고, 오히려 독성 오염, 온실가스 방출과 고형 폐기물이 점점 늘어나는 특징을 보여 왔습니다. 원상태로 회복시킬 수 없는 자원들이 여전히 명백히 지속될 수 없는 정도로 남용되고 있습니다. 생물공학과 유전자공학에서의 새로운 발전이 하나님의 창조세계에 대한 관심에 또 다른 차원을 추가하고 있습니다. 국제적인 회사와 생물공학적인 이슈들에게 새로운 시장을 여는 것은 국제적인 무역협상과 합의를 위한 안건에서 매우 중요합니다. 이러한 활동들은 종종 농부들과 토착민들의 권리를 약화시킵니다. 명백히 세계화와 무역이 인간의 개발이나 환경과 맺는 관계는 지속가능성과 관련하여, 그리고 정의롭고 지속가능한 공동체를 진작시키려는 시도와 관련하여 매우 중요한 교차적인 이슈입니다.

30. 생명신학과 기후변화 둘 모두에 관한 WCC의 활동은 하나님의 창조세계의 지속가능성과 정의롭고 지속가능한 사회에 대한 요구 사이의 연결고리에 대한 우리의 이해를 더욱 깊게 해주었습니다. 교회와 그리스도인 개인들은 이 연결고리를 돈독하게 하는 데 중요한 역할을 하는데, 하나님께서 선물로 주신 생명을 축하하고 책임적인 청지기 사명을 위한 우리의 풍성한 신앙자원을 재발견하는 것이 그것입니다. 캔버라와 하라레 사이에 배운 교훈

은 1997년 개최된 제5차 지속가능한 개발에 관한 유엔회의에 참가한 WCC 대표단의 진술에 요약되어 있습니다. "우리의 사역 가운데서 우리는 지속가능한 개발이라는 용어에 대해 주기적으로 질문을 제기하고 있습니다. … 정의롭고 도덕적인 경제에 대한 우리의 비전은 우리에게 사람들과 환경을 우선적으로 생각하는 경제를 세우고 키울 책임을 부과합니다. … 우리는 '지속가능한 공동체'라는 말을 점점 더 많이 하는데, 그것은 그 말이 인간들 내에 그리고 또한 인간들과 나머지 생태학적 공동체 사이 둘 모두에 공정한 관계의 신장을, 다시 말해 하나님의 온전한 창조세계 내에 정의를 돈독하게 하는 것을 의미하기 때문입니다."[9] 사실상 WCC가 **생명신학** 프로그램을 통해 탐구하기 시작한 에큐메니칼 지구라는 비전은 지구상에서의 미래의 삶에 하나의 중대한 공헌이 될 수 있을 것입니다.

정의와 평화를 통해 폭력 극복하기

31. 냉전의 종식에도 불구하고, 전쟁 자체가 사라지지는 않았습니다. 세계적인 불안정을 낳는 주된 요인으로서 국가 간의 전통적인 전쟁은 주로 국가들 내부에서의 장기적이고 강도가 낮은 전쟁들로 대체되었습니다. 이러한 폭력적인 전투들은 종종 쓰라린 인종적 그리고 종교적 분열에 기반을 둔 것들입니다. 폭력 또한 전쟁터에서 우리의 거리, 공동체, 가정과 가족에게로 옮겨왔습니다. 폭력 자체는 인류에게 전혀 새로운 것이 아닙니다. 우리 시대에 새로운 것이 있다면 그것은 폭력의 성격과 범위입니다. 사람들은 전 세계적으로 구조적 폭력으로 인해 고통을 당하고 있습니다. 폭력의 이미지는 창조세계를 포함해 삶의 모든 영역에 스며듭니다. 폭력의 사용은 세계문화에 깊

---

9) *Building a Just and Moral Economy for Sustainable Communities: Statement to the High-Level Segment of the 5th Session of the UN Commission on Sustainable Development*, by the Commission of the Churches on International Affairs of the WCC, 10 April 1997, New York, 1-2.

숙이 새겨져 있습니다. 20세기는 이러한 "폭력의 문화"가 확산된 시기입니다. 사람들은 정치적이고 사회적인 경계를 넘어 함께 묶여 있는데, 그것은 상호적인 희망과 열망에 의해서라기보다는 두려움과 폭력에 대한 공통의 경험에 의한 것입니다.

32. 폭력의 문제에 대한 교회의 응답은 그 시작부터 WCC와 함께 해왔습니다. 이것은 WCC의 창립총회 선언문에 명백하게 표현되어 있습니다. "다툼을 해결하는 방법으로서의 전쟁은 우리 주 예수 그리스도의 가르침과 모범과 양립할 수 없다. 전쟁이 우리의 현재 국제 질서에서 담당하고 있는 역할은 하나님을 대적하는 죄이고 인간을 타락시키는 일이다." [10] 교회가 일치를 이루어 함께 성장해 나감에 따라 종교가 더 이상 전쟁을 수행하는 요인이 되는 일은 없을 것이라는 기대가 항상 있어 왔습니다. 이와 같은 견고한 일치를 이루는 것은 여전히 에큐메니칼 운동이 목표로 삼고 노력하고 있는 중요한 과제입니다. 1994년 중앙위원회는 **폭력극복을 위한 프로그램**(POV)을 시작했습니다. 이 프로그램의 목적은 세계적인 폭력문화에 도전하여 그것을 정의로운 평화의 문화로 바꾸는 것이었습니다. 이것은 에큐메니칼 운동의 역사에서 용기 있는 한 걸음이었습니다.

33. "정의, 평화, 창조세계의 보전"(JPIC)을 위한 협의 과정이 만들어낸 구조 내에서 폭력극복을 위한 프로그램(POV)이 만들어졌습니다. 서울 세계대회는 "생명을 풍성하게 하고, 폭력과 억압의 상황에서 물러서지 않는 적극적인 비폭력 문화에 헌신하면서 JPIC를 위해 서약하는 행동을 구체화하는 것은 곧바로 정의와 해방을 위해 일하는 하나의 방법이다." [11] 라고 보았습니다. 폭력극복을 위한 프로그램은 다음과 같은 통찰력에 근거하여, 지난 50년

---

10) W.A. Visser't Hooft, ed., *The First Assembly of the World Council of Churches, Held at Amsterdam, 1948*, London, SCM, 1949, 78.

11) *Now Is the Time. Final Documents and Other Texts: World Convocation on Justice, Peace and the Integrity of Creation, Seoul, 1990*, Geneva, WCC Publications, 1990.

동안 그것을 발전시켜왔습니다. (a) 평화와 정의는 불가분으로 연결되어 있다. (b) 핵의 위협 아래 놓여 있는 상황에서, 전쟁은 더 이상 국가 간의 정치와 갈등 해결을 위한 정당한 수단으로 간주될 수 없다. (c) 우리에게는 적극적인 비폭력을 통해 정의를 확립하고 평화를 이루고 갈등을 해결할 수 있는 모든 가능한 방법들을 찾아내어야 할 소명이 있다.

34. 폭력극복을 위한 프로그램(POV)에 더욱 확실하게 집중하기 위한 하나의 방법으로, 중앙위원회는 1996년 **'도시에 평화를'** 캠페인을 시작하였습니다. 이 캠페인은 WCC에게 새로운 지평을 열었습니다. 그것은 에큐메니칼 운동의 구성원이 아닌 (그리스도인, 타종교, 세속적) 집단들과 적극적인 제휴관계를 만들어내었지만, 어디까지나 평화를 이루고 폭력을 제한하거나 극복하는 활동들에 연결된 것이었습니다. 많은 사람들은 여전히 운명론과 체념에 흘려 있고, 어떤 사람들은 갈등을 푸는 방법으로 폭력에 의지하면서 폭력의 문화에서 벗어날 길을 보지 못하고 있지만, 이 캠페인은 희망의 표지가 되고 있고, 이 희망은 그저 선언문에 기반을 두고 있는 것이 아니라 인류 공동체가 보여주는 생생한 모범에 그 뿌리를 두고 있습니다. 인간사회의 일상생활에 현존하는 모든 광범위한 폭력에 직면하여, 폭력극복을 위한 프로그램은 다가오는 시대에도 의심의 여지없이 WCC의 가장 야심찬 활동 가운데 하나가 되어야 합니다.

함께 나눔 그리고 함께 행동하기

35. 디아코니아에 대한 신학적인 숙고는 지난 40년 동안 '신앙과 직제'와 '선교와 복음전도'의 관심을 한데 묶는 중추적인 역할을 하였습니다. 교회와 사회의 생활에 일어난 급격한 변화들, 그리고 새롭게 대두되는 현실들은 WCC로 하여금 디아코니아에 전체적이고 통합적인 접근을 하도록 이끌었습니다. 디아코니아의 본질과 목표는 새롭게 정의되었고 새로운 모델과 방법

론들이 개발되었습니다. 이 기간은 WCC의 디아코니아 신학과 실천에 있어 중요한 발전이 있었던 기간이었습니다.

초교파 원조에서부터 함께 나누고 행동하기까지

36. 자원을 함께 나눈다는 것은 단지 디아코니아의 새로운 이름이 아닙니다. 그것은 시혜자와 수혜자 모델에서 **동역자** 모델로 대폭 전환한 것을 말합니다. 사실상 동역은 디아코니아의 모든 영역을 포함해 WCC의 시작과 프로그램 활동들의 중심에 있어 왔습니다. 4분과는 제도적이고 기능적인 측면과 상황적인 배경 안에서 자원의 공유에 대해 계속적으로 세밀히 고찰하면서 수정 보완해 왔으며, 원탁회의 시스템이 하나의 중요한 장치로 에큐메니칼 관계망에 의해 강력하게 재차 확인되어 왔습니다. 확실히 그 시스템이 잘 작동하지 않았던 때가 몇 번 있기는 했지만, 대체적으로 원탁은 공동의 숙고, 분석, 공동의 의사결정과 상호 책임을 가능하게 했던 에큐메니칼 모임 장소가 되어 왔습니다. 이와 같이, 각 권역의 그룹들은 매년 모였는데, 그 권역의 동역자들이 에큐메니칼 디아코니아를 위해 시급한 사안들과 전략들을 함께 숙고할 수 있는 공동의 장을 열어주기 위함이었습니다. 이러한 그룹들은 나눔에 관한 이슈들을 중심으로 동역자들 사이에 대화가 이루어지도록 분위기를 형성해 왔습니다.

37. WCC는 이 기간 동안 긴급 상황에서 에큐메니칼적인 대처가 얼마나 잘 이루어져 왔는지 비판적으로 분석하고자 노력하였습니다. 희생자들에 대한 원조가 정의를 위한 장기적인 전략적 투쟁과 연결될 수 있도록 하기 위해 긴급한 대처의 범위를 확장시켰습니다. 이러한 목표는 극도로 복합적인 상황 가운데서 WCC의 디아코니아를 이끌어 왔습니다. 르완다와 유고슬라비아는 복합적인 긴급사태에 폭넓게 에큐메니칼적인 대처를 한 구체적인 예입니다. 우리는 이러한 상황들로부터 통합적이고 포괄적인 접근을 한다는 것이

그 일에 연관된 모두가 모든 일을 한다는 것을 의미할 수는 없다는 것을 배웠습니다. 이 말은 모든 연관된 사람들이 각자 자신들의 역할을 할 수 있게 해주는 세심한 조정이 필요하다는 의미입니다. 이와 같은 수준 높은 조정 역할을 해내는 것이 중요한 내부 운용활동 이면의 의도였고, 이러한 목적에 따라 새롭게 제네바에 기반을 둔 긴급 상황 대처 팀인 ACT(Action by Churches Together)가 창설되었습니다. ACT는 세계교회협의회(WCC)와 루터교 세계 봉사단체(Lutheran World Service)가 공동으로 참여한 기관입니다. ACT는 동역 관계 속에서 함께 성장한다는 것을 보여줍니다. 많은 교회들과 에큐메니칼 동역자들은 이것을 연합 사업의 좋은 모델로 간주합니다.

다차원적이고 다중심적인 디아코니아를 향하여

38. 함께 나누고 함께 행동한다는 것은 각 지역 단위에서 역량을 쌓고 능력을 갖추는 것을 목표로 지속적이고 조직적으로 노력하는 것을 의미합니다. 이와 같이 더불어 하는 사역은 함께 나누고 함께 행동하는 WCC의 디아코니아에 필수적인 부분이 되었습니다. 여성, 어린이, 빚진 자, 내쫓긴 자, 그리고 주변인들은 이러한 유형의 디아코니아 사역의 주요 대상이었습니다. 중앙위원회는 1995년 9월 내몰린 사람들에 관한 새로운 정책 선언문을 채택하였습니다. 이 선언문은 피난민들, 이주민들과 내부적으로 추방된 사람들이 직면하고 있는 공통의 곤경을 인식하고 있습니다. 이 선언문은 사람들을 이러한 상황으로 밀어 넣고 있는 새로운 복합적인 상황들에 대해 교회가 정통해야 한다고, 그리고 우리 가운데 있는 이방인들을 향한 환대, 포용과 존엄과 같은 가치들을 강조하는 성서적인 원리들로 돌아가야 한다고 촉구합니다. 중앙위원회는 또한 교회들에게 1997년을 내쫓긴 사람들과 연대하는 교회들의 에큐메니칼 해로 명시할 것을 요구하였습니다.

39. 1996년 중앙위원회는 전 세계의 어린이를 위한 기구들에 직접적으

로 가담함과 더불어 어린이들의 권리를 옹호하고 그것을 위해 연대하는 일을 계속 지원하기로 결정하였습니다. WCC는 어린이 희생자들에게 원조 물품을 기부하는 일을 계획하지는 않았는데, 전 세계적으로 이러한 목적을 가지고 활동하고 있는 기구들이 많이 있기 때문이었습니다. WCC의 역할은 지역에 기반을 두고 세계적인 관계망을 구축한 회원교회들로 하여금 연대 역량을 더욱 높일 수 있도록 하는 것이었습니다.

가난의 근본 이유들 중 하나는 빚이 주는 부담입니다. 1997년에 이 이슈에 대한 관심에서 중앙위원회는 회원교회들에게 빚 탕감 캠페인에 더 깊이 관여할 것을 요구하였습니다. WCC가 빚 문제에 관심을 가지게 된 것은 빚 상환이 국가경제의 기반을 압박하고 있기 때문에 계속해서 더 많은 사람들이 주변인이 되고 내몰리고 있다는 것을 인식하게 되면서 부터였습니다. 이번 총회는 빚 문제에 대해 논의하게 될 것이고, 이 문제에 대한 선언문을 작성하게 될 것입니다.

로마 가톨릭교회와의 관계

40. WCC와 로마 가톨릭교회(RCC)는 계속해서 에큐메니칼 관계를 맺고 협력을 지속시켜 왔으며 하나의 에큐메니칼 운동에 대한 헌신을 재확인하였습니다. 교황청 회칙인 「하나 되게 하소서」(Ut Unum Sint)는 에큐메니칼 운동에 대한 로마 가톨릭교회의 "결코 취소할 수 없는 헌신"을 "교회의 생활과 사역에서 하나의 유기적인 부분"으로서 강조하고 있는데, 이것은 에큐메니칼 운동의 최근 역사에서 하나의 획기적인 사건으로 간주되어야 합니다. "대화"라는 핵심적인 개념을 중심으로 구성된 이 회칙은 "대화의 지속과 심화"를 예견하고 북돋우고 있는데, 이것은 오로지 "양심의 대화"와 "회심의 대화"로 이해될 수 있습니다. WCC와 에큐메니칼 운동에 특별히 의미 있는 것은 이 회칙이 신앙과 직제의 중요성에 대해 분명히 말하면서, "로

마 주교의 일치 사역은 … 대부분의 다른 그리스도인들에게 어려움을 야기한다는 것"을 인식하고 "교회 지도자들과 신학자들"이 "이러한 필수적인 사역을 행하는 것"과 관련해서 "참을성 있게 대화"해 줄 것을 요구하고 있습니다. 이 회칙과 더불어, 두 개의 다른 권위 있는 문서들이 로마 가톨릭교회의 에큐메니칼 참여와 로마교회가 다른 교회들이나 에큐메니칼 기구들과 맺는 관계에 있어서 그 신학적인 토대와 목회적인 방향성을 분명히 밝혔습니다. 이 문서들은 *Directory for the Application and Principles and Norms on Ecumenism*(1993)과 *Ecumenical Dimension in the Formation of Those Engaged in Pastoral Work*(1997)입니다. 비록 이 문서들이 로마 가톨릭의 내부적인 에큐메니칼 생활에 대해 말하고 있지만, 이 문서들의 잠재적인 영향력은 로마 가톨릭교회를 넘어섭니다. 이 문서들은 전체 에큐메니칼 공동체에 영감을 주는 자료입니다. "WCC의 공동의 이해와 비전을 향하여"(CUV)에 대한 가장 의미 있는 응답들 중 하나가 교회일치를 진작하는 주교회의(Pontifical Council for Promoting Christian Unity: PCPCU)가 로마 가톨릭교회를 대표해서 내놓은 응답이었습니다. 이 응답은 교황청 회칙인 「하나 되게 하소서」의 측면에서, "하나의 에큐메니칼 운동"에 기초한 에큐메니즘의 공동기반, 그리고 교회들의 신앙, 생활과 증언, 그리고 비록 불완전하지만 교회들 사이에서 실제로 이루어지고 있는 코이노니아 위에 세워진 공통의 소명을 한데 묶어주는 공동의 비전을 확인하고 있습니다. 이 응답문의 결론적인 평가는 로마 가톨릭교회와 WCC 간의 지속적 협력의 결과물들뿐 아니라 공동의 여정의 가치를 강조하고 있습니다. "로마 가톨릭교회의 에큐메니칼에 대한 이해와 헌신은 전반적으로 현재 WCC 회원교회들과 WCC가 비전 선언문에서 천명하고 있는 내용들과 일치를 이룬다."

41. 이러한 긍정적인 발전 상황에 기대어 그리고 건설적인 대화를 위한 명백한 헌신으로 인해, 공동연구모임(Joint Working Group: JWG)은 로마

가톨릭교회와 WCC 사이의 결실이 풍부한 관계에 대한 성과로 7번째 보고서를 내놓았습니다. 이렇게 해서 하나의 에큐메니칼 운동이라는 보다 넓은 관점 안에서뿐만 아니라 로마 가톨릭교회와 WCC 사이에서 이루어진 다양한 형태의 협력이 보고되었습니다. 공동연구모임은 또한 더 깊은 연구를 위해 다음과 같은 세 가지 연구문서를 내놓았는데, 이것들은 당면한 에큐메니칼 논의를 위해 매우 중요한 것입니다. (a) "에큐메니칼 형성: 에큐메니칼 숙고와 제안," (b) "개종권유의 도전과 공동증언에 대한 소명," (c) "도덕적인 이슈들에 대한 에큐메니칼 대화: 공동의 증언 혹은 분열의 잠재적인 원천."

42. 공동연구모임, 신앙과 직제, 세계선교와 복음전도 위원회, 그리고 다른 기구들을 통해 이루어진 로마 가톨릭교회와 우리의 협력은 지난 7년 동안 의미심장하게 증대되었습니다. 더욱 깊이 그리고 광범위하게 다루어져야 할 많은 이슈들이 남아 있습니다. 대화의 본질, 목적, 방법, 교회에서의 "권위"와 "가르치는 권위"의 본질과 구조, "지역"교회와 "보편"교회 사이의 관계, 권역별 그리고 국가별 에큐메니칼 기구들의 중요성 등의 이슈들이 다루어져야 합니다. 저는 우리가 WCC 역사에서 특별히 중요한 시기로 진입하고 있으며 이 시기에는 동방정교회로부터 그리고 많은 에큐메니칼 동역자들로부터 제기되는 근본적인 질문들이 우리의 토론 의제가 될 것이라고 확실히 믿습니다. 이 때에 한편으로는 공동연구모임의 틀 안에서 이전에 논의했던 경험 위에 서는 것이 중요하고, 다른 한편으로는 로마 가톨릭교회와 더불어 우리의 협력의 범위를 더 깊게 하고 더 넓힐 수 있는 보다 적절한 방법을 찾으려고 노력하는 것이 중요할 것입니다.

재정적인 안정성을 위해

43. 지난 7년 동안 WCC는 심각한 재정적 변동을 겪었습니다. 사실상 경제적인 환경에서의 최근의 변화, 즉 유럽의 경기후퇴, 세계화와 시장 자유

주의화 경향은 WCC의 오늘날 재정 상황에 깊은 영향을 주었습니다. 우리의 전통적인 수입원이 극도로 위축되었을 뿐 아니라, "비영리"기관들에게 새로운 규율들이 부과되고, 자금조달 과정이 더 까다로워지고, 점점 더 엄격한 보고를 요구하게 된 제반 상황이 WCC와 그 일꾼들에게 보다 어려운 업무 환경을 조성하였습니다.

WCC는 전통적인 북서유럽의 파트너들로부터 이전과 같은 수준으로 활동 자금을 제공하는 것이 앞으로는 유지되기 어려울 것이라는 통보를 여기저기서 받았습니다. 이러한 상황에 대처하여 그리고 우리의 재정위원회의 판단에 의거하여, WCC는 두 개의 특별한 분야에 우리의 노력을 집중해야만 합니다. 먼저, WCC는 우리와 마찬가지로 재정압박을 받고 있는 전통적인 파트너들로부터의 외부 원조 의존도를 낮추는 한 방법으로 투자와 부동산 소득을 늘려야 한다는 것입니다. 두 번째로, WCC의 수입원을 지리적으로 다원화시키고, 북아메리카의 오랜 에큐메니칼 파트너들과 연계를 더욱 돈독히 하고 극동지역을 비롯한 다른 지역들의 교회와 파트너들에게서 오는 수입을 좀 더 늘리려고 애써야 합니다. 세 번째로, 이전의 경험에 비추어 볼 때, WCC의 의사결정 주기는 단축되어야 하고, 지출의 수준 또한 기부금이 조달되는 상황에 따라 조정되어야 하며, 따라서 재정을 모니터하는 방식에 있어서도 변화가 요구됩니다.

44. 이러한 모든 노력을 하는 데 있어 회원교회들의 재정적인 헌신은 여전히 그 기본적인 요소가 됩니다. 회원 분담금에 덧붙여, 회원교회들에게 WCC의 프로그램 사역들에 기부해 줄 것을 촉구하는 바입니다. 그렇지 않으면 WCC는 가까운 미래에 재정적인 안정성을 회복할 수 없을 것입니다. 영적인, 지적인, 그리고 인적인 자원들은 의심의 여지없이 에큐메니칼 운동의 진전에 필수적입니다. 저는 물질적인 자원 또한 중요하고 그것이 미래의 에큐메니즘의 향방을 대체로 결정하게 될 것이라고 생각합니다. 사실상 우리 에

큐메니칼 사역에 있어 재정적인 측면은 진지하게 고려되어야 마땅합니다. 우리는 기증자들 없이는 우리의 에큐메니칼 여정에서 한 발도 내딛지 못하게 될 것입니다. 그 기증자들은 우리의 파트너들이자, 우리 사역을 지지해 주고 우리와 협력하는 사람들이며, 에큐메니칼 운동을 향한 비전을 세워나가는 일에 있어 우리의 동반자들입니다.

45. 이상은 광범위하고 복합적인 WCC의 에큐메니칼 사역에 대해 극히 일부분만 조망해 본 것입니다. 캔버라에서 하라레에 이르는 기간 동안 이루어진 실제적인 사역은 여기 몇 페이지에서 개괄한 것을 훨씬 넘어서는 것이라는 점은 말할 필요도 없습니다. 저는 여기서 몇 가지 견해를 제시함으로써 제 보고서의 이 부분을 끝맺고자 합니다.

a) WCC의 프로그램과 활동들은 그 헌장에 나와 있는 **기본적인 임무**, 즉 가시적인 일치, 공동의 증언, 선교와 디아코니아라는 목표와 연계되어 있어야 합니다. 프로그램과 활동들은 교회들의 필요와 기대에 **적합한** 것이어야 합니다. WCC는 이 원리에 근거하여 그 프로그램적인 사역을 재조직해왔습니다. 더욱이 WCC는 프로그램의 우선사항들의 **상호연관성**을 북돋우려고 노력하였습니다. 이러한 헌신과 비전은 WCC의 사역에 새로운 방법론과 스타일을 제시해 주었습니다. 이러한 노력은 앞으로 계속 이어져 나가야 할 것입니다.

b) 상호관계성에 대한 관심은 WCC로 하여금 그 사역에서 보다 큰 **응집력**과 **통합력**을 목표로 하도록 이끌었습니다. 실제로 **통전적인** 접근을 위해 열심히 노력해 온 점은 WCC의 프로그램 활동 전반의 특징입니다. 제 생각에, 상당한 진전이 이루어졌고, 이 점에서 많은 것들을 경험할 수 있었습니다. 그렇지만 앞으로 해야 할 일들이 더 많이 남아 있는 실정입니다.

c) WCC의 프로그램들은 **관계**와 **참여**를 만들어내야 합니다. 그렇지 않으면 그 프로그램들은 단지 활동에 불과한 것이 될 것입니다. 저는 WCC 사

역에서 이 절대적으로 중요한 차원이 하라레 이후에 보다 진지하게 다루어져야 한다고 믿습니다. 사실상 "WCC의 공동의 이해와 비전을 향하여"(CUV)는 교회와 국가별 및 권역별 교회협의회들이 WCC의 사역에 적극적으로 참여할 것을 강조함으로써 이러한 문제들에 대해 관심을 집중시켰습니다.

46. WCC는 교회들 없이는 결코 존재할 수 없습니다. WCC는 교회들의 긴급한 필요와 변화하는 상황에 효과적으로 응답해야 합니다. 이것은 항상 WCC에게 커다란 도전이 될 것입니다. 그러므로 WCC는 어떤 의미에서 자신의 에큐메니칼 증언을 평가하고, 자신의 우선순위를 확인하고, 자기 자신을 재조직하고, 그 비전을 새롭게 규정하는 부단한 과정 속에서 자기 자신을 지역 교회들과의 관계 안에 있는 사귐으로 간주해야 할 것입니다. CUV 과정은 이러한 관심과 헌신이 구체적으로 표현된 것입니다. 제가 지금 다음 천년을 향해 나아가는 WCC의 자기이해와 소명을 위해 WCC와 세계인권선언 50주년의 의미에 대해 언급하려는 것도 바로 이러한 이해와 인식과 궤를 같이 합니다.

II. WCC 50주년: 자기비판적인 평가와 새로운 헌신

47. 50년 전에 인류역사의 중대한 국면에서 일단의 교회들이 교회의 일치를 위해 함께 증언하고 분투하는 일에 헌신하기로 서약하였습니다. 이들은 "그리스도께서 우리를 여기 암스테르담으로 이끄셨다. 우리는 그분을 우리 하나님이자 구세주로 인정한다는 데서 하나이다. 우리는 신앙, 교단, 전통이라는 문제에서뿐 아니라 민족의식, 계급, 인종에 의해서도 서로 나뉘어 있다. 하지만 그리스도께서 우리를 그분의 소유로 삼으셨고 그분은 나뉠 수 있는 분이 아니다. 그분을 따르면서 우리는 서로를 발견한다. 여기 암스테르담에서 우리는 그분께 다시금 헌신하면서 이 WCC를 조직하는 데 서약을 통해

함께 동의하였다. 우리는 하나가 되고자 한다."[12]라고 말했습니다.

48. 50년간 우리는 에큐메니칼 함선을 타고 함께 항해를 해왔습니다. 우리는 수많은 폭풍우를 만났습니다. 우리는 "열전"과 "냉전"의 시기를 겪었습니다. 대치상황과 두려움, 불확실성과 긴장들은 우리가 함께해 오는 동안 우리 경험의 일부분이 되었습니다. 이런 시련들 중 그 어느 것도 에큐메니칼 함선이 그 항로를 벗어나도록 할 만큼 충분히 위협적이지는 못했습니다. 우리는 함께 앞으로 전진 하였습니다. 우리가 거쳐 온 여정은 마치 순교 유적지들 중 하나가 되어온 듯합니다. 남녀노소 할 것 없이 많은 사람들이 에큐메니칼 비전에 필수적인 것이 된 대의를 위해 생명을 바쳤습니다. 이와 같은 에큐메니칼 순례에서 각 세대는 고유의 언어로 말하고, 저마다 고유한 견해를 밝히고, 관심을 피력하였으며, 요구사항을 제기하고, 에큐메니칼 비전에 대한 저마다의 이해를 분명히 하였습니다.

49. 우리는 WCC 창립총회 메시지에서 제시된 비전에 충실해 왔습니까? 되돌아볼 때 우리는 기뻐할 일도 많았고 유감스러운 일도 많았습니다. WCC 희년은 자기점검을 위한 기회입니다. WCC 역사의 이 결정적인 전환기에 책임감 있는 겸손한 태도로 우리는 무슨 말을 할 수 있을까요? 우리는 무엇을 다음 세대에 위탁하고 있습니까? 지금은 되돌아볼 때이고, 둘러볼 때이며, 자기비판적인 평가를 할 때입니다. 간단히 몇 가지 점들을 강조하고자 합니다.

a) WCC는 교회들에게 그들의 민족적, 문화적, 신학적, 정치적 분열을 넘어서서 함께함의 정신을 실질적으로 표현할 수 있도록 상황과 기회를 마련해 제공해 왔습니다. 불신, 소외, 오해는 화해, 상호신뢰, 더 나은 이해로 대체되었습니다.

---

12) *Amsterdam 1948*, 9.

b) WCC는 교회들이 상호책임의 정신으로 서로를 지지하고, 도전을 주고 교정해 주는 사귐의 장이 되었습니다. 이러한 사귐 안에서 교회들은 자신들에게 내재해 있던 상호연결성을 체험하였고, 또 저마다의 정체성을 표현하면서 서로 간에 차이점도 발견하였습니다. 그렇지만 항상 에큐메니칼 비전을 확고하게 고수하는 것을 잊지 않았습니다.

　c) WCC는 회원교회들이 함께 심사숙고하면서 행동하고, 기도하면서 영적이고 물질적인 자원들을 나누는 교회들의 사귐이 되었습니다. 초기 WCC에게 있어 지배적이었던 "시혜"와 "수혜" 개념과 방법론은 에큐메니칼 정신의 꾸준한 성장과 에큐메니칼 친교의 확장에 힘입어 진정한 파트너 정신으로 변모하였습니다. WCC는 교회들에게 도전을 주어 온전하고 가시적인 일치를 향해 함께 일하고 함께 성장해 나가도록 하였습니다.

　50. 그리고 이제 결정적인 질문이 남아 있습니다. 우리는 이제 어디로 가야 합니까? WCC는 하나의 도구이지 그 자체가 목적은 아닙니다. WCC는 복음을 세상에 전한다는 공동의 사명과 예수 그리스도의 명령에 순종하면서 함께 성장한다는 공동의 소명 가운데서 교회들을 섬기는 공동체입니다. 처음부터 WCC는 "나뉘지 않은 하나의 교회의 회의가 아니라, 교회들의 협의회" (a council of churches, not the Council of the one undivided church)로, 그리고 "도상에 있는 하나의 응급조치"[13]를 표현하는 존재로 스스로를 규정해 왔습니다. 그것은 지금도 마찬가지입니다. 에큐메니칼 순례는 진전과 좌절, 성취와 실패와 더불어 계속됩니다. WCC는 새로워진 신앙, 소망, 그리고 비전과 더불어 계속될 것입니다. 그것은 결코 뒤집히거나 파기될 수 없습니다. 그것은 막다른 길에 내몰리거나 목적지를 잃어버릴 위험에 결코 노출될 수가 없습니다. 그 생활과 증언은 에큐메니칼 비전에 의해 좌우되고 인도되

---

13) *Amsterdam 1948*, 28-29.

기 때문입니다. 그러므로 우리가 안전하게 앞으로 나아갈 바른 길을 분별하기 위해서는 "도중에" 각 이정표를 만날 때마다 멈춰서는 것이 매우 중요합니다.

WCC의 공동의 이해와 비전(CUV): 에큐메니칼 비전에 대한 재정의와 재정립 과정

51. 1948년 WCC가 창설되었을 때 세계는 엄청난 불확실성과 심각한 불안에 직면해 있었습니다. 1998년 지금 우리가 처한 상황도 더 나을 게 없습니다. 인간 사회의 거의 전 분야에서 일어나고 있는 수많은 변화와 격변들이 교회 바깥, 교회 내부, 교회가 세계와 맺는 각종 관계, 그리고 WCC의 생활과 증언에 강한 충격을 주고 있습니다. 위기는 언제나 WCC와 함께 있어 왔습니다. 이것은 제가 성장을 위한 위기라고 부르는 것입니다. 이 위기는 WCC로 하여금 앞을 내다보고 움직이도록 도전을 줍니다. 그렇지만 이 순간에 WCC는 그 어느 때보다 진지하게 질문을 받고 있습니다. 함께 하는 50년을 지내온 지금 우리는 여전히 암스테르담에서 천명했던 대로 **함께 하나가 되기**를 원하고, 에번스턴에서 확인했던 대로 **함께 앞으로 나아가기**를 원하고 있습니까? 우리는 캔버라에서 하라레에 이르는 기간 동안 내내 이 지극히 중요한 문제와 씨름하였습니다. 회원교회들과 변화하는 세계 현실로부터 도전을 받은 협의체로서의 우리는 어떤 존재인가 하는 것을 이해하려고 애쓰는 비판적인 과정에 착수하였습니다. 우리의 특징적인 본질은 무엇이고 참된 소명은 무엇인가? 어떤 공동의 에큐메니칼 비전이 우리를 인도해야 하는가? CUV 과정이 의도한 바는 이러한 타당한 이슈들을 회원교회들과 에큐메니칼 파트너들과 함께 진지하게 다루는 것이었습니다.

52. CUV는 이번 총회의 의제들 중에서 핵심적인 위치를 갖게 될 것입니다. 우리가 전반적으로 교회의 생활에서, 그리고 특별히 에큐메니칼 운동

의 현장에서 나타나는 새로운 발전들, 새롭게 대두되는 관심과 실체, 그리고 변화하는 에큐메니칼 패러다임을 진지하게 고려함으로써 올바른 전망을 가지고 이 과정을 고찰하는 것이 중요합니다. 바로 이 시점에서 저는 몇 가지 언급을 하고자 합니다.

a) 제도적인 에큐메니즘은 위기에 처하였습니다. 지금 우리는 세계의 여러 지역들에서 다양한 형태로 사람들의 에큐메니즘이 놀랄 정도로 터져 나오는 것을 목격하고 있습니다. 대부분의 우리 지지자들이 에큐메니칼 운동의 제도적인 표현들에 환멸을 느끼고 있습니다. 사람들, 특별히 젊은이들은 구조에 사로잡힌 포로가 되고 싶어 하지 않습니다. 그들은 확립된 체제, 방법론, 절차, 일정표 너머로 나아가고 싶어 합니다. 그들은 들이마실 신선한 공기와 자신들의 에큐메니칼 관심과 확신을 생생하게 표현할 수 있는 더 넓은 공간을 찾고 있습니다. 그들은 함께 할 수 있는 새로운 환경과 기회를 만들어 내고 있습니다. 저는 에큐메니칼 운동의 미래가 구조나 프로그램에 있지 않고 이들과 같이 헌신적이고 비전을 품은 젊은이들에게 놓여 있다고 확실히 믿습니다. 그러므로 교회들이 에큐메니칼 운동을 새롭게 인식하고, 그것이 사람들의 생활에 적합성을 지니도록 그 비전을 분명하게 재천명하지 않는다면, 에큐메니칼 운동은 그 생명력과 목적의식을 잃게 될 것입니다.

b) 에큐메니칼 우선순위가 바뀌었습니다. 초기 형성기 동안에 WCC는 주로 신학적이고 교리적인 이슈들에 마음을 빼앗겼습니다. 웁살라 이후에는 인간생활의 사회적, 경제적, 그리고 정치적인 영역들에서 발생하는 사안들을 특별히 강조하게 되었습니다. 현재의 에큐메니칼 운동이 처한 곤경에 대한 실질적인 평가는 두 가지의 기본적인 사실을 지적합니다. 먼저, 일치와 관련된 이슈들과 사회에 관한 질문들은 더 이상 분리해서 다루어질 수 없다는 점입니다. 그것들은 그 동적이고 분리할 수 없는 상호연관성 안에서 고찰되어야 합니다. 우리는 지난 10년간 이러한 통찰력을 얻었고, 계속해서 그 통찰

력에 근거해 나아가야 합니다. 두 번째로, 도덕적이고 윤리적인 이슈들이 앞으로는 에큐메니칼 논의에서 점점 더 중요성을 지니게 될 것이 확실시된다는 점입니다. 따라서 교회들은 단단히 준비하고, 이 이슈들을 실질적이고 목회적인 관점으로, 그리고 서로간의 문화적인 기풍과 신념을 존중하면서 에큐메니칼 정신으로 다룰 수 있는 방법론을 개발해야 합니다.

c) 우리는 새로운 교회 환경에 처해 있습니다. 많은 지역과 교단들에서 제도적인 교회의 회원 수가 줄고 있고 그 교회가 사회에 미치는 영향력 또한 약화되고 있습니다. 사람들은 제도적인 교회가 변화하는 현실에 제대로 대처하지 못한다고 믿기 때문에 이러한 교회를 떠나고 있습니다. 아프리카와 아시아에서, 토착민들뿐 아니라 그리스도인들도 자신들의 그리스도교 신앙을 고유의 문화 안에서 재발견하고 있습니다. 동유럽과 구소련에서는 공산주의가 몰락하고 예배의 자유가 확립되면서 교회들은 새로운 상황에 대처할 방법을 찾고 있습니다. 더욱이 세계의 다른 부분에서는 새로운 형태의 그리스도교 공동체와 운동, 그리고 새로운 형태의 종교생활이 나타나 전통적인 교회, 구조, 신학을 위협하고 있습니다. 여러 가지 안팎의 종교적 그리고 비종교적인 요소들로 인해, 많은 교회들에서 분열과 긴장관계가 나타나고 있습니다. 일부 지역에서는 교회들이 국가의 보호 아래서 일하는 데 점점 더 환멸을 느끼게 되면서 교회와 국가의 관계가 위기에 봉착하고 있습니다. 이러한 모든 요인들은 틀림없이 교회로 하여금 그들이 사회에서 감당해야 할 역할을 재점검하고 재평가하게 해줄 것입니다.

d) 점증하는 지구화는 에큐메니칼 운동과 교회의 신학, 영성, 선교에 심각한 영향을 미치고 있습니다. 그것은 새로운 구조, 가치, 인간관계를 민족들과 국가들에게 강제하면서, 한편으로는 화합시키고 다른 한편으로는 파편화시키고 있습니다. 교회들이 복음을 전해야 되는 환경은 점점 더 다문화적이고 다종교적인 상황이 되고 있습니다. 더욱이 많은 이유들로 인해 에큐메니

칼 운동은 점점 다중심적, 다면적, 다차원적인 것이 되고 있습니다. 그것은 새로운 방식들과 새로운 형식들로 표현되고 있습니다. 이러한 모든 현실은 교회의 자기이해와 선교사역에 엄청난 영향을 미치게 될 것이고, 교회들로 하여금 자신들의 우선순위를 보다 분명하게 밝히고 새로운 선교 규범과 전략을 개발하도록 만들 것입니다.

53. 에큐메니칼 운동은 이러한 모든 관심사에 대한 해답이나 이런 모든 문제들에 대한 해결책을 갖고 있다고 주장할 수 없습니다. 에큐메니칼 운동의 약점도 인정해야 합니다. 그 가능성에는 박수를 보내지만 그 한계는 인정해야 하는 것입니다. 그 어느 때보다 지금, 에큐메니칼 운동은 교회들이 함께 기도하고, 함께 증언하고, 함께 섬기며 가시적인 일치를 위해 일하기 때문에 이러한 새로운 관심사와 상황에 대해서도 함께 대처하도록 요구받고 있습니다. 에큐메니즘의 환경과 이미지는 변화하고 있고, 에큐메니칼 비전의 본질과 범위 또한 그러합니다. 그러므로 우리가 새로운 천년을 향해 나아가는 이때 에큐메니칼 운동은 새로운 자기이해와 자기표현, 그리고 분명한 방향정립을 할 필요가 있습니다. 저는 에큐메니칼 운동의 역사에서 현재의 이와 같은 위기가 우리에게 기회와 도전 또한 제공할 것이라고 믿으며, 그것이 WCC가 이 위기를 다루는 방법이 되어야 합니다.

54. CUV 과정은 이러한 배경에서 시작되었습니다. 그러므로 이것은 단지 내적인 구조적 그리고 프로그램적 변화를 겨냥한 과정으로만 인식되어서는 안 됩니다. CUV는 다음과 같은 다섯 가지를 목표로 한 진지하고 통합적인 시도입니다. 첫째로는 복음에 신실하고 현재의 상황들에 응답하는 에큐메니칼 비전을 새롭게 표현하고, 둘째로는 에큐메니칼 운동의 핵심 목표로서의 가시적인 일치가 너무도 시급함을 다시금 강조하고, 셋째로는 에큐메니칼 비전에 대한 모든 재천명의 기반으로서 일치, 선교, 디아코니아, 정의의 결정적인 중요성을 말하고, 넷째로는 에큐메니칼 비전에 내재해 있는 응집력

과 통합성을 교회간의 협력, WCC 회원교회들 간의 관계, 그리고 WCC 프로그램들과 의제들에 반영시키고, 다섯째로는 WCC 활동의 모든 측면에 회원교회들의 적극적이고 책임 있는 참여를 촉구하는 것입니다. 다른 말로 해서 CUV는 WCC가 교회들에 더욱 뿌리를 박고 교회들의 지도를 받아야 하며, 그와 동시에 교회의 모든 차원에서, 그리고 우리 에큐메니칼 교제의 모든 영역에서 에큐메니칼 동역자 정신을 보다 폭넓게 진작시켜야 한다는 것을 우리에게 상기시킵니다. 그것은 또한 우리로 하여금 WCC의 에큐메니칼 비전과 프로그램적인 우선사항들을 보다 폭넓은 시각과 통합된 전체 안에서 볼 수 있도록 도와줍니다.

책임 있게 함께 성장하기: 우리 앞에 놓인 커다란 도전

55. WCC는 스스로에 기반을 두거나, 폐쇄적이거나, 자립적인 조직이 아닙니다. 그것은 함께 하는 교회들입니다. 그러므로 WCC는 자기이해와 의제를 주장할 아무런 권리가 없습니다. 교회들이 WCC가 무엇이고, 무엇이 되어야 하고 또 무엇을 해야 하는지 말해야 합니다. CUV는 내부적인 사안이 아니었습니다. 그것은 **교회들**이 주도한 일이었습니다. 회원교회들, 로마 가톨릭교회, 그리고 에큐메니칼 파트너들이 그 과정에 적극적으로 참여하였습니다. 더욱이 CUV는 특정한 시기에 WCC의 생활과 사역의 구체적인 영역에 국한된 시도가 아니라 지속적으로 활동할 **과정**으로 기획되었습니다. CUV는 교회들로 하여금 공동의 에큐메니칼 비전에 대해 재평가하고 재천명하는 비판적인 여정에 함께 착수하도록 도전을 주고자 한 새롭고도 포괄적인 진지한 노력의 출발점으로 인식되어야 합니다.

56. CUV 과정의 맥락 안에서, 로마 가톨릭교회뿐 아니라 교회들은 WCC의 중요성을 힘 있게 강조하였습니다. 그렇지만 일부 교회들은 CUV가 제시한 변화들에 충분히 만족하지 못하였습니다. 그들은 더 멀리 나아가기

를 원했습니다. 다른 교회들은 WCC를 이전의 자리로 돌리고 싶어 하였습니다. 왜냐하면 그들이 보기에 WCC는 그 중심적인 소명을 벗어나고 있었기 때문입니다. WCC-동방정교회 관계에 있어 최근의 발전은 이러한 시각에서 보아야 합니다. WCC-동방정교회 관계에 대해 널리 퍼져 있는 막연한 불안을 객관적으로 진단하고자 하는 모든 시도는 WCC 출범 이후, 그리고 공산주의의 몰락으로 동방정교회 소속 교회들의 생활에 특수한 상황이 야기된 이후에 동방정교회-WCC 관계가 어떻게 진전되었는지 그 과정을 고려해야 합니다. 시간도 충분하지 않지만 제 보고서의 성격도 이 문제를 세세하게 다루게 허용하지 않습니다. 그렇지만 저는 몇 가지 언급을 하고자 합니다.

a) 동방정교회 소속 교회들은 WCC의 형성과 확장에 중요한 역할을 감당하였습니다. 그들은 에큐메니칼 사고와 영성에 중요한 공헌을 하였지만, WCC의 전체적인 생활과 증언에 충분히 통합되지는 못하였습니다. 동방정교회-WCC 관계의 항구적인 특징이 되어버린 이러한 접근은 무엇보다 먼저 동방정교회 전통과 양립될 수 없는 WCC의 특정한 경향성과 실천들 때문에 기인된 것이었습니다. 두 번째로 동방정교회 교회들이 WCC 안에서 소수파였던 탓도 있었는데, 이 점은 이사회 구성과 의사결정 과정에서 분명하게 드러나 있습니다. 그리고 셋째로, 동방정교회가 소속되었고 다른 지역들의 교회 대표들이 참여했음에도 불구하고 여전히 프로테스탄트적이고 서구적인 WCC의 풍조와 의제 탓도 있었습니다. 이러한 요소들과 사안들이 동방정교회 교회들과 WCC 사이에 거리감을 만들었습니다. 동방정교회의 불만과 요구는 모두 중요한 의제나 특별한 사안에 관해 작성된 소위 "동방정교회 진술서"에서 표출되었습니다. 동방정교회 신학과 영성의 특수성은 존중되어 왔습니다. 그렇지만 WCC의 신학적 언어, 사고, 방법론을 계속해서 지배하고 있는 프로테스탄트 신학과 동방교회 전통들이 창조적인 상호작용을 할 수 있도록 하기 위해서 우리가 한 일은 거의 없습니다.

b) 공산주의의 붕괴와 독립국가들의 재등장은 동방정교회의 에큐메니칼 운동 참여에 결정적인 차원을 보태었습니다. 사실상 동유럽과 구소련 국가들에 여러 분파들과 새로운 종교운동이 유입되고, 동방정교회의 정체성을 재확인하고자 하는 노력이 더욱 커져가고, 한편으로 사회 안에서 그 적합한 위치와 역할을 찾고자 하는 교회의 관심이 높아지고, 다른 한편으로 WCC의 일부 프로그램 활동이 동방정교회와의 관계에서 논쟁의 여지가 있고 부적절했다는 인식이 동방정교회와 에큐메니칼 운동 사이의 간극을 더욱 벌어지도록 했습니다. 동방정교회가 그 본래적인 근원으로 돌아감으로써 자신들을 재확인하고자 하고 있던 상황에서 정교회는 WCC를 서구의 프로테스탄트적인 자유주의 운동으로 간주하게 되었습니다.

　　57. 때 맞춰 WCC는 동방정교회가 점점 더 실망하고 반(反)에큐메니칼적인 풍조가 커져가는 것을 알아채고, 일련의 구체적인 조치를 취하였습니다. 그 조치들이란 WCC를 재구성하고(1991), 동유럽과 중앙유럽과 구소련 국가들을 위해 기독교교육에 관한 특별 프로그램을 시작하고(1991), 동방귀일가톨릭주의(Uniatism, 교황의 수위권을 인정하면서 동방정교회 고유의 관습을 지키는 분파)에 관해 논의하고(1992), 개종권유에 대해 중앙위원회가 선언문을 내놓는 것(1993) 등이었습니다. 그렇지만 이러한 WCC가 주도한 조처들은 WCC-동방정교회 관계에 어떠한 실질적인 변화도 가져오지 못하였습니다. 사실상 정교회가 제기하는 근본적인 문제들은 WCC라는 존재의 깊은 단층을 건드리는 것들이었습니다. 그래서 정교회 소속 교회들은 CUV가 자신들의 좌절의 근본적인 원인들을 제거해 줄 수 있을지 심각한 의문을 제기하는 목소리를 내었고, WCC의 "철저한 재구성"을 요구하였습니다. WCC 지도부는 동방정교회의 테살로니키 선언문(Thessaloniki statement, 1998년 4월)에 즉각적으로 응답하여, 이번 총회 전에 테살로니키 선언문에서 발의한 "다양한 교파로 구성된 신학위원회"(mixed theological

commission) 모임에 동방정교회와 오리엔탈정교회 양측의 회원교회들을 모두 초대하였습니다. 정교회는 준비를 위한 시간이 좀 더 필요하다고 느꼈습니다.

58. 저는 정교회의 관심사들과 그들의 요구사항에 대해 여기서 세세하게 개괄할 수는 없습니다. 그렇지만 정교회 주장의 핵심을 두 가지로 요약하고자 합니다. 먼저, WCC는 정교회 소속 교회들을 소외받는 소수파 상황에서 벗어나게 해주고 그들로 하여금 WCC의 모든 측면에서 보다 적극적인 활약을 할 수 있도록 해줄 새로운 형태의 대표선발, 참가, 의사결정 구조를 모색해야 합니다. 둘째, WCC는 프로그램의 뼈대, 의제 항목, 조직적이고 구조적인 측면을 형성하는 데 있어서 모든 회원교회들의 신념, 감성, 전통과 기대를 동등하게 반영할 수 있는 길을 찾아야 합니다.

59. 저는 WCC-동방정교회 관계에 위기는 없지만 상황은 정말이지 중대국면이라는 점을 강조하고 싶습니다. 만약 총회가 이러한 현재의 상황을 심각하게 받아들이지 않는다면, 저는 정교회의 참여가 지속적으로 위축되지 않을까 염려됩니다. 총회가 끝난 후에 WCC의 지도자들과 모든 정교회의 대표들이 함께 모여 정교회가 WCC에 보다 조직적으로 그리고 효율적으로 참여하는 것을 방해하는 모든 문제와 사안들과 씨름하는 진지하고도 포괄적인 논의 과정에 착수하기를 진심으로 바랍니다. 제 생각에 정교회는 분명한 의제를 갖고 열린 마음으로 와야 합니다. 프로테스탄트와 성공회 전통의 교회들은 정교회의 참여 수준을 높일 수 있게 넉넉한 공간과 기회를 제공함으로써 그들이 WCC에 충분히 통합될 수 있도록 도와야 합니다. 정교회 교회들이 독백에서 대화로, 반작용에서 작용으로, 기여에서 참여로, WCC 참관자의 자리에서 온전한 파트너의 자리로 옮겨올 때가 바로 지금입니다.

60. 암스테르담에서 에큐메니칼 선구자들은 이렇게 말했습니다. "우리의 신앙고백적인 충실성과 에큐메니칼적인 충실성을 조화시키는 것이 항상

쉬운 것은 아니다. 우리는 또한 현재 그 전통을 형성해 가면서 왕성하게 성장하고 있는 교회들과, 이미 확립되어 있는 그리스도교 전통들과의 조우를 통해 얻을 것도 많다. 우리는 이것들과, 우리 가운데 있는 다른 모든 어려움들을 WCC로 가져와 함께 그것들을 견실하게 직시하고자 한다."[14] 의견의 차이, 불일치, 긴장관계와 심지어 갈등은 항상 수많은 교회 전통들, 신학적 가르침들, 문화적 풍조들, 민족적인 정체성들이 한데 어우러져 빚어내는 세계적인 교제의 일부분이 될 것입니다. 이것이 우리가 함께 해온 50년 동안 배운 것입니다. 우리는 우리의 차이를 기쁨으로 받아들이고 그 차이의 대가 또한 치러야 합니다.

61. 정교회의 좌절은 에큐메니칼 운동에 대한 그들의 헌신의 관점에서 고찰되어야 합니다. WCC에 대한 비판은 반(反)에큐메니칼적인 것이 아닙니다. 정교회의 문제제기는 에큐메니칼 운동의 중요성과 신뢰성과 관련된 것이 아니라, 그 의제, 언어, 방법론, 과정에 관한 것입니다. 우리의 회원인 정교회 교회들 중 일부는 이 총회에서 우리와 함께 하지 않고 있습니다. 또 다른 교회들은 이전과 마찬가지로 우리와 함께 하고 있지 않습니다. 저는 지금의 문제가 **정교회** 문제가 아니라 본질적으로 **에큐메니칼** 문제라는 것을 우리 모두가 알고 있다고 믿습니다. 저는 우리가 함께 에큐메니칼 여정을 걸어오면서 우리의 문제와 관심사들을 보다 폭넓게 조망하고 상호연관성 속에서 바라볼 수 있을 정도로 충분히 성숙했다고 믿습니다. 이러한 현재의 상황은 틀림없이 우리가 서로에 대해 더 많이 알게 되고 서로를 더 많이 신뢰하도록 도울 것입니다. 저는 우리의 WCC 안에서의 교제가 더 이상 다수-소수 관계에 기반을 둘 수는 없다고 믿습니다. 이러한 상황이 개선되지 않는다면 동방정교회는 항상 자신들이 위협당하고 주변화 된다고 느낄 것입니다. 저는 또한 우

---

14) *Amsterdam 1948*, 56.

리가 우리의 신념과 의제를 서로에게 강제할 수 없다고 생각합니다. 우리는 우리가 중요한 이슈라고 생각하는 것들에 관해 발언하고자 할 때 서로를 향해 편치 않은 심기를 나타낼 이유가 없습니다. WCC는 열린 공간을 제공해야 합니다. 그 공간 안에서 교회들은 상호존중, 신뢰와 책임감에 기반을 둔 창조적인 상호작용을 하게 되는 것입니다.

62. 급속히 변모하고 있는 세상에서 갈림길에 서 있는 에큐메니칼 운동은 만약 교회들이 에큐메니칼 목표와 비전에 확고하게 새로운 헌신을 다짐하는 데 실패한다면 와해되고 말 것입니다. 교회들은 자신들 고유의 신앙고백 안에서 안식을 취하면서 혼자 고립된 채 살아갈 여유가 없습니다. 교회들은 공존해야 합니다. 그렇지 않으면 의미 있게 존재할 수 없습니다. 교회들은 서로 영향을 주고받아야 합니다. 그렇지 않으면 적합하게 행동할 수 없습니다. 교회들은 자신들의 경험과 자원을 서로 나누어야 합니다. 그렇지 않으면 결코 성장할 수 없습니다. 서로가 합의한 교리 진술서들이 교회들을 온전하고 가시적인 일치로 그리고 신뢰할 만한 증언으로 이끌어주지는 않을 것입니다. 그것들은 단지 "도중에서" 그들을 도와줄 뿐입니다. 에큐메니칼이라는 절박한 임무 아래서, 교회들은 책임 있게 함께 성장해야 합니다. 실로 함께 성장하는 것은 값비싼 과정입니다. 그것은 회심, 새롭게 됨과 변화를 요구합니다. 에큐메니즘은 더 이상 교회의 한 차원, 한 기능이 아닙니다. 그것은 본질적으로 교회의 하나 됨을 확증하고 그것을 위해 공헌하기 때문에 교회라는 것이 무엇을 뜻하는지 말해주는 하나의 표지입니다. 에큐메니즘은 더 이상 선택의 문제가 아니고, 우리가 하나님의 부르심에 응답하는 길입니다. 그러므로 교회가 된다는 것은 에큐메니칼적이 된다는 것을 뜻합니다. 우리는 그리스도의 십자가 아래 하나가 되도록 부르심을 입었습니다. 이번 50주년을 맞은 희년 총회는 우리에게 분명한 비전을 갖고 용기와 겸손으로 함께 성장하고 함께 앞으로 나아가기 위해 우리 공동의 에큐메니칼 헌신을 다시금 확인할 것

을 요구하고 있습니다.

인권: 증대하는 에큐메니칼 관심

63. 이번 총회는 또한 우리에게 정의, 평화, 화해에 대한 우리의 헌신을 재규정하고 재확인할 것을 요청합니다. 사실상 인권은 정의, 평화, 화해를 목표로 하는 모든 진행과정 혹은 시도에 있어서 핵심적인 요인입니다. 인권은 에큐메니칼 증언에서 필수적인 요소입니다. 그리고 이번 총회에서 WCC를 통해 우리가 공동의 에큐메니칼 증언을 해온 50주년을 맞이하는 상황에서, 인권을 위한 투쟁에 우리가 공동으로 함께 참여해 온 50주년을 동시에 기념하게 되었다는 것은 얼마나 의미심장한 우연의 일치입니까!

64. 1948년 12월 10일 세계인권선언문을 채택함으로써, 유엔은 "인류에 속한 모든 구성원들의 타고난 존엄성과 평등성, 그리고 절대적인 권리가 세상의 자유, 정의, 평화의 근간이다."[15]라는 것을 공식적으로 인정하고 확인하였습니다. 지난 50년에 걸쳐 유엔은 인권의 특정한 측면과 영역과 관련된 국제 규약들을 채택함으로써 이 획기적인 선언을 이행하고자 노력해 왔습니다. 그렇지만 인권선언문은 수많은 사람들이 비인간적인 행위들, 즉 고문, 처형, 잔혹행위, 억압, 대량학살의 희생자가 되는 것을 막아주지 못했습니다. 남녀를 불문하고 지구상의 많은 사람들이 인권을 진작시키고 보호하기 위해 커다란 희생을 치렀고 심지어는 순교하는 일도 있었습니다. 유엔은 인권과 갈등상황의 평화적 해결을 지지하는 편에 서서 설득력 있게 발언해 왔지만, 인권 침해 행위들에 직면해서는 그 유약함을 드러내기도 했습니다. 많은 경우에 일방적인 행동으로 인해 유엔헌장은 무시되거나 회피될 뿐이었습니다. 인권선언문이 발표되고 50년이 흐른 지금, 인권 침해 행위의 희생자들의 절

---

15) 유엔인권선언문의 전문

규가 여전히 들리고 있습니다. 냉전의 종식은 양극의 대치상황을 종식시켰지만, 그것이 평화와 정의에 기반을 둔 "새로운 세계 질서"의 시작은 아니었습니다. 다시금 유엔은 평화를 만들고 그 평화를 지키는 도구로서 섬긴다는 그 의무를 수행하는 데 어려움을 보이고 있습니다. 핵심적인 권력이 군사위협과 간섭을 통해 때때로 깨지기 쉬운 평화를 확립했던 적이 있기는 하지만, 많은 지역에서 불확실성, 혼란, 폭발 직전의 상황이 지속되고 있으며, 인권을 유린하는 극악무도한 범죄들이 계속되고 있습니다. 날로 늘어나는 사건들에 덧붙여, 인권에 관한 이슈는 세 가지 주요한 도전에 직면하고 있습니다.

a) 인권 영역에서 **세계화** 영향은 광범위합니다. 세계화는 기존의 정치적 사회적 그리고 경제적 관계를 크게 변화시켰으며 사회의 가치와 구조에 급격한 변화를 불러왔습니다. 세계화의 과정은 인류 경험의 거의 모든 측면과 영역에 파고들어 무한한 기회를 제공하였으며, 동시에 새로운 형태의 사회-경제적 부정의와 불안을 드리웠습니다. 과도기적인 기구들과 국제 재정기관들은 사람들을 경제에 참여하지 못하게 배제시키고 실업, 내쫓김, 주변화를 가속화시킵니다. 우리가 모임을 갖고 있는 이곳 아프리카는 우리가 직면하고 있는 몇몇 중요한 이슈들을 실존적으로 상기시킵니다. 사실상 전쟁, 폭력, 가난, 내몰린 사람들, 계획적인 대량학살, 생태학적인 재난과 세계화의 다른 영향들이 아프리카 사람들의 일상의 한부분이 되고 있습니다.

b) **종교의 자유**는 기본적인 인권의 하나로, 냉전 이후에 국가 간의 관계와 국제관계에서 주요한 이슈로 새롭게 대두되었습니다. 많은 나라들에서 종교는 편협한 국가주의적 목적을 진작시키기 위해 이용되고 있고, 그로 인해 분열과 극단적인 대립을 낳고 있습니다. 몇몇 나라들에서 종교는 법적 권력과 특권을 부여받고 있어서, 이들 국가의 비종교적이고 다양한 기초를 파괴하고 있습니다. 종교적인 불관용과 제한, 근본주의와 배타주의는 많은 사회의 생활을 특징짓습니다. 다른 한편으로 외래의 종교들이 자신들의 개종권유

활동을 펼치면서 사용하는 공격적인 방식들이 인권과 관련해 또 다른 복잡한 상황을 낳고 있습니다.

c) **종족-민족주의**(ethno-nationalism)의 부활은 사람들의 자결권 (the right of self-determination)이라는 문제를 복잡하게 만들었습니다. 긍정적인 측면에서 종족-민족주의의 재등장은 정의와 자존감을 추구하도록 해줍니다. 사람들은 자신들 고유의 인종적, 종교적, 그리고 민족적 집단 안에서 안정감을 찾고 있습니다. 그러므로 민족주의는 민족 정체성을 존중하도록 요구하고 국가를 건설하는 과정에서 창조적인 힘이 됩니다. 그렇지만 민족주의가 이데올로기로 변할 때 그것은 악의 근원이 되고, 정의와 평화 가운데서 함께 살아가는 데 커다란 장애 요소가 될 수 있습니다. 종족간의 충돌은 종교들 간의 관용을 위협합니다. 그것은 다원적인 사회의 근간을 파괴하고 인권이 침해당하는 상황들을 만듭니다. 사실상 지난 10년 동안 종족-민족주의는 사회에 분열, 내부 갈등, 종족말살과 이주를 불러왔으며, 인권에 심각한 타격을 가하였습니다.

65. 인권의 문제는 WCC의 의제에서 영원히 지속될 가장 우선적인 항목이고, 교회의 소명에서 빠질 수 없는 필수적인 요소입니다. WCC는 인권침해를 **정죄함**으로써, 인권에 대한 존중이 이루어지고 인권이 확립되는지 **감시함**으로써, 인권을 위한 투쟁에 참여하고 있는 교회와 집단들을 **도움**으로써, 그리고 교육과 의사소통을 통해 인권의 가치를 **진작시킴**으로써 인권분야에 집중해 왔습니다.

66. 저는 정치적, 사회적, 경제적 질서를 뒤흔든 대대적인 변화들의 관점에서, 그리고 우리가 지난 50년 동안 인권을 위한 투쟁에서 얻은 에큐메니칼 경험의 측면에서 WCC가 프로그램의 틀 안에서 무엇보다 먼저 세계화, 종교의 자유, 그리고 종족-민족주의와 그것이 인권영역에 함축하는 바에 대해 보다 진지한 관심을 기울여야 한다고 믿습니다. 그리고 두 번째로는 인권에

대한 새로운 에큐메니칼 정책과 전략을 출범시키는 데 있어, 제 생각에 WCC 는 인권침해를 예방하고 그것이 침해되었을 때는 법적인 조처를 통해 인권의 가치를 진작시키고 변호하기 위해 에큐메니칼 사회적인 사고와 전략을 더욱 더 발전시켜야 하고, 그에 따라 다른 종교들과 협력해 나가면서 새로운 세계 윤리의 기초를 놓아야 한다고 믿습니다.

이번 총회는 인권에 관한 새로운 에큐메니칼 정책을 채택하라는 요구를 받을 것입니다. 이 시점에서 저는 몇 가지 견해와 통찰력을 여러분들과 함께 나누고자 합니다.

예방적 그리고 징벌적 접근

67. 최근의 종족 간 충돌과 점증하는 인권침해 사건들의 측면에서 볼 때, 갈등의 예방과 그에 대한 평화적인 해결이 시급한 국제적 우선 사안입니다. 어떠한 국제적인 장치들도 현재 인권을 보장하거나 확보하거나 보호할 수 없으며, 충돌 방지나 혹은 그 해결을 위한 절차를 마련할 수 없습니다. 냉전 시기와 그 이전 시기 동안 강대국들은 군사적인 개입이 평화를 이루는 가장 효율적인 방법이라고 간주하였습니다. 냉전 이후 시기에는 평화를 이룬다는 것이 오래 걸리는 복잡한 과정임이 밝혀지고 있습니다. 지금까지 교회들은 인권침해를 예방하기 위해 사전에 활동하기보다는 그 상황들이 발생하면 거기에 반응하는 일이 매우 잦았습니다. 에큐메니칼 운동이 어떻게 교회들로 하여금 인권 투쟁을 위한 새로운 전략을 세우고, 지역적인 그리고 국제적인 관계망을 형성하도록 도울 수 있을까요? 충돌은 다양한 형태의 공적인 감시와 역량 있는 중재를 통해 해결되거나 예방될 수 있으며, 인권침해는 시민의 책임에 대한 교육을 통해서 그리고 근본적인 원인들을 다룸으로써 가장 잘 예방될 수 있습니다.

68. 위반행위에 대한 법적 처벌 또한 인권침해를 예방하는 데 있어 필수

적입니다. 처벌되지 않으면 불의가 영속하게 되고, 이것은 다시 복수와 끊임없는 폭력 행위를 낳습니다. 인권을 침해하는 사람들은 인류에게 책임을 져야 합니다. "도망칠 수는 있으나 결코 숨을 수는 없다"는 유명한 말이 거꾸로 뒤집히고 있습니다. 대량 학살, 종족 근절, 전쟁 범죄, 불의를 저지른 많은 범죄자들(국가, 민족, 개인)이 지역적인 혹은 세계 권력의 "중요하고 전략적인 이해관계"를 이유로 처벌을 받지 않고 있고, 법의 심판을 받지 않고 있습니다. 여성과 어린이들, 공동체와 민족의 권리와 존엄을 침해하도록 이끈 정책들에 대해 책임이 있는 사람들을 재판하여 처벌하고 그 책임을 지게 하는 것이 무엇보다 시급하고 필요한 일입니다. 정의와 책임은 또한 보상과 반환, 그리고 희생자들에 대한 배상을 위한 규정들까지도 포함해야만 합니다. 수년간의 힘겨운 작업 이후에, 영속적인 국제형사재판소(International Criminal Court)가 창설되었습니다. 이를 비롯한 다른 국제적인 기구들이 유엔을 도와 인권을 강하게 주창해야만 합니다. WCC는 교회들, 에큐메니칼 파트너들, 다른 신앙을 지닌 사람들, NGO들과 협력하여, 처벌받지 않음으로써 불의와 폭력을 야기하고 있는 상황과 사례들을 다루어야 합니다. 예방적이고 징벌적인 접근들은 상호 연관된 온전한 과정으로 함께 다루어져야 합니다.

세계윤리를 찾아서

69. 교회는 질적으로 다른 관점에서 사회를 바라봅니다. 교회는 진보와 기술의 불명료성에 복음의 가치를 내어줄 수 없습니다. 교회는 복음과 양립할 수 없는 가치들을 승인할 수가 없습니다. 교회는 윤리적인 가치와 인권에 기초한 규범에 의해 유지되고 인도되는 책임사회를 추구합니다. 오랫동안 교회는 세속주의와 물질주의의 도전에 대응해 왔습니다. 이제 교회가 복음의 신뢰성과 인간의 존엄성과 고결함에 의문을 제기하는 모든 이데올로기와 경향들에 도전하는 방식으로 말하고 행동할 때가 되었습니다.

70. 우리는 하나의 집(oikos 혹은 oikoumene)에 속해 있습니다. 우리는 우리 공동의 집의 **경제규범**(oikos-nomos)과 그 운용에 관계되어 있습니다. 우리는 사회를 단순한 존재 차원에서 의미 있는 공존의 차원으로, 대치국면에서 화해국면으로, 도덕적 가치의 쇠락에서 인간생활에 초월적인 임재를 회복시켜 주는 삶의 질 회복으로 이끌어 줄 기본적인 공동 윤리를 개발하도록 위임받았습니다. 세계문화는 각 민족이 다른 민족과, 또한 창조세계와 맺는 관계를 이끌어 주고, 민족들이 진정한 세계 공동체를 위해 함께 일하도록 도와줄 수 있는 세계윤리에 의해 유지되어야 합니다. 이러한 세계윤리는 세계종교의회(Parliament of World Religions)가 1993년에 내놓은 개념으로서, 서구 그리스도교 풍조를 반영해서는 안 되고, 경험과 신념의 다양성에 기초해야만 합니다. 교회는 다른 현존하는 종교들과 더불어, 종교적인 신념체계와 편협한 민족이해를 뛰어넘어 서로 공유할 수 있는 윤리적 가치에 기초한 세계윤리를 탐구해야 합니다. 인권은 윤리적인 원칙들에 의해 뒷받침되어야 합니다. 그러므로 종교와 문화 간의 대화는 정의와 평화, 인권과 존엄성을 위한 보다 큰 결속을 위한 기반으로서 결정적으로 중요합니다. 종교들은 인권을 옹호하는 데 있어 협력의 영역과 방식을 확인하기 위해 반드시 함께 일하여야 합니다. 세계윤리를 만들어 내는 것과 관련된 사고를 하는 데 있어, 다음과 같은 점들이 고려되어야 할 것입니다.

a) 우리는 폭력과 불의를 야기하는 구조를 변모시킴으로써 적극적인 비폭력 문화를 발전시켜야 합니다. WCC의 "폭력극복프로그램"(Programme to Overcome Violence)은 지난 수년간 세계의 폭력문화를 정의로운 평화의 문화로 변화시킴으로써 폭력의 정신, 논리, 실행에 도전하고 그것을 극복하는 만만찮은 임무에 전념해 왔습니다. "도시에 평화를"(Peace to the City) 캠페인은 다른 종교, 다른 집단, 다른 운동과 손잡은 진정한 파트너로서 함께 일하는 사람들의 구체적인 예입니다. 인권 사역을 함에 있어 WCC는 고군

분투하는 공동체들이 행동할 수 있도록 그들을 격려하고 또 집단행동을 위해 그들 사이에 관계망을 수립함으로써 그들과 동행해야만 합니다. 폭력을 극복하기 위해 우리는 반드시 그 원인과 징후 모두를 다루어야 합니다.

b) 정의를 동반한 평화를 세우는 것이 세계적인 전략이 되어야 합니다. 인권은 정의롭고 지속적인 평화를 위한 필수적인 기반을 이룹니다. 우리는 다툼의 평화로운 해결을 증진시킬 수 있는 지역적, 국가적, 그리고 국제적인 장치들과 관계망을 만들어 내어야 합니다. 우리는 인권침해를 당한 사람들을 보호하는 **사후에 반응하는** 접근으로부터 그들 자신의 권리를 옹호하고 지킬 수 있도록 공동체를 건설하고 능력을 갖추게 해주는 **사전적인** 활동으로 우리의 인권 사역을 옮겨갈 수 있는 길을 찾아야 합니다. 국가 안보는 공동의 안전으로, 국가의 이해는 공동의 이해로 대체되어야 합니다. 모두를 위한 정의, 모두를 위한 평화, 모두를 위한 안전으로 대체되어야 합니다. 이러한 노력은 단지 전략만이 아니라 기본적인 윤리 원칙을 제정하여야 합니다. "정의, 평화, 창조세계의 보전"(JPIC) 서울 대회에서 WCC는 적극적인 비폭력으로 정의를 확립하고, 평화를 이루고, 충돌을 해결할 수 있는 모든 가능한 수단을 찾는 데 헌신할 것을 선언하였습니다. 종교는 그 내적인 영적 자원들을 통해 참회, 용서, 그리고 화해를 위한 기회를 제공할 수 있습니다.

c) 우리는 힘을 건설적으로 또 책임성 있게 사용할 수 있게 해주는 인권의 문화를 세워야 합니다. 종종 민주적인 기관들은 사람들의 필요를 채우기보다는 권력을 정당화시킵니다. 그 책임을 다하지 않는 어떠한 권력의 표출이나 행사는 악의 근원입니다. 권력은 정의를 향해 맞추어질 때, 사회적, 경제적, 정치적 기관들에 참여를 장려할 때, 그리고 그 통치구조에서 포괄성과 민주주의를 장려할 때, 비로소 해방시키는 힘이 됩니다.

71. 하나님의 집에는 어떠한 배척도, 어떠한 인권과 존엄성 침해도 있을 수 없습니다. 우리는 세계화, 과학기술, 세속주의의 파괴적인 영향력을 저지

하기 위해 전 세계를 하나로 모으는 새로운 비전을 제공해 주는 윤리, 연대의 문화와 자원의 정의로운 분배의 문화를 증진시키는 윤리, 자비로운 자선행위에 기반을 둔 것이 아니라 정의에 기반을 둔 윤리를 위해 일해야 합니다. 따라서 그리스도 안에서 인류를 새롭게 하고 해방시켜 그분의 통치 아래 연합하는 하나의 공동체로 만드시고, 인류에게 하나님 나라를 바라보면서 일관되고, 정의롭고, 책임 있는 공동체로 살아가라고 요구하시는 "하나님께로 돌아갑시다."

"하나님께로 돌이키라 - 소망 가운데 기뻐하라"

72. 암스테르담에서 교회들은 "인간의 무질서와 하나님의 섭리"에 주의를 집중하였습니다. 50년이 흐른 지금 우리는 훨씬 더 복잡한 인간의 무질서에 직면해 있고 그 영향력은 더욱 더 널리 미치고 있지 않습니까? 우리가 역사의 흐름을 바꿀 수 있습니까? 우리가 불의를 양산하고 사회를 비인간화시키고 창조계의 본래 모습과 지속가능성을 위태롭게 만드는 이데올로기적이고 사회경제적인 체계와 구조 대신에 새로운 대안을 제시할 수 있습니까? 우리는 칼 바르트가 암스테르담 총회에서 언급했던 대로 "하나님의 나라를 향해야"[16] 하고, "하나님께로 돌이켜" 오늘날 세상을 향한 하나님의 섭리를 분별해야 합니다. 사실상 하나님께로 돌이키고 하나님의 나라를 향한다는 것은 결코 수동적이거나 방어적인 것이 아닙니다. 그것은 하나님의 선교에 희생적으로 참여할 것을 요구합니다. 하나님의 선교는 하나님의 나라의 관점에서 온 인류와 창조세계를 변화시키기 위해 필수적입니다. 그러므로

---

16) *Amsterdam 1948*, p.33.

하나님께로 돌이키고, 하나님 안에서 우리 이웃들에게로 돌이킵시다.

73. 우리는 흑인이든 백인이든, 부자든 가난한 자든, 그리스도인이든, 이슬람교도든, 불교도든, 다른 종교를 믿는 사람들이든 무신론자든 모두가 "지구촌"에서 이웃이 되었습니다. 서로간의 차이와 긴장관계로 인해 분열된 채, 우리는 하나의 공동체로서 함께 살아갈 수밖에 없는 세계 안에서 아직까지도 더불어 살아가는 법을 모르고 있습니다.

하나님께로 돌이킨다는 것은 우리가 적극적인 사랑, 정의와 화해 가운데서 우리 이웃들에게로 돌이키는 것을 뜻합니다. 우리는 다른 사람들에게 우리 자신의 가치와 문화를 강요함으로써 그들을 지배한다는 의미에서가 아니라 모든 사람들과 "좋은 소식"을 나눈다는 의미에서 선교사들입니다. 따라서 우리 이웃들과 대화를 나눈다는 것이 결코 우리 신앙에 대한 우리의 전적인 헌신을 훼손시키는 것이 아닙니다. 다른 사람들과의 대화에 기반을 둔 상호작용을 통해 우리 자신의 신앙은 풍성해지고, 더욱 다듬어지며, 강화됩니다. 대화한다는 것은 증언한다는 것, 즉 모호함, 불확실성, 극단적인 대립이 있는 세상 한가운데서 그리스도 사건을 살아낸다는 것을 뜻합니다. 그것은 또한 다른 사람들의 신앙과 견해를 이해하려고 경청하고 노력한다는 것을 의미합니다. 대화는 혼합주의를 막는 안전장치입니다. 그것은 더욱 폭넓은 공동체를 추구합니다.

과학기술 문화와 세계화가 비인간화를 조장하는 세계 속에서, 세속화라는 새로운 이데올로기가 궁극적인 진리가 존재한다는 것을 부정하고 물질적이고 소비적인 가치를 촉진시키는 세상 속에서, 교회는 다른 종교들과 협력하여 그 신성불가침의 토대를 강화함으로써 사회를 새롭게 구성하고, 회복시키고, 그 방향을 새롭게 정하도록 요청받고 있습니다. 오늘날과 같은 다원상황적인 사회에서 우리는 공동의 미래를 위해 우리 이웃들과 책임을 나누어

짊어지고 있습니다.

하나님께로 돌이키고, 하나님 안에서 그분의 창조세계로 돌이키자

74. 우리는 미지의 세계를 향해 빠르게 움직이고 있는 불안한 창조세계 안에서 살고 있습니다. 세상의 생태계는 심각하게 위협당하고 있으며 거기에 살고 있는 사람들은 도덕적인 퇴락, 영적인 쇠퇴와 육체적인 소멸에 노출되어 있습니다. 가난과 기아, 환경파괴와 폭력의 범위를 보여주는 통계는 정말이지 경고를 보내고 있습니다. 에번스턴 총회는 이렇게 언급한 바 있습니다. 인류는 그 "자신의 적이 되었고, 정의를 추구하지만 압제를 낳고 있습니다. 평화를 원하지만 전쟁에 빠져들고 있습니다. 다름 아닌 자연에 대한 지배가 파멸의 위협을 낳고 있습니다."[17]

창조세계는 인간의 개발과 착취의 대상이 되어 왔습니다. 하나님께로 돌이킨다는 것은 우리가 그동안 창조세계, 우리 하나님께서 주신 집(oikos)에 해온 것들과 지금도 여전히 행하고 있는 것들을 뉘우치는 것을 의미합니다. 창조세계는 하나님께 속한 것이고, 인류는 그 청지기입니다. 그러므로 창조세계의 유지가능성을 위태롭게 하는 어떠한 발전이나 발달도 문제시삼아야 합니다. 인류는 창조세계와 올바른 관계를 회복해야 합니다.

하나님께로 돌이키고, 하나님 안에서 우리 자신에게로 돌이키자

75. 우리 자신이 변화되지 않으면 세상을 변화시킬 수 없습니다. 21세기를 위해 우리는 어떤 종류의 교회를 그리고 있습니까? 민족국가나 인종집단에 한정되어 있으면서 자신들의 영속화에만 관심을 두는 교회입니까, 아니면 세상을 향해 열려 있으면서 세상의 도전에 직면할 준비가 되어 있는 선교

---

17) *Evanston* 1954, 1.

적 교회입니까? 장차 에큐메니칼 운동의 진로는 우리의 교회론적 인식과 확신에 의해 상당 부분 결정될 것입니다. 에큐메니칼 운동은 교회, 인류, 세상에 대한 통전적 관점에 의해 뒷받침되는 비전 없이는 살아남을 수 없습니다.

교회는 세상이 제시하는 타협안들을 승인할 수 없습니다. 교회는 교회 자체와 사회의 삶 속에 복음을 구체적으로 실현시켜야 합니다. 일전에 제가 들었던 한 젊은이의 목소리가 지금도 제 귀에 울리고 있는데, 그는 "내 교회는 어디 있는가? 그 교회는 무엇을 하고 있는가?"라고 소리쳤습니다. 신자들은 자신들에게 귀 기울이고 자신들을 돌보는 교회를 요청합니다. 그들은 교회가 선교적 실체로서 그 힘을 충분히 발휘하기를 원합니다. 교회는 그 제도적 속박을 떨치고 일어나 "타인을 위한 교회"가 되어야 합니다. 그리고 우리는 함께 더불어 교회, 사람들의 교회이며, 함께 우리는 우리의 소명을 수행하는 것입니다. 한 장소에서 함께 살아가는 교회들은 새로워진 공동체를 형성해, 협의적인 교제의 구체적인 모범을 보여야 합니다. 만약 우리가 함께 하고 또 우리가 복음에 따라 그리고 그리스도의 명령에 충실하면서 함께 행동한다면 세상이 우리에게 귀 기울일 것입니다. 함께 교회들은 무의미와 절망에 사로잡힌 세상에서 소망의 표지가 되어야 합니다.

그리고 마지막으로 예수 그리스도 안에 계시된 하나님께로 돌이키자

76. 하나님은 우리의 존재, 우리의 소망과 기쁨의 근원이 되십니다. 우리는 하나님을 믿습니다. 그분은 그리스도 안에서 스스로 먼저 인성을 입으시고 그 다음에 우리로 하여금 자신에게로 돌이키도록 부르신 하나님이십니다. 하나님은 항상 은혜 가운데 우리를 향해 눈을 돌리십니다. 심지어 우리가 믿음과 회개 가운데 그분께로 돌이킬 준비가 되어 있지 않을 때에도 그렇게 하십니다. 하나님은 언제나 자신의 언약에 신실하십니다(창 9:11; 신 4:25-

31). 이번 총회에서 우리에게 제기된 질문은 이것입니다. "우리는 하나님께서 우리와 맺은 언약에 신실합니까?"

사실상 우리는 그동안 증오와 폭력, 불의와 권력에 더욱 자주 눈을 돌려왔습니다. 우리는 우리 자신에게 주목하고 그 너머에 대해서는 무시하였으며, 우리 자신의 운명을 스스로 지배하고자 해왔습니다. 우리는 세상을 자기중심적이고 폐쇄적인 것으로 만들었고, 세상에서 소망과 초월성을 제거해 버렸습니다. 하나님께로 돌이킨다는 것은 우리가 우리 자신에게 속한 것이 아니라 하나님께 속했다는 것을 자각한다는 것을 의미합니다. 그것은 우리 삶에서 궁극적인 실체를 고갈시키는 모든 가치, 이데올로기와 삶의 방식에서 떠나는 것을 의미합니다. 인류는 종말론적인 차원 없이는 생존할 수 없습니다. 우리는 모든 인간적 수단들, 과학기술의 불가사의한 성취들의 불완전성과 상대성을 인식하고, 겸손과 회개하는 마음으로 하나님께로 돌이켜야 합니다. 우리는 하나님에게서 멀어진 상태에서 돌이켜 하나님과 화해하는 데로, 우리의 방식에서 하나님의 방식으로 나아가야 하며, 하나님의 심판 아래 서야만 합니다.

77. **암스테르담**(1948)에서 우리는 세상을 향한 하나님의 섭리를 거스르는 인간의 무질서를 인식하였습니다. **에번스턴**(1954)에서 우리는 그리스도를 세상의 소망으로 선포하였습니다. **뉴델리**(1961)에서 우리는 그리스도를 세상의 빛으로 고백하였습니다. **웁살라**(1968)에서 우리는 "보라, 내가 만물을 새롭게 하노라"(계21:5)는 그리스도의 부르심을 들었습니다. **나이로비**(1979)에서는 세상의 압제와 분열에 대항해 그리스도를 해방과 화해의 근원으로 선언하였습니다. **밴쿠버**(1983)에서 우리는 그리스도를 악과 죽음으로 가득 찬 세상의 생명이라고 공표하였습니다. **캔버라**(1991)에서 우리는 온 창조세계를 새롭게 해달라고 성령께 기도하였습니다. 그리고 지금 **하라레**에서 우리는 하나님께로 돌이키고 소망 가운데 기뻐합니다.

하나님께로 돌이키는 것은 하나님과, 우리 서로 간에, 그리고 인류와 창조세계와 새로운 성격의 관계를 만들어냅니다.

그리스도인의 소망은 십자가와 부활을 통해 세상에 주어진 새 생명에 기반을 두고 있습니다. 우리의 소망은 이론적인 실체가 아니라, 아직은 실현되지 않은 종말입니다. 우리의 소망은 구체적입니다. 우리는 소망의 사람들이고(롬 5:4-5), 하나님나라를 향해 가는 도상에 있는 순례자들입니다.

78. 희년은 화해와 새로운 시작을 위한 초대입니다. 우리는 역사상 특별한 전환점에 가까이 와있습니다. 우리는 과연 복음을 살아내고 삶을 통한 순교와 심지어 죽음을 통해서도 그것을 선포함으로써 세상에 복음을 해방, 화해, 변화의 원천으로 제시할 준비가 되어 있습니까? 우리는 가시적인 일치에 대한 우리의 헌신을 재확인할 준비가 되어 있습니까? 세례, 성만찬, 직제 (BEM)에 관해 오랫동안 진행된 공동의 신학적 숙고와 수렴 과정 이후에, 우리는 우리가 공동으로 추구하고 있는 온전하고 가시적인 일치를 향한 구체적인 조치로 상호세례를 인정할 만큼 충분히 용기가 있습니까? 2001년에 부활절에 대한 현재의 두 계산법, 즉 그레고리우스력과 율리우스력이 같은 날짜 (4월 15일)에 맞닥뜨리게 될 것입니다. 이것이 부활절을 같이 기념하는 출발점이 될 수는 없을까요?

79. 정말이지 이번 총회는 중요한 총회입니다. 우리는 소망과 절망, 열의와 좌절감을 갖고 여기에 왔습니다. 이런 역설이 우리 삶의 일부가 아닙니까? 우리는 서로 다르고, 많은 점에서 앞으로도 계속 다를 것입니다. 그렇지만 우리를 하나로 묶는 것은 일치에 대한 공동의 비전, 그리고 그 목표를 향해 함께 일하겠다는 우리의 확고한 약속입니다. 12월 13일 WCC 50주년 기념행사에서 우리는 다음과 같이 말함으로써 우리의 헌신을 재확인하게 될 것입니다.

우리는 하나 됨을 지키고자 한다. ⋯
진전이 없는 상황이나 좌절도
숱한 실패나 불확실성도
어떠한 두려움이나 위협도
일치를 향해 계속해서 함께 걸어가려는 우리의 의지를
약화시킬 수 없을 것이다.
우리와 함께 하고자 하는 사람은 누구나 환영하고
우리 공동의 비전을 넓혀 가면서
신앙 안에서 함께 증언하고 행동할 수 있는 새로운 길들을 찾을 것이다.

위기가 없이는 성장도 없습니다. 그렇지만 우리는 서로에게 도전을 주고 서로를 이해하고 존중하면서 책임지고 함께 성장해야 합니다. 이것이 하나님의 부르심입니다. 이것이 우리 앞에 놓여 있는 거룩한 사명입니다. 앞으로 우리의 기도와 묵상, 숙고와 행동이 더욱 강력해지고, 풍성해지며, 이러한 비전과 헌신에 의해 인도를 받게 되는 것이 제가 정말로 바라는 것입니다. 마음속에 이러한 소망을 품고 "하나님께로 돌이킵시다 – 소망 가운데 기뻐합시다."

3.3. 총무보고
콘라드 라이저

1. 여러분에게 하나님 우리 아버지와 주 예수 그리스도로부터 은혜와 평강이 있기를 원합니다(롬 1:7). 사도 바울의 인사말로 WCC 제8차 총회에 오신 여러분을 환영합니다. 저는 WCC에 속한 330개가 넘는 회원교회들의 대표자들인 여러분을 환영합니다. 여러분 대부분은 하라레까지 오기 위해 먼 길을 왔을 것입니다. 많은 분들에게 있어 아프리카를 방문한 것도 처음일 뿐만 아니라 이 정도 규모의 에큐메니칼 회합에 참석한 것도 처음일 것입니다. 하나님께서 성령을 통해 우리의 만남과, 협의하는 일들과, 결정을 내리는 모든 일들을 축복하시기를 바랍니다. 대표 사절단, 참관자, 고문, 귀빈으로 여기 오신 모두를 환영합니다. 여러분들로 인해 저희는 WCC가 핵심적인 역할을 하고 있는 에큐메니칼 운동의 보다 폭넓은 정황을 볼 수 있게 됩니다. 저는 또한 많은 방문자들을 환영하는 바인데, 이분들의 참석은 저희에게 세계의 수백만 그리스도인들이 저마다의 생각과 기도를 지니고 이 총회에 참가하고 있다는 것을 상기시켜 줍니다. 마지막으로 저는 이번 총회의 주최국인 짐바브웨 교회의 대표자들에게 특별한 인사를 건네고 싶습니다. 이번 행사를 준비하기 위해 이곳 짐바브웨에서 지난 수년 동안 애를 써온 모든 분들의 헌신에 대해 그리고 우리가 지금 누리고 있는 이러한 모든 환대에 대해 감사드립니다.

희년 기념총회
2. WCC의 모든 총회는 그리스도교회 내부 범주 너머까지 주목을 끄는 중요한 행사였습니다. 이번 8차 총회는 특별한 방식으로 그렇습니다. 우리는 1948년 암스테르담에서 창립총회를 가진 후 50년 되는 해에 모인 것입니다.

1998년 한 해 동안 이 "에큐메니칼 희년"은 세계 여러 교회에서 기념되고 축하되었습니다. 제네바를 비롯하여 초기 총회가 열렸던 암스테르담, 에번스턴, 뉴델리, 웁살라, 나이로비에서는 특별한 행사들이 있었습니다. 그리고 중앙위원회의 중요회합이 있었던 토론토, 베를린, 부에노스아이레스, 요하네스버그, 또 수많은 다른 장소들에서도 특별행사들이 열렸습니다. 실로 전 세계에 걸쳐 수십만의 그리스도인들이 "하라레를 위한 기도" 사슬을 조직하였습니다. 이제 여기서 우리는 제1차 총회에서 대표들이 WCC를 창설하면서 했던 약속을 재천명할 것입니다. 그리고 "한분 하나님이신 아버지와 아들과 성령의 영광을 위해 공동의 소명을 수행할"것을 서로간의 교제 가운데서 새롭게 다짐할 것입니다.

3. 50년 전 WCC의 창설은 신앙에 따른 행동이었습니다. 세계는 2차 대전이 초래한 황폐화 이후 새로운 질서를 찾고 있었고, 또한 핵위협과 함께 냉전이 시작되자 새로운 대치국면에 직면했음을 깨달았습니다. 자신들의 존재 자체와 신실함에 대해 시험을 받아온 교회들은 재건과 화해를 위한 막대한 책무에 직면하였습니다. WCC 준비위원회는 1947년 4월 "제1차 총회와 관련하여 교회들을 초대함"이란 글을 발표하여 "제1차 총회 … 하나님의 도구가 되어 교회를 갱생시키고, 또한 신앙으로 하나 되어 민족들에게 하나님의 말씀을 선포하고 그분의 사역을 실천하는 공동의 책무를 감당하는 일에 다시금 헌신할 수 있도록" 다함께 간절히 기도해 줄 것을 모든 그리스도인들에게 청하였습니다. 나라간 경계와 신앙적인 계통을 뛰어넘어 교회협의회를 결성했던 선례는 없었으며, 그 누구도 이 새로운 틀이 실행 가능할 것인지 어떤지 알지 못했습니다. 총무인 비셔트 후프트(Willem Adolf Wisser't Hooft)는 총회보고서에서 WCC의 목적을 이렇게 정리하였습니다. "우리는 분리되지 않은 한 교회의 회의(the council of the one undivided church)가 아니라 교회들이 함께 꾸리는 하나의 협의회(a council of churches)입니다. 우리의

이름은 하나님 앞에서 우리의 연약함과 우리의 부끄러움을 말해줍니다. 왜냐하면 이 땅에는 오직 하나의 그리스도의 교회가 있을 수 있고 또 종국에는 **그렇기** 때문입니다. … 우리 협의회는 따라서 응급조치로서의 해결책을 제시합니다. 이것은 과도적인 단계로, 교회들이 서로 전적으로 고립되어 있는 시기와 이 땅에서든 혹은 하늘에서든 오직 한 목자와 한 무리의 양떼가 있는 것이 가시적으로 실현될 시기 사이에 존재하는 조직체입니다."

4. 제1차 총회의 주제 "인간의 무질서와 하나님의 섭리"는 에베소서 1장의 영광의 찬가를 되풀이하고 있습니다. "하나님께서 그 뜻의 비밀을 우리에게 알리신 것이요 그의 기뻐하심을 따라 그리스도 안에서 때가 찬 경륜을 위하여 예정하신 것이니 하늘에 있는 것이나 땅에 있는 것이 다 그리스도 안에서 통일 되게 하려 하심이라" (엡 1:9-10). 칼 바르트가 총회에 상기시켰듯이, 오직 그리스도 안에 나타난 하나님의 이러한 섭리의 견지에서만 우리는 정직하게 또 자기합리화를 하는 일없이 인간의 무질서와 교회들의 공동책임의 근본원인을 분별하고 그 문제를 다루는 것이 가능합니다. 그리고 WCC의 설립은 신실한 행동으로 또 그리스도 안에 계시된 하나님의 뜻에 순종하는 행동으로 받아들여질 것입니다. 암스테르담의 메시지는 그 시작 문구에서 이러한 주장을 나타내었습니다. "우리는 온 세계에 흩어져 있는 하나님의 자녀들을 여기 한데 모이게 하신 하나님 우리 아버지와 우리 주 예수 그리스도를 찬양합니다. 그분은 우리를 여기 암스테르담에 함께 모이게 하셨습니다. 우리는 그분을 우리의 하나님이자 구세주로 인식하고 있습니다. 우리는 신앙, 교단과 전통의 문제뿐만 아니라 민족적 자존심, 계급과 인종의 문제들로 서로 나뉘어 있습니다. 그렇지만 그리스도께서는 우리를 그분의 것으로 삼으셨고 그분은 나뉘어 있지 않습니다. 그분을 따라가면서 우리는 서로를 발견합니다. 여기 암스테르담에서 우리는 우리 자신을 새롭게 그분께 헌신하였고, 이 WCC를 조직하는 일에 함께 서약하였습니다. 우리는 하나가 되고자 합니다.

우리는 어디에 있든 모든 그리스도인 회중들이 서로 관계를 맺으면서 이 서약을 승인하고 이행해 주기를 요청합니다. 하나님께 감사하며 장래를 그분께 의탁합니다."

5. 50년이 흐른 지금도 이 서약은 여전히 유효합니다. 교회들이 서로 맺고 있는 관계는 많이 변하였습니다. 이방인들은 이웃이 되었고, 의심의 눈초리를 받았던 사람들은 친구가 되었습니다. 교회들을 여전히 분리시키고 있는 것들에도 불구하고 모든 교회가 하나님의 자녀라는 하나의 확장된 가족에 속한다는 인식이 증대하고 있습니다. 유럽과 북아메리카의 역사적 프로테스탄트와 정교회 교회들의 교제를 기점으로 WCC는 진정으로 세계적인 조직으로 성장하였습니다. 그것은 교회들의 공동의 증언과 사역을 촉진시켰으며, 오늘날 교회들은 전 세계에 걸쳐서 다면적인 에큐메니칼 동역 네트워크로 서로 연결되어 있습니다. 정의와 인간의 존엄성이라는 대의를 옹호하고, "화해라는 사제적인 사역과 자유를 위한 투쟁이라는 예언자적 사역"(M.M. Thomas) 둘 다를 분별하고 시행하려고 하는 목표는 때때로 우리들의 이러한 친교와 제휴를 시험하였고, WCC가 항상 아무런 상처 없이 이 시험을 통과한 것은 아니었습니다. 확실히 "우리는 하나가 되고자 합니다"라는 암스테르담의 서약은 당연한 것으로 받아들여지지 않았습니다. 따라서 우리는 교회들로 하여금 하나가 될 뿐만 아니라 함께 앞으로 나아가고 성장할 수 있도록 하신 하나님께 감사할 수 있고 또 그래야 합니다.

6. 우리가 이번 50주년을 기념하고 축하하지만, 우리가 WCC 안에서 이러한 교제를 나누는 목적에 대한 불확실성의 징후들이 나타나고 있고, 에큐메니칼 운동 전반의 미래에 관한 의문들도 있습니다. 우리는 기로에 서있는 듯합니다. 에큐메니즘에 대한 상이한 이해들이 제기되고 있고, 우리 앞에 놓인 길이 분명하게 보이지 않습니다. 교회의 가시적인 일치를 향한 집중적인 모색이 아직도 참된 코이노니아로의 길을 열지 못했다는 실망감도 있습니다.

종교적으로 그리고 문화적으로 다원적인 세계 안에서 그리스도교 선교에 대한 이해는 매우 다르게 나타납니다. 에큐메니칼적인 사회적 사고와 행동의 전통은 인류 공동체의 삶에 미치는 빠른 세계화 과정의 충격에 대응하면서 점점 더 많은 부담을 받아왔습니다. 천 년을 마무리하는 시기를 앞두고 있다는 점은 이러한 에큐메니칼 불확실성이 새로운 역사적 세기로의 보다 심각한 변천과정의 한 부분이고, 새로운 세기는 WCC가 설립되던 때의 정황들과는 매우 다를 것이라는 인식을 강화시키고 있습니다. 지난 수십 년 동안 WCC의 생활과 증언을 구체화시켰던 많은 교회들은 오늘날 내적인 도전들에 직면해 있고 자신들 내부의 통합성을 유지하는 데 집중하는 경향을 보이고 있습니다. 동시에 지역적인 에큐메니즘은 많은 곳에서 번성하고 있습니다. 그리스도교 공동체 생활과 증언의 갱신과 성장의 생생한 과정들이 WCC 조직의 바깥에서 일어나고 있습니다. 이것이 WCC의 미래에 대해 무엇을 의미합니까?

에큐메니칼 희년

7. WCC가 4년여 전에 암스테르담에서 다시 모이자는 네덜란드 교회들의 초청 대신에 하라레에서 제8차 총회를 개최하자는 짐바브웨 교회들의 초청을 받아들이기로 결정했을 때, WCC는 신호를 보내고자 한 것이었습니다. 그 신호란 50주년을 맞는 총회가 지난 수십 년을 그리고 자신들이 세상과 교회, 그리고 WCC에 가져다 준 모든 중대한 변화들을 뒤돌아보거나 회상하는 행사가 되기보다는 에큐메니칼 운동이 직면하고 있는 현재의 도전들을 분별하고 21세기를 기대하고 모색하는 기회가 되어야 한다는 신호였습니다. 그리스도교와 에큐메니칼 운동의 미래는 역사적으로 그리스도교가 번성했던 북쪽 지역들보다는 아프리카와 라틴 아메리카 같은 지역들에서 더 발전하고 영향을 받을 것 같습니다. 21세기 전반기에 이르면 아프리카가 그리스도인 수가 가장 많은 대륙이 될 듯합니다. 동시에 현재 세계 체제의 무질서와

주변화 그리고 전체 사회의 분열이 가장 극명하게 드러나는 곳도 아프리카입니다. 1970년대 아프리카에서의 해방 투쟁기는 WCC 역사에서 가장 투쟁적인 국면들 중 하나와 뒤섞여 겹칩니다. 1978년 짐바브웨/로디지아의 애국전선을 인가함으로 인해 야기된 위기에 대한 기억은 아직도 생생합니다. 제8차 총회를 하라레에서 개최하기로 한 결정은 교회들의 에큐메니칼 협의회가 오늘날 그 정체성을 확인하고 실행 가능한 형태의 공동체 생활을 재건하기 위한 새로운 토대를 모색하고 있기 때문에, 아프리카 교회들과 그 민중들과의 연대를 약화시키지 않겠다는 우리의 결단을 나타내 줍니다. "아프리카에서 WCC 사역을 위한 정책지침"에서 WCC 집행위원회는 1995년 2월에 이렇게 밝혔습니다. "아프리카 교회들과 민중들이 새로운 사회적 정치적 문화를 형성하고자 투쟁하는 동안 에큐메니칼 운동에 요구되는 것은 모든 아프리카인들을 위해 실현가능한 인류 공동체에 대한 소망과 비전을 지속시키라는 것입니다." 이것은 여기 하라레에서 열리는 우리의 총회가 하나님이 오늘날 아프리카를 통해 우리에게 말씀하고 계신 것에 대해 귀 기울여 경청해야 할 것이라는 의미입니다.

8. 이번 총회의 주제인 "하나님께로 돌이키라 – 소망 가운데 기뻐하라"는 이러한 배경에서 정해졌습니다. 점점 무질서와 체념이 늘어가는 상황에서 이런 표현은 암스테르담 총회의 주제에 표현된 하나님의 신실하심에 대한 확증을 새롭게 회복시켜 줍니다. 우리가 돌아가야 할 하나님은 다가갈 수 없는 통치자나 인간 운명에 대한 심판자가 아니라 노아, 아브라함, 모세와 언약을 맺으신 하나님이십니다. 그분은 예수 그리스도 안에서 우리를 향해 얼굴을 돌리셨으며 모두에게 화해와 충만한 생명을 주셨습니다. "하나님께로 돌이키라"는 것은 현재 우리가 겪고 있는 모든 혼돈과 불확실성의 와중에서 하나님의 신실하심을 믿으라는 권고입니다. 십자가에 못 박히시고 부활하신 그리스도 안에서 우리를 향한 하나님의 애정 어린 얼굴을 발견하는 것, 하나

님의 신실하심에 대한 믿음 위에 우리의 삶을 세우는 것은 신약성서가 회개 (metanoia)라고 부르는 것으로, 굳은 서약을 맺고 그릇된 충성에서 돌이키는 이중의 의미를 지닙니다.

9. 로마서에서 사도 바울은 이러한 역동적인 재정립(reorientation) 과정을 생생하게 묘사하고 있습니다. "그러므로 형제들아 내가 하나님의 모든 자비하심으로 너희를 권하노니 너희 몸을 하나님이 기뻐하시는 거룩한 산 제물로 드리라 이는 너희가 드릴 영적 예배니라 너희는 이 세대를 본받지 말고 오직 마음을 새롭게 함으로 변화를 받아 하나님의 선하시고 기뻐하시고 온전하신 뜻이 무엇인지 분별하도록 하라"(롬 12:1-2). 바울은 계속해서 이러한 변화가 내적인 개인의 경험에 머물러 있지 않고, 공동체의 생활이 새롭게 되는 데서 표출된다고 지적하고 있습니다. 몸의 이미지와 거기에 속한 각각 다른 지체들의 이미지를 사용함으로써 바울은 하나님께 대한 헌신을 삶으로 살아내는 그리스도교 공동체의 윤곽을 그려내고 있습니다. 많은 권고문에서 우리는 또한 우리 주제의 두 번째 부분인 "소망 중에 기뻐하라"(롬 12:12)를 발견합니다. 중앙위원회가 1954년 에번스턴에서 열렸던 제2차 총회의 주제인 "그리스도 – 세상의 소망"을 은연중에 재확인하면서 총회에 선포하고자 했던 것도 이 소망의 메시지였습니다. 충분히 이해할 수 있듯이, 몇몇 사람이 "소망 가운데 기뻐하라"는 초대가 현재 아프리카와 전 세계의 정황에서 볼 때 적절한 것인지 어떤지 의문을 제기하였습니다. 그렇지만 신앙과 직제 위원회는 1978년 인도의 방갈로르(Bangalore)에서 "소망에 대한 공동 진술"에서 이렇게 밝혔습니다. "그리스도인의 소망은 숙명론에 대항하는 저항운동입니다." 그리고 총회 주제에 대한 본회의는 이미 베드로전서를 시작하는 찬가에 나타나 있는 소망에 대한 생생한 증언을 환기한 바 있습니다. "우리 주 예수 그리스도의 아버지 하나님을 찬송하리로다! 그의 많으신 긍휼대로 예수 그리스도를 죽은 자 가운데서 부활하게 하심으로 말미암아 우리를 거듭

나게 하사 산 소망이 있게 하시며 ⋯ 그러므로 너희가 이제 여러 가지 시험으로 말미암아 잠깐 근심하게 되지 않을 수 없으나 오히려 크게 기뻐하는도다. 너희 믿음의 확실함은 ⋯ 예수 그리스도께서 나타나실 때에 칭찬과 영광과 존귀를 얻게 할 것이니라"(벧전 1:3-7).

10. 우리는 "에큐메니칼 희년"을 기념하기 위해 모였습니다. 이번 총회의 주제는 사실상 성서적인 전통에서 소망의 가장 강력한 이미지들 중 하나인 희년의 정신을 붙잡기 위해 채택되었습니다. 예수는 나사렛 회당에서의 첫 번째 설교에서 이것을 재확인하셨습니다. 이사야서에 있는 구절을 인용하여 예수는 "주의 은혜의 해," 은총과 해방의 해(눅 4:19)를 선포하셨습니다. 희년의 선포는 레위기에서 거룩법(holiness code)의 한 부분입니다(레 25). 안식년이 7번 지난 후에 맞는 50번째 해는 희년으로 지키도록 규정되었습니다. 대체적으로 7년마다 총회를 7번 개최한 이후 우리는 지금 WCC 50주년, 에큐메니칼 희년을 맞았습니다. 그런데 "에큐메니칼 희년"에 대해 말하는 것은 무엇을 의미하는 것입니까? 늦어도 2000년까지는 세계의 가장 가난한 나라들의 대외부채를 탕감해 줄 것을 요구하는 몇몇 에큐메니칼 발의들은 성서에 나오는 희년 메시지에서 그 영감을 끌어내고 있습니다. 이것은 분명 적절한 제안입니다. 부채의 탕감은 성서적인 희년 전통에서 두드러지는 특징이고, 국제적인 부채라는 이슈는 우리 총회의 의제에도 올라와 있는 항목입니다. 게다가 성서적인 희년의 메시지는 사회적, 경제적, 그리고 정치적인 정의라는 시급한 이슈보다 우리에게 더 깊은 울림을 줍니다.

11. 역사적으로 희년은 더 오랜 성서 전통인 안식년 전통의 재적용이자 재해석으로 간주되어야 합니다. 안식년 동안 사람들은 땅, 가축, 종들에게 완전한 휴식을 주기 위해 농지를 묵혀야 했습니다. 종들은 놓여났으며 빚은 탕감되었습니다. 이러한 모든 일들이 희년 전통에 통합되었지만, 희년은 안식년 너머까지 나아갑니다. 희년에는 모든 사람이 자신들의 조상의 땅으로 돌

아갈 수 있어야 합니다. 바빌론 포로 생활로부터 귀환한 후 공동체를 재건하는 맥락에서 희년은 공동체의 모든 가문과 그 구성원들에게 자신들의 삶을 지속시키는 데 필요한 것들을 제공해 줍니다. 더욱이 레위기 25:8-9절이 지적하듯이, 희년은 매년 유대인 공동체가 죄에서 해방되어 하나님과 화해하고 서로 더불어 화목하게 되기를 구하는 속죄일에 나팔 소리와 함께 선포됩니다. 따라서 희년의 메시지는 화해의 메시지입니다. 그것은 속죄일의 해방시키는 사건을 한 해 전체로 확장시킵니다. 더불어 이러한 희년 법령들은 언약법의 핵심적인 요소들을 묘사하고 있습니다. 불가피한 불의, 사회적·경제적 구조의 왜곡으로 인한 배척과 속박은 주기적으로 교정되어야 했습니다. 희년은 화해와 해방을 선포함으로써 그리고 힘의 행사를 스스로 제한할 것을 요구함으로써 지배와 의존의 주기를 깨뜨리는 것입니다. 경제생활의 기본적인 요소들, 땅과 노동력 그리고 자본을 통제하는 사람들은 자신들의 힘의 행사를 제한하고 심지어는 포기하게 될 것이고, 따라서 빼앗기고 배제되었던 사람들에게 존엄하게 살아갈 수 있는 기초와 여지를 회복시켜 주게 될 것입니다. 그들은 하나님께서 속죄와 보상의 행위에서 나타내신 것과 같은 관대함과 정의를 실천하게 될 것입니다.

12. 예수께서는 다음과 같은 말로 희년 메시지에 대한 자신의 해석을 요약하십니다. "이 글이 오늘 너희 귀에 응하였느니라"(눅 4:21). 하나님께서 주시는 화해, 하나님께서 통치하시는 마지막 희년의 선포가 예수 안에서 성취되었습니다. 자신의 삶과 죽음 안에서 예수는 우리에게 하나님과 동등한 자신의 힘과 지위를 포기하고 인간이 되시는 모범을 보이셨는데, 이것은 우리 인간의 역사 안에서 화해를 위한 여지를 만들어서 우리가 하나님 자녀로서의 영광스러운 자유를 누릴 수 있도록 하기 위함이었습니다. 만약 이것이 예수의 선포에 비추어 본 희년의 메시지라면, 희년은 에큐메니칼 운동에게도 실로 기쁨과 소망의 메시지입니다. 이번 세기가 시작된 이후로 줄곧 교회들

은 모두가 하나가 되라는 우리 주님의 기도에 응답하면서, 하나님의 백성의 일치와 친교를 회복시킬 수 있는 길을 모색해 왔습니다. 교회들은 상호간의 정죄와 미움, 편견과 배척에 의해, 그리고 구원과 충만한 삶을 위한 방책들에 대한 권한과 지배력을 서로 주장함으로써 서로 틀어져 뿔뿔이 흩어져 온 하나님의 백성들 사이에서 그 관계를 고치고 개선하려고 노력해 왔습니다.

13. 그러므로 에큐메니칼 희년은 무엇보다 먼저 돌이키고, 회개와 비판적인 자기 평가를 하고, 그동안 쌓은 죄악과 그리스도의 몸을 나눈 일에 대한 공동책임을 인정하라는 요구입니다. 그리스도 안에서 하나님께로 돌이키라는 것은 모든 교회들에게 자기방어와 독선에서 떠나 하나 됨의 근원과 중심으로 돌아가라고 초대하는 것입니다. 두 번째로 에큐메니칼 희년은 하나님이 주시는 화해를 찬양하고 에큐메니칼 운동에서 성령의 활동을 통해 재발견되고 복원되는 일치를 확인하라는 초대입니다. 오늘 우리는 이렇게 말할 수 있습니다. 우리를 하나로 만드는 것은 우리를 계속해서 분리시키는 것보다 더 강하다고 말입니다. 우리는 다시금 서로를 형제자매로, 차이점이 있지만 하나님의 가족에 속한 서로 연관된 지체들로 인정합니다. 세 번째로 에큐메니칼 희년은 단지 그리스도교 공동체에게만이 아니라 새로운 세기와 새로운 천년을 맞는 전 세계에도 소망의 메시지입니다. 경쟁, 지배, 배척의 세력에 사로잡힌 세상에도 소망이 있는데, 그것은 공동체 안에서 화해를 이루고 지속 가능한 삶을 살 수 있는 길이 그리스도 안에 열려 있기 때문입니다. 그분의 임재와 전체를 고치고 회복시키시는 그분의 능력 안에서, 우리는 해방과 죄 사함을 얻게 되는 것입니다. 에큐메니칼 희년의 정신 안에서 우리는 한분의 발걸음을 좇아 소망의 공동체가 되라는 부름을 받고 있습니다. 그분은 자신의 권한을 내려놓으셨고, 자신의 삶을 나누어 주심으로 우리에게 충만한 삶을 경험할 수 있는 여지를 만들어 주셨으며, 이방인, 배척당한 자들, 빼앗긴 자들과 가난한 자들을 끌어안아 그들을 공동체의 온전한 구성원으로서 존귀

하게 회복시키셨습니다. 그리스도의 길이 21세기를 목전에 둔 우리의 에큐메니칼 소명입니다.

에큐메니칼 공간을 여는 일

14. 그런데 우리는 이러한 에큐메니칼 희년을 축하할 준비가 되어 있습니까? 우리는 하나님께로 돌이키고, 하나님이 베푸시는 화해를 받아들여 제도적인 속박에서 벗어날 준비가 되어 있습니까? 제도적인 속박은 우리가 예수 그리스도 안에서 주어진 하나님의 선물이라고 확신하는 코이노니아를 가시적으로 살아내는 것을 방해하고 있습니다. 희년법은 바벨론 포로기 이후 생명력 있는 공동체를 재건하려는 유대 민족에게 지침을 제시하기 위한 것이었습니다. 우리는 분열된 교회들 가운데서 진정한 교제를 이루기 위해 희년 전통에서 어떤 영감과 방향성을 끌어낼 수 있습니까? 이런 맥락에서 WCC의 위치와 역할은 어떤 것입니까? 혹시 WCC 또한 제도적인 속박의 희생물이 되어서, 마찬가지로 해방될 필요가 있지는 않습니까? WCC는 지금도 여전히 함께하는 교회들의 에큐메니칼 운동의 도구입니까, 아니면 자체적인 목표를 추구하는 독립적인 기관이 되었습니까? WCC는 교제가 더 활성화되고 화해가 일어날 수 있게 해줄 공간을 어떻게 만들어 낼 수 있습니까?

15. 캔버라 총회가 새로운 중앙위원회에 남긴 주된 유산들 중 하나는 WCC의 공동의 이해와 비전(Common Understanding and Vision)을 향해 1989년에 시작된 성찰이었습니다. 중앙위원회는 이 일을 계속 추진하여 1995년에 8차 총회까지 그것을 지속시키기로 결정하였습니다. 이러한 노력의 결과로 정책문서가 나와 이번 총회에 제출되었는데, 이 문서는 1997년 9월 중앙위원회에 의해 채택되었습니다. 「총회자료집」(*Assembly Workbook*)에 수록된 이 정책문서는 많은 회원교회들로부터 제시된 제안들로부터 도움을 받았습니다. 현재 모습의 이 문서는 중앙위원회의 정직한 진

술을 담고 있습니다. 중앙위원회는 에큐메니칼 운동이 성장하는 이 시점에 WCC의 소명을 집행하는 가장 중요한 기관입니다. 여러분은 회원교회들이 총회에 파견한 대표자들로서 지금 WCC의 성격과 역할에 대한 이러한 평가에 대해 응답하고 그것이 지니는 의미들을 도출하도록 요청받고 있습니다.

16. 여러분이 이 문서를 살펴보면서 보게 되겠지만, 이 문서가 WCC에 대해 완전히 새로운 이해를 제시하는 것은 아닙니다. 오히려 이 문서는 WCC 기본원리(Basis)와 다른 기초 문서들, 특별히 1950년의 토론토선언에서 제안한 자기정체성(self-definition)에 대한 현대적 이해를 제시하고자 합니다. WCC의 이러한 초기 규정들에서 핵심은 자신을 "교회들의 교제"로 특징 짓는 것이었습니다. 이 "교제"라는 용어는 다양하게 이해될 수 있지만 WCC 헌장에 사용된 의미는 분명히 "WCC가 공동의 관심 영역에서의 활동들을 조직하기 위해 세워진 단순히 교회들의 기능적인 연합체 이상"(CUV para. 3.2)이라고 제시하는 것 같습니다. 교회들의 **교제**로서의 WCC라는 존재가 교회들에게 "교회론적인 도전"을 제기한다는 것을 인정하면서, CUV 문서는 WCC 안에서 교회들이 경험하는 교제의 의미와 범위를 분명하게 하는 일련의 주장을 제시합니다. 여러 측면에서 이것들은 제가 앞에서 "에큐메니칼 희년"에 대해 언급한 것들을 반영합니다. 교제는 교회들 편에서의 자발적인 행동의 결과가 아닙니다. 교제는 그리스도에 대한 공동의 헌신에 그 핵심이 있습니다. 교회들이 함께 그리스도 안에서 하나님에게로 돌이킬 때, 그들은 서로 간에 교제를 발견하게 됩니다. 따라서 교제는 단순히 조직화된 교회들과 그 지도자들 사이에 협의된 제도적인 장치가 아닙니다. "그것은 오히려 하나님의 백성의 현현으로서의 교회들의 온전함을 끌어안는 동적이고 관계적인 실체입니다. 그것은 그 자체가 목적이 아니라, 세상 안에서 하나님의 선교와 활동의 표지이자 도구로서 섬기기 위해 존재합니다. 따라서 WCC는 선교적이고, 봉사적이고 도덕적인 공동체로 묘사될 수 있습니다"(3.5.3). 이러한 교

제의 중요성은 화해와 상호적인 책임성이 실현될 수 있도록 해주고, 교회들이 값비싼 에큐메니칼 헌신의 길을 함께 걷는 법을 배울 수 있도록 해주는 공간을 여는 데 있습니다. 함께 걷는다는 것은 "서로 간의 연대성을 인식하고, 서로의 필요를 돕고, 형제자매의 관계로써 양립할 수 없는 행동들을 자제하고, 서로에게서 배우는 영적인 관계에 들어가고, '주 예수 그리스도께서 세상에 어떤 증언을 자신의 이름으로 전하고자 하시는지 그분에게서 배우기 위해'(토론토) 서로 협의하는 것"(3.5.6)을 말합니다.

17. 이처럼 WCC를 교회들의 교제로 바라보는 관계적인 이해는 그 구조와 제도적 윤곽에 대한 관심을 보다 폭넓고 보다 신학적인 맥락 안에 위치시킵니다. 그것은 산티아고 데 콤포스텔라(1993)에서 열렸던 제 5차 신앙과 직제 세계대회가 "코이노니아에 대한 이해와 그 함의들"(report of section I)에 관해 펼쳤던 주장들과 부합합니다. 코이노니아를 하나님의 은혜로운 선물이자 동시에 교회들을 향한 소명으로 간주하면서, 이 보고서는 회개 혹은 회심의 행동으로서의 순례의 이미지를 사용하고 있습니다. 이와 같은 계속적인 회개운동은 교회의 관계적인 특성을 가장 잘 나타내 줍니다. 관계를 맺는다는 것은 자신을 다른 사람들의 상이함에 노출시키고, 만남을 통해 자신이 기꺼이 변화될 준비가 되어 있다는 것을 뜻합니다. 그것은 또한 모든 만남이 우리 안에 야기하게 될 두려움과 근심을 수용하는 것을 의미합니다. 이러한 해석은 제가 앞서 "하나님께로 돌이키라"는 요청을 회개에 대한 요구로, 그리고 "에큐메니칼 희년"을 스스로 권한을 제한하라는 요구로 언급했던 내용을 잘 설명해 줍니다. "하나님의 은혜 안에 기초하여 코이노니아를 확립하려고 노력하는 가운데서 타인과의 만남은 케노시스(kenosis), 즉 자기를 내어주고 자기를 비울 것을 요구합니다. 이러한 케노시스는 자기 정체성을 상실하게 될지 모른다는 두려움을 야기하고, 우리를 상처받는 자리로 초대하지만, 이러한 것은 예수께서 인류를 하나님과 교제하고 서로 간에 사귐을 갖게 하고

자 그분이 상처받으시고 죽으신 사역을 충실히 따르는 것에 다름 아닙니다. 예수는 코이노니아로 인도하는 화해의 모범이자 지지자이십니다. 개인으로서 또 공동체로서 우리는 케노시스의 사역을 통해 코이노니아를 확립하라는 요청을 받고 있습니다"(para. 20).

18. 교회들이 WCC 안에서 분명하게 하려고 하는 코이노니아의 역동적이고 순례적인 특성에 비추어 WCC를 교회들의 교제로 간주하는 것은 우리로 하여금 이러한 교제가 요구하는 헌신이 참으로 값비싼 것이라는 것을 자각하게 합니다. 교회들이 자신들의 공동의 소명을 완수하려고 노력하는 동안 이러한 헌신은 계속 성장하고 새로워져야 합니다. 이것은 교회들이 세상에 예언자적 증언과 섬김을 제시하도록 요구받을 때 특히 중요합니다. 교회론과 윤리에 대한 WCC의 연구는 신앙과 직제 세계대회와, 정의, 평화, 창조세계의 보존(JPIC)을 위한 에큐메니칼 여정, 그리고 교회의 **존재**를 세상 안에서의 **예언적 표상**이라는 그 특징과 관련시키려는 초기의 노력들로부터 비롯된 통찰력을 더욱 발전시켜왔습니다. 이러한 연구는 교회의 "에토스"(ethos)를 예전, 특별히 세례와 성만찬의 예전을 통해 표현되는 코이노니아로 탐구해 왔습니다. 이 연구는 코이노니아를 생성하고 재건하는 영적이고 도덕적인 형성과 분별의 과정에 특별한 관심을 두었습니다. 이것은 오이쿠메네(oikoumene)를 성령이 베푸시는 상호적인 동조와 인정의 "에너지 광장"(energy-field)으로 이해해야 한다는 중요한 제안으로 이끕니다. "동조와 인정을 우리의 메타포로 택함으로써 우리는 요한문서에서 발견되는 성서적인 공식으로 돌아갈 수 있습니다. … 양은 목자의 음성을 압니다(요 10:3; 계 3:20 참조). … 제자도는 우리를 형성시키는 특별한 화법의 목소리뿐 아니라 그 내용까지 듣고, 따르고, 가르침을 받는 것을 뜻하며, 비록 세상 안에서 그 존재방식은 다양한 형태를 띨 수 있겠지만 하나의 독특한 존재방식을 증언하는 것을 뜻합니다. … 에큐메니칼 인식의 핵심은 다른 공동체가 우리와

유사한 헌신을 실천해 왔고, 우리의 헌신이 다른 사람들의 헌신과 다르지 않다는 것입니다. 도덕적인 실천이 성령 안에서 이루어진다는 공유된 인식 패턴으로 인해 유비가 존재합니다. 사람들은 … 다른 사람들이 '동일한 영을 지니고 있다'는 것을 깨닫습니다. … 이러한 인식은 통전적인 어떤 것이고, 결코 **단순히** 교리적이거나 사법적인 것만은 아닙니다. 물론 교리적이고 사법적인 측면들을 포함하고 있기는 합니다. 이것은 생생한 실재에 대한 인식이고, 도덕적인 교제에 대한 깨달음입니다. 이것이 오이쿠메네가 의미하는 것입니다.[18]

19. 그리고 이 문서는 계속해서 WCC를 서로 동조하고 인정하는 교제의 가능성을 특징으로 하는 "공간"으로 해석합니다. 비록 그 자체가 도덕적인 단체는 아니지만, "도덕적인 증언을 하는 데 필요한 영적인 은사를 받기 위해 기도하는 교회들의 공동체**입니다**"(para. 99). "WCC는 교회적이고 도덕적인 친교가 … 표현될 수 있는 공간, 필요한 도덕적 증언을 구체화하는 공동의 활동이 고안되는 공간, 그리고 에큐메니칼 형성이 일어나 점점 그 비중을 키우고 완성도를 높여주는 공간임을 드러내고, 계속 유지하고, 실질적으로 그런 공간이 **되어야합니다**"(para. 102). WCC에 대한 이러한 이해는 생명의 신학 (Theology of Life) 프로그램에 영감을 불어넣었고, 이 프로그램은 "정의, 평화, 창조세계의 보전"에 관한 서울대회(1990)에서 나온 열 가지 확언을 "사람들이 확신과 신뢰를 세울 수 있는 체계이자 공간에 대한 예비적인 정의"로 탐구하였습니다. "그 확언들은 고백적인 진술문도 아니고 이단여부를 판단하는 기준도 아닙니다. 오히려 그것들은 상호책임의 척도로 여겨질 수 있고, 철저하게 다른 환경에서 이루어지는 에큐메니칼 대화와 협동에서 빚어지는

---

18) "Costly Obedience," *Ecclesiology and Ethics: Ecumenical Ethical Engagement, Moral Formation and the Nature of the Church*, Geneva, WCC Publications, 1997, paras 90f.

해석의 충돌들을 조정하는 아이디어로 여겨질 수 있습니다."[19]   1997년 1월 나이로비에서 개최된 소코니(Sokoni) 대회는 소통과 교환의 장으로서 공동체에 기여하는 아프리카 마을 시장을 모델로 조직되었기 때문에, 이 에큐메니칼 공간을 생생하게 경험할 수 있게 해주었습니다. 이것은 또한 이번 총회가 진행되는 동안 개방되어 있지만 보호되는 공간으로서 파다레(Padare)가 의도하는 바입니다.

20. 따라서 "에큐메니칼 공간"이라는 개념은 교회들의 교제로서의 WCC에 대한 우리의 이해를 보다 넓게 해줍니다. 이러한 관념은 사실상 이미 협의체적 교제(conciliar fellowship)에 대한 초기 에큐메니칼 논의들에서 나타난 바 있습니다. "협의체성과 에큐메니칼 운동의 미래"(Conciliarity and the Future of the Ecumenical Movement, 1971)에 대한 신앙과 직제 위원회의 선언은 "만약 교회 일치가 [인류]의 일치에 이바지하기 위한 것이라면, 그것은 형식의 폭넓은 다양성과, 그리고 차이와 심지어 충돌까지도 보듬는 **여지를 제공해야만 한다**. 교회의 일치는 다양성이 나타날 수 있는, 그리고 서로 다른 이해관계와 신념들이 공개적으로 서로 대치할 수 있는 **충분한 공간**이 있는 그런 것이 되어야 한다."[20]라고 단언하였습니다. 더 최근에 신앙과 직제 토의들은 "에큐메니칼 공간"이라는 개념이 주교들의 사역에 관한 교리적 논의를 진전시킬 수 있다는 제안을 하였습니다. "열린 공간에서 살기"는 WCC의 다양한 교육 프로그램들이 사람들로 하여금 열린 공간에서 살면서 폭넓은 다양성을 받아들이고 소망을 계속 지켜나갈 수 있도록 해줄 교육적인 패러다임을 탐구하기 위해 구성한 1995년의 한 회담에서 나온 보고서의 제목입니다. 이 보고서는 "시민 사회"라는 개념을 국가와 시장의 정치적이고 경제적인 구조와는 거리가 먼 하나의 공간, 참된 공동체 건설이 일어나는

---

19) M. Robra, *The Ecumenical Review*, 1996, no. 1, 35.
20) Faith and Order, *Louvain 1971*, 226 이하, 고딕은 추가된 것임.

공간을 묘사하는 것으로 시사하고 있습니다. 우리는 또한 "여성과 연대하는 교회의 에큐메니칼 10년"(Ecumenical Decade – Churches in Solidarity with Women)이 교회를 진정으로 포괄적인 공동체로 만드는 데 필요한 공간을 마련하기 위한 인상적인 탄원을 해왔다고 말할 수 있습니다. 마지막으로 창조질서의 보전에 관한 에큐메니칼 논의는 지구가 창조주께서 모든 살아 있는 것들이 지속 가능한 공동체 안에서 함께 살아가도록 주신 공간이라는 인식으로 이끌었습니다. 창조 일곱째 날 거룩한 안식일, 하나님께서 자신의 모든 창조사역에서 떠나 휴식을 취하신 이 날은 생명이 자라고 성장할 수 있는 공간을 열어줍니다. 라스무센(Larry Rasmussen)은 랍비 전통에 공명하면서 이렇게 주장합니다. "인간이 자연과 맺는 그리고 모든 피조물이 더불어 창조주와 맺는 올바른 관계를 상징하는 것은 안식이지 지배가 아니다. 실로 인간 창조가 아니라 안식이야말로 창조 이야기의 왕관이자 절정이다.…"[21] 이런 의미에서 안식일과 희년은 공동체 생활을 주기적으로 재건할 수 있는 여지를 제공해 줄 것입니다.

21. 이 모든 것들은 우리에게 예언자의 권고를 상기시킵니다. "네 장막터를 넓히며 네 처소의 휘장을 아끼지 말고 널리 펴되 너의 줄을 길게 하며 너의 말뚝을 견고히 할지어다"(사 54:2). 이런 말씀들은 WCC에서 서로 교제를 나누는 교회들의 생활에 새로운 활력을 불어넣어 줄 수 있을 것입니다. 그렇지만 오늘날 많은 교회들은 안팎의 여러 도전들에서 오는 압박으로 인해 신앙고백적이고 제도적인 방어선 뒤에 움츠려 있습니다. 다른 교회들과의 에큐메니칼 동역은 너무나 자주 형식적인 것일 뿐이고, 삶과 삶이 부딪치는 만남으로 이어지는 경우는 극히 드문 형편입니다. 자원을 서로 나누는 일이 전문화됨에 따라 에큐메니칼적인 연대의 끈은 점점 더 약화되고 있습니다. 많

---

21) *Earth Community, Earth Ethics*, Geneva, WCC Publications, 1996, 232.

은 사람들은 WCC를 기능적인 기관으로 인식하고 있고, 다른 많은 세분화된 민간 국제조직들과 비교하면서 그 능력을 평가받아야 한다고 생각합니다. 다른 사람들은 WCC가 교회들이 물려받은 전통과 충돌하는 입장과 프로그램적인 방침들을 강제함으로써 교회들이 직면하고 있는 문제들과 어려움들을 보태고 있다고 여깁니다. 심지어 WCC를 "상호책임"의 교제로 해석하는 것은 회원교회들의 온전함을 존중하지 않고 그런 부담을 지우는 것으로 이해될 수 있습니다. "순례"와 "에큐메니칼 공간"이라는 개념이 교회들의 친교로서의 WCC에 대한 우리의 이해를 높여줄 수 있다는 저의 제안은 이러한 배경에 맞서 나온 것입니다. 현재와 같은 불확실성 속에서 방어적이고 배타적인 방식으로 정체성을 모색하고 싶은 유혹 가운데서, 에큐메니칼 운동은 다시금 순례하는 하나님의 백성이라는 개념, 즉 역사와 전통의 경계를 뛰어넘을 채비를 갖춘 채, 함께 목자의 목소리를 들으며, 서로를 같은 성령에 의해 힘을 얻는 사람들로 인정하고 동조하면서, 함께 길을 가는 교회들이라는 개념을 붙잡을 필요가 있습니다. 교회들의 교제로서의 WCC는 위험한 만남이 이루어질 수도 있고, 확신과 신뢰가 쌓여서 공동체가 성장할 수도 있는 그런 공간을 특징으로 합니다. 현재 이러한 신념은 도덕적인 이슈들, 특히 성(human sexuality)의 문제와 관련된 이슈들을 둘러싼 충돌들과, "여성과 연대하는 교회의 에큐메니칼 10년"에서 비롯된 교회론적이고 신학적인 도전들로 인해 호되게 시험을 받고 있습니다. 그 어느 때보다 더욱 우리는 열려 있으면서 하나님의 신실하심에 의해 포용되고 평화의 띠로 보호되는 에큐메니칼 공간으로서의 WCC, 상호적인 도전과 교정뿐 아니라 상호적인 용납과 이해의 장으로서의 WCC를 필요로 합니다.

22. WCC에서 이루어지는 교회들의 교제는 그 자체가 목적이 아닙니다. 세상에서 하나님의 선교의 표지이자 도구로서 섬겨야 합니다. 우리는 "교제"가 지니는 의미를 에큐메니칼 공간, "교회들이 그리스도 안에서의 보

다 더 큰 일치를 위해 교제 가운데 무엇이 있어야 할지 [함께] 탐구할 수 있는"(CUV para. 3.5.4) 공간이라는 개념의 도움을 받아 이해하였습니다. 그렇지만 그 자체가 교회 간 에큐메니즘(inter-church ecumenism)의 시각을 넘어서지는 않습니다. 따라서 에큐메니칼 공간은 세상의 일들에 대해 열려 있어야 할 것입니다. CUV 과정에 대한 교회들의 응답을 분석하면서, 로드버그(Peter Lodberg)는 "WCC는 분열된 세상에 있는 하나의 성소이다."라고 말합니다.[22] 성소는 이방인들의 피난처이고, 집 없는 자들에게 환대를 베풉니다. 오늘날 종교의 영적인 의미와 폭넓은 소생을 모색하는 광범위한 움직임을 고찰하면서, 머지(Lewis Mudge)는 그리스도인 공동체 – 그리고 암암리에 교회들의 에큐메니칼 교제 – 가 "낯선 자들에게 단지 물질적인 환대뿐만 아니라 영적인 환대까지 제공할 수 있으며, 이것은 지적인, 종교적인, 정치적인 이유들로 이 의미의 원천을 고백할 수 없는 그들을 위한 성소이다."[23] 라고 믿고 있습니다. 때때로 에큐메니칼 연대를 통해 교회들은 더 넓은 세속 공동체에 정의와 불의, 화해, 인권과 평화구축의 도덕적이고 영적인 차원들을 보다 깊이 묵상할 수 있는 여지를 제공해 주었습니다. 머지가 이야기하는 대로, "교회는 신자든 신자가 아니든 인간 사회가 폭력적인 성향을 극복할 수 있고, 지속적인 원한과 불신을 극복할 수 있다고 믿는 사람들을 위해 이 세상에 일종의 은유적 공간을 제공할 수 있고 또 그렇게 해야 하며, 성서 이야기 안에 그려진 사랑의 공동체가 되라는 참된 소명을 실현해야 합니다. 교회는 사회에 존재하는 구조와 관례들이 무엇을 위해 존재하고 그 안에서 인간의 공동체가 새롭게 구성될 수 있는지 생각해 볼 수 있는 사회적인 공간을 **열어 놓기** 위해 존재합니다. 이 공간 안에서 공동생활의 은유가 그 초월적인 근거

---

22) *The Ecumenical Review*, 1998, no. 3, 276.
23) *The Church as a Moral Community: Ecclesiology and Ethics in Ecumenical Debate*, Geneva, WCC Publications, 1998, 82.

를 드러낼 수 있습니다."[24]

회원을 넘어서?

23. CUV 문서는, 체계와 조직을 지녔지만 그 체계 자체와 동일시되지는 않는 "교회들의 교제"로서의 WCC에 대한 이해를 강조합니다. 그렇지만 부분적으로는 CUV 문서에 응답하여, 회원교회들로 이루어진 기관으로서의 WCC의 제도적인 특징을 둘러싸고 새로운 논의가 생겨났습니다. 이 조직체의 회원이라는 말이 의미하는 바에 대해 설명하면서, CUV 문서는 1996년 중앙위원회가 수용한 초기 문서에 의지하였습니다.[25] 이 문서의 초안에 대한 의견을 듣기 위해 회원교회들에게 보내졌을 때 오직 극소수의 교회들만이 반응을 보였습니다. 되돌아보면, 몸에 대한 성서적 관념, 다른 말로 해서 교회들이 **서로의** 지체로서 교제한다는 개념에서 영감을 받아 회원의 의미를 밝히는 해설이 하나의 조직체의 회원이라는 개념과 쉽게 조화를 이룰 수 없다는 것이 명백합니다. 많은 교회들은 무엇보다 참여, 대표, 의사결정에 대한 영향력이라는 관점에서 WCC의 회원이 되는 데 관심을 가졌던 것 같습니다. 이러한 점은 "그 조직체를 소유한다."(owning the organization)는 구절에 나타나 있습니다. 회원이 되면 권리와 특권들을 갖게 되지만, 그것은 또한 책임과 의무를 수반합니다. CUV 문서는 참여하고 대표할 수 있는 권리에 대해서보다는 회원의 책임에 대해 더욱 광범위하게 다루고 있습니다. CUV 문서의 초안은 특별히 그 지도부를 위해 WCC에 대한 이러한 이해의 제도적 함의들에 대한 부분을 포함하고 있었지만, 중앙위원회는 그런 제안들은 더 논의될 필요가 있고 따라서 정책문서에서 따로 떼어 다루어야 한다고 생각했습니다. 지금 우리 논의의 초점이 되는 것이 바로 이 사안들입니다.

---

24) 같은 책, 112.
25) "The Meaning of Membership," *Central Committee Minutes 1996*, 184–187참조.

24. 특별히 비판적인 질문들이 동방정교회들로부터 제기되었습니다. 올해 초 테살로니키에서 열린 모임에서 이 교회들은 WCC의 "철저한 재건"을 요청하였는데, 이 목표를 이루는 것을 명백히 자신들이 WCC의 존재와 사역에 계속 참여하는 하나의 전제조건으로 삼았습니다. "회원이 되는 것"에 대한 이해는 이들의 주장에서 핵심적인 것입니다. 현재 WCC의 멤버십은 자율적인, 그리고 대체적으로 한 국가 내의 조직체인 교회들의 제도적인 정체성에 기반을 두고 있습니다. WCC의 헌장과 강령은 1950년 토론토선언에 따라 무엇이 교회를 구성하는가라는 교회론적인 질문에 대한 대답을 유보해 두고 있습니다. 회원이 되고자 하는 교회는 WCC의 헌장에 표현된 기본원리(basis)에 동의를 표하고 자신의 자율성과 "독립적인 활동과 조직을 지속시켜 왔다는 것"을 분명하게 밝혀야 합니다. "특별히 동일한 신앙전통에 속해 있는 경우 교회들이 필수불가결한 상호의존성을 지닌다는 점을 인식해야 하며, 나라 혹은 권역 안에서 다른 교회들과 건설적인 에큐메니칼 관계를 맺어 나가야 합니다." 이러한 자격요건들과는 별개로, 잠정적인 회원교회들은 적어도 25,000명에 달하는 교인(준회원교회들의 경우는 10,000명)을 보유해야 합니다. "회원"에 대한 이러한 규정은 회원교회가 분열을 겪거나 둘 혹은 그 이상의 회원교회들이 합치거나 성만찬까지 교류하는 온전한 일치를 이루게 될 경우 WCC가 이에 어떻게 대응할 것인지 말하고 있지는 않습니다. 오늘날 프로테스탄트 전통의 교회들 대부분이 (적어도 실제로는) 서로 성만찬까지 교류하는 온전한 교통을 하고 있다는 사실은 어떻게 이것이 그들의 WCC 멤버십의 특성에 보다 정확하게 반영될 수 있을 것인가 하는 질문을 제기합니다.

25. 20년이 넘는 기간 동안 정교회는 WCC가 새로운 회원교회를 계속 받아들이고 있고 그 대부분이 프로테스탄트 배경을 지니고 있다는 것과, 반면에 정교회에 속한 회원교회의 수는 사실상 아무런 변화 없이 그대로이고

변할 것 같지도 않다는 데 대해 관심을 표출해 왔습니다. 이들은 자신들이 구조적으로 소수가 되는 상황에 갇혀 있다는 것을 자각하고 있습니다. 그로 인해 이들은 프로그램의 방향과 WCC 지도부의 결정에 단지 제한적인 영향력밖에 행사할 수 없는 실정입니다. 이들은 자신들이 WCC를 구성하고 있는 두 개의 주류 그리스도교 전통(정교회와 프로테스탄트) 가운데 하나를 대표하고 있다는 것과, 자신들에게 속한 신자들의 수가 적어도 WCC 전체 회원교회의 삼분의 일에 해당한다는 것을 강조하면서 WCC의 체제와 운영방식을 재고할 것을 요구하고 있습니다. 평신도, 여성, 젊은이 등등과 나란히 집행부 의석의 할당 몫(현재 25퍼센트)을 부여받는다는 것이 그들이 생각하기에는 실질적인 문제를 제대로 다루는 것이 아닙니다. 그들은 또한 논쟁과 의사결정에 있어 다수결에 입각한 의회모델을 따르는 WCC의 강령들에도 문제를 제기합니다. 교회의 교회론적인 자기이해에 영향을 미치는 문제들이 다수결에 의해 결정될 수도 없고 그렇게 되어서도 안 된다는 그들의 강한 신념을 존중하여, WCC는 그런 문제들을 투표 없이 심의회에서 다루는 것을 승인하는 강령(XVI.6.b)을 채택하였습니다. 그렇지만 최근에 그들은 보다 근본적인 질문을 제기하고 있는데, 종종 자신들의 교회론적인 자기이해에 맞지 않을 뿐더러 자신들의 풍조와 문화에도 맞지 않는 관심사들로 의제를 구성하는 기관의 회원권을 계속 유지하는 것이 무슨 의미가 있는가라는 질문입니다. 그들이 초창기부터 참여해 온 에큐메니칼 운동에 대한 자신들의 헌신과 공동책임성에 의문을 제기하는 것은 바라지 않으면서, 그들은 CUV 문서에서 상세히 기술된 함의와 책임을 지니고 단체의 회원이 되는 것만이 에큐메니칼 파트너로 인정될 수 있는 유일한 방식인지 묻고 있습니다. 어떤 사람들은 로마 가톨릭 교회가 회원으로서의 책임을 지는 일 없이 WCC의 프로그램과 활동에서 필수적인 파트너로서 참여할 수 있는 폭넓은 가능성을 지니고 있다고 밝힌 바 있습니다.

26. 이러한 질문들이 밝혀낸 것은 WCC의 제도적인 윤곽과 "기풍"이 근본적으로 민주적인 정치구조를 갖춘 나라들에서 의회를 통한 의사결정 전통을 채택해 온 역사적인 프로테스탄트 교회들의 교회총회와 대회들을 모델로 형성되어 왔다는 것입니다. 그리고 실제로 WCC는 사람들이 자신들의 삶에 영향을 미치는 결정들에 참여하는 것을 강력하게 옹호해왔습니다. 따라서 많은 중요 이슈들을 둘러싼 이해집단들의 영향력에 WCC는 개방적인 태도를 취해 왔습니다. 많은 교회들이 이것을 적합한 것으로 생각한다고 해도, 그것은 본질적으로 정치활동에서 파생된 모델이고, 반드시 "교회들의 교제"라는 자기이해를 표방하는 최고의 방식은 아닙니다. 단지 정교회에 속한 교회들뿐 아니라 아프리카와 남반구의 다른 많은 교회들도 다른 모델들을 따르는데, 대화와 합의, 그리고 위계질서와 권위에 대한 존중을 강조합니다. 서로 함께 하기 위한 하나의 기준으로서 "상호책임"원칙을 거부함 없이, 그들은 입장과 이해관계가 다른 집단들 사이에서 타협을 협상하기보다는 사랑의 대화 가운데서 상대편과 부닥치게 될 위험을 감수할 준비가 되어 있는, 진정한 파트너십이 전제되어야 한다고 주장할 것입니다. 만약 WCC가 진정으로 에큐메니칼 공간을 열 수 있는 하나의 조직으로 기능하고자 한다면 지금과 같은 다수결원칙에 따른 관리형태가 가장 적절한 운용방식인지 아닌지 자문해 보아야 할 것입니다. 합의를 통해 의사결정을 하는 것은 심지어 국제적인 차원의 일부 정치적인 토론의 장에서도 하나의 원칙으로 채택되어 왔습니다. 그것은 WCC에 속한 대부분의 프로그램들에서도 시행되었습니다. 이러한 모델들은 또한 공식적인 의사결정 차원에서 WCC를 운용하기 위해 모색되었던 것들입니다. 동시에 총회 모임이나 중앙위원회 모임에서 제대로 협의를 하기 위한 공간이 마련되고 또 확대되어야 하며, 이를 통해 서로 다른 구성원들이 반드시 투표를 통해 결정을 해야 할 필요 없이도 서로 만나 대화를 나누게 되어야 합니다. 참여와 회원이 된다는 것과 관련한 모든 질문들이 이번 총회에서

만족스럽게 해결될 수 없다는 것은 명백합니다. 테살로니키에서 개최된 정교회 내부 회합은 일찍이 강력히 제기되었던 제안인, WCC 활동에 정교회가 참여할 수 있도록 하기 위해 요구되는 제도적인 변화들을 다루기 위해 "다양한 교파로 구성된 신학위원회"(mixed theological commission)가 만들어져야 한다는 주장을 언급하였습니다. 이 제안은 이미 집행위원회의 지지를 받은 바 있으며, 이번 총회는 그와 같은 위원회를 만들기 위해 필요한 결정들을 할 것이라 기대됩니다.

27. 그렇지만 WCC 활동의 많은 측면에서 로마 가톨릭교회가 적극적으로 참여하고 있다는 사실은 우리에게 권리와 책임을 지니는 제도적인 장치로서의 "회원권"이 에큐메니칼 운동에 참여하는 것을 나타내는 사실상 유일한 혹은 가장 적절한 형태인가 하는 질문을 다시금 제기하도록 만듭니다. 언제나 에큐메니칼 운동은 회원교회들을 거느린 WCC보다 더 폭넓고 포괄적이라고 인식되어 왔습니다. 에큐메니칼 운동을 하는 매우 다양한 기관들이 생겨났습니다. 어떤 것들은 WCC보다 더 오래된 것도 있습니다. WCC는 그리스도교 세계연맹 기관들, 국가를 넘어서는 권역별 에큐메니칼 기관들과 국가 차원의 협의회들, 그리고 일련의 국제적인 에큐메니칼 조직들과 일상적으로 협력하는 관계를 맺고 있습니다. WCC가 이들을 "하나의 에큐메니칼 운동"에 속한 필수적인 파트너들로 인식하는 한 그들은 WCC의 회원이 될 수 없고, 또 WCC의 프로그램과 활동을 발전시키는 데 이들이 참여하는 것은 극히 제한됩니다. 로마 가톨릭교회, 다른 "비회원교회들," 특별히 복음주의 전통과 오순절 계통의 교회들은 WCC에 제도적으로 연관을 맺지 않고서 그들 나름의 방식으로 에큐메니칼 운동의 아젠다를 형성하는 데 기여합니다. WCC는 계속해서 에큐메니칼 운동을 표방하는 가장 포괄적이고 가장 대표적인 제도입니다. 따라서 WCC는 "하나의 에큐메니칼 운동을 강화시켜야 하는" 특별한 책임을 지게 됩니다. 이 점은 WCC 헌장의 세 번째 항목의 개정안에 나

타나 있습니다. 헌장 수정안은 WCC의 다른 에큐메니칼 파트너들을 인정하고 있으며 "다양하게 발현되고 있는 하나의 에큐메니칼 운동의 통일성을 유지시키기 위해 일하는 것"을 WCC의 특별한 책임으로 간주하고 있습니다.

28. 이 수정안은 WCC에게 그 공식적인 멤버십 너머까지 책임감을 부여하고 있습니다. 새로운 공식화가 "교회들의 협의체"라는 WCC의 성격을 바꾸지는 않지만, "회원권"이라는 것이 결코 공동의 에큐메니칼 노력에 참여하기 위한 배타적인 범주가 될 수도 없고 또 그렇게 되어서도 안 된다는 것을 인식하고 있습니다. 회원권을 넘어서는 폭넓은 관계를 진작시킬 준비가 되었다는 것을 분명하게 나타내기 위해 WCC는 그리스도교 교회들과 에큐메니칼 기관들의 대화의 광장을 개설하는 문제를 탐구할 것을 제안하였습니다. 여기서 "대화의 광장"(forum)이라는 용어는 참여하는 것이 회원이 되는 것보다 더 중요하다는 것을 나타내기 위해 신중하게 선택되었습니다. 대화의 광장은 성경에 따라 예수 그리스도를 주님으로 또 그리스도로 고백하고 또 하나님의 부르심에 따르고자 하는 모든 기관과 조직들에게 열려 있습니다. 이 대화의 광장이 목표로 하는 것은 에큐메니칼 운동이 직면한 도전들에 관한 진정한 의견교류가 이루어지는 공간, 그래서 여러 형태의 협력이 생겨날 수 있는 공간을 만들어내는 것입니다. 이 대화의 광장은 그것을 관리하고 운영하는 조직을 갖춘 또 다른 기관이 되어서는 안 됩니다. 대화의 광장을 우리는 뭔가를 결정하고 해결책을 가결시키는 구조로 구상하지 않았습니다. 대화의 광장의 목표는 현재의 장치들의 한계를 뛰어넘어 관계의 망을 형성하는 것입니다. WCC는 어떠한 기득권도 요구하지 않고 다른 파트너들과 함께 이 대화의 광장에 참여할 것입니다. 이 대화의 광장을 창설하는 데 기꺼운 참여의지로 결정적인 힘이 되었던 가까운 파트너들에게 먼저 몇 차례 자문을 거친 다음, 올해 8월에 예비적인 협의회를 개최했습니다. 이를 통해 공동의 제안서를 작성해서 지금은 다른 파트너들에게 그들의 의견을 구하기 위해 배포한 상태입니

다. WCC를 대표하여 이번 총회는 정책자문 제1위원회를 통해 이 제안서에 답해야 합니다.

21세기를 위한 에큐메니칼 비전

29. 결론으로 저는 총회의 주제가 "소망 가운데 기뻐하라"고 우리를 초대할 때 열어준 더욱 폭넓은 전망으로 눈을 돌리고자 합니다. 우리는 "우리 안에 있는 소망을 설명할" 준비가 되어 있습니까? 21세기로 나아가는 우리를 이끌어줄 수 있고 새로운 세대에 영감을 주기에 충분한 에큐메니칼 비전을 지니고 있습니까? WCC 50주년을 기념하면서 "우리는 함께 하고자 한다."라는 암스테르담 총회의 선언이 단지 신앙에 관한 조항만이 아니었다는 것을 떠올렸습니다. 그것은 또한 교회와 세상에 대한 하나의 비전이자 행동하겠다는 다짐이었습니다. 엄숙하게 이 다짐을 진술하는 총회 메시지는 이번 희년을 맞는 총회를 개회하면서 한 번 더 언급할 가치가 있습니다. "세계교회협의회를 위해 함께 모인 우리의 모임은 만약 그리스도인들과 그리스도교 회중들이 어디서든 새롭게 함께 노력하는 가운데 주님께 헌신하고 삶의 현장 가운데서 이웃들에게 그분의 증인이 되고 종이 되지 않는다면 헛된 것이 될 것입니다. 우리 자신들과 모든 사람들에게 하나님께서 힘 있는 자들을 그 자리에서 끌어내리시고 미천하고 약한 자들을 높이셨다는 것을 상기시켜야 합니다. 우리는 권력을 가진 자들과 민중들 모두에게 함께 그리스도의 이름으로 담대하게 말하고, 테러와 잔혹함과 인종차별에 반대하고, 버림받은 자들과 갇힌 자들과 피난민들 옆에 서는 법을 다시 배워야 합니다. 우리는 모든 곳에서 교회가 목소리를 내지 못하는 자들에게 목소리가 되고, 모두가 편히 쉬는 집이 되도록 만들어야 합니다. … 우리가 함께 진리 안에서 아니오 혹은 예라고 말할 수 있도록 가르쳐 달라고 하나님께 구해야 합니다. 그리스도의 사랑을 조롱하는 모든 것들을 향해, [누구라도] 사람을 마치 책임질 능력이 없는 사물

인 것처럼 혹은 이득을 위한 수단인 것처럼 다루는 모든 체제, 모든 프로그램, 모든 사람들을 향해, 질서를 내세워 불의를 옹호하는 자들을 향해, 전쟁의 씨앗을 뿌리거나 전쟁이 불가피하다고 부추기는 사람들을 향해 아니라고 말해야 합니다. 그리스도의 사랑을 따르는 모든 사람들에게, 정의를 추구하는 사람들, 평화를 만드는 사람들, [인류]를 위해 소망하고 싸우고 고통당하는 모든 사람들, 비록 자신이 깨닫지는 못하더라도 정의가 충만한 새 하늘과 새 땅을 기다리는 모든 사람들에게 예라고 말해야 합니다."

30. 이러한 다짐과 비전에 따라 활동하면서 WCC는 지난 50년 동안 실로 많은 사람들과 공동체들에게 소망의 원천이 되어 왔습니다. 내쫓긴 사람들과 인종차별과 억압의 희생자들, 정의와 인간의 존엄성을 위해 투쟁한 사람들, 여성을 위시해서 교회와 사회에서 소외되었던 모든 사람들에게 그러했습니다. 그리스도인 공동의 순종의 이러한 가시적인 표지들은 몇몇 세대를 거쳐 WCC의 모습을 이루어 왔습니다. 그들은 세계 모든 부분에서 에큐메니칼 연대를 위한 관계망의 출현을 촉진하였고, 세상에서 교회가 지니는 의미가 무엇인가에 대한 이해도 바꾸어 놓았습니다.

31. 그렇지만 우리 앞서 걸어가신 분들이 남긴 유산을 기리면서, 우리는 그들의 비전과 다짐을 단순히 재확인하는 데 그칠 수는 없습니다. 암스테르담에서의 비전과 다짐은 인류역사상 가장 파괴적인 전쟁이 남긴 참화의 충격 상황에서 만들어진 것이었습니다. 우리는 21세기 직전에 세계와 에큐메니칼 운동의 상황에 역점을 둔 비전과 다짐을 만들어야 합니다. 우리는 오늘날 일반적으로 "세계화"라는 용어로 특징지어지는 역사적인 변환과정에 봉착해 있는 우리 자신을 발견합니다. 이것은 세계의 모든 부분들, 특별히 경제, 재정, 통신 분야에서의 상호의존성을 극도로 증가시켰습니다. 동시에 그것은 분열을 가속화시키고 있고 전 세계에 걸쳐 많은 사람들을 축출하고 있습니다. 더욱이 에큐메니칼 운동은 일종의 교차로에 봉착해 있고 시급하게 새

로운 방향정립을 할 필요성이 있습니다. 이번 희년 행사를 치루고 우리가 함께 하고자 한다는 것을 다시금 천명하고 난 다음 그냥 각자 집으로 돌아가서 예전처럼 에큐메니칼 사역을 계속할 수는 없습니다. 총회의 주제는 우리에게 회심과 회개를 요청하고 있으며, 그리스도의 몸의 분열을 치유하는 데 우리가 실패한 데 대해, 그리고 분열시키는 모든 것들에게 아니라고 말하고 더 큰 일치를 약속하는 모든 것들에 대해 예라고 하는 데 망설인 데 대해 자기 비판적인 평가를 하라고 요청합니다.

32. 그렇지만 때때로 우리의 아니오는 우리의 예보다 더 시끌벅적했습니다. 우리는 때때로 일치에 대한 비전과 교회와 세상에서의 올바른 관계에 대한 우리의 비전이 냉전에 직면했던 세기의 모호성과 적대감으로 희미해지는 것을 방치하였습니다. 지금은 성공에 취해 우리 자신의 과거에 편안히 기대고 있을 때가 아닙니다. 에큐메니칼 운동을 결속시키는 관계망들은 세계화 과정의 동력의 영향을 받아 왜곡되고 있고, 무자비한 "지배의 에큐메니즘"이 나타나고 있습니다. 수많은 사람들에게 살 권리와 인권을 부인하고 생활을 유지시켜 나가는 것을 곤란하게 하는 새로운 세계질서를 향해 아니라고 말해야 하는 한편으로, 우리는 생명을 인정하고 옹호하고, 인류 공동체를 치유하고 창조세계의 온전함을 복원하려는 노력을 발견하는 곳에서는 어디서나 예라고 말하도록 그 어느 때보다 요구받고 있습니다. 총회 주제에 내재되어 있는 희년의 메시지가 새로운 질서를 위한 청사진을 제공해 주지는 않지만, 깨어지고 불완전한 세상 가운데서 회심이 필요한 영역이 어디인지를 밝혀줍니다. 그것은 곧 다가올 "새 하늘과 새 땅"을 약속하지는 않습니다. 오히려 그것은 우리의 에큐메니칼 여정에서 여전히 우리를 방해하고 있는 속박에서 우리를 해방시키는 해방의 메시지이고, 소외되고 배제되었던 사람들이 자신들의 자리로 동등하게 회복되는 공동체 재건을 위한 소망의 헌장입니다.

33. CUV 문서에 기초하여 작성된 문서 "우리의 에큐메니칼 비전"(Our

Ecumenical Vision)은 우리 가운데 있는 소망에 대해 설명하고자 합니다. 이 문서는 예전적인 언어로 표현된 일종의 탄원기도문으로 작성되었습니다. 이 문서는 우리가 WCC 50주년을 기념하게 될 12월 13일에 헌신 예식을 위한 구성을 보여줄 것입니다. 이 문서는 비전을 상황에 맞추어 정립하고 그것을 이번 총회의 소망에 대한 공동의 표현으로 만들 것을 요청하고 있습니다. 비전 자체의 핵심이 문제가 되는 것은 아닙니다. 하나님의 통치, 하나님의 임재에서 나타나는 충만한 생명, 올바른 관계 위에 세워지는 새 하늘과 새 땅에 대한 성서의 상징들, 만물이 함께 그리스도 안에서 하나가 되게 하는 것, 이 모든 것들이 우리의 소망과 비전에 영감을 주는 원천이 됩니다. 여기서 우리에게 요구되는 것은 이러한 성서의 이미지들을 오늘날과 미래의 세대를 위해 해석하고 해설해 줄 언어를 찾아내는 것입니다. 그리하여 그들이 이 길을 열었던 이전 세대의 사람들과 똑같은 확신을 갖고 에큐메니칼 소명에 응답할 수 있도록 준비시키는 것입니다.

34. 비전 선언문은 우리 앞서 걸어가신 분들의 유산을 확인하는 것으로 시작하고 있습니다. 그것은 우리가 여전히 하나님의 순례자들임을 상기시킵니다. 그리고 오늘날의 에큐메니칼 운동을 위한 비전을 밝히고 있습니다.

우리는 모든 사람들,
젊은이와 늙은이, 여성과 남성, 평신도와 성직자의 은사를 확인하면서,
그리스도의 몸이 가시적인 일치를 이루기를 간절히 바랍니다.

우리는 인류 공동체의 치유를,
하나님이 창조하신 모든 피조물의 온전함을 기대합니다.

우리는 용서의 해방시키는 능력을,

반목을 우정으로 바꾸고,
폭력의 악순환을 끊는 능력을 믿습니다.

우리는 대화와 연대의 문화를 맞아들이며,
이방인들과 삶을 나누고 다른 신앙을 지닌 사람들과의 만남을
추구합니다.

이 비전에서 핵심적인 것은 지속 가능한 인류 공동체의 회복 혹은 건설입니다. 개인주의, 분열과 배척이 늘어나는 시대에 이 비전 선언문은 개발도상국인 남측뿐만 아니라 소위 선진국인 북측의 소망에도 주목하고 있습니다. 생명을 강력하게 긍정하고 모든 생명이 지니는 권리를 인정하면서, 이 비전 선언문은 캔버라 총회의 요점을 이어나갑니다. 이 문서의 주제는 완전함, 화해, 공동체, 대화와 관용, 연대와 스스로 힘을 제한하는 것입니다. 이 비전 선언문은 공유하는 가치와 규범을 마련하고, 대화의 새로운 문화를 만들어 서로에게서 배울 준비를 하고, 비폭력과 평화적으로 갈등을 해결하는 문화를 세우라고 우리를 고무시킵니다. 교회와 사회 안에서 이와 같은 대안적인 인류 공동체 문화에 대한 비전은 세계화가 진행되는 이 땅의 또 다른 가치와 규범에 저항하는 것이기 때문에 유토피아적으로 보일 수도 있습니다. 이 문서는 무제한적인 경쟁을 하고, 만족하기보다는 무슨 대가를 치루더라도 성장하려 하고, 쇄신보다는 관행을 따르고, 공동체보다는 개인주의를 추구하는 것 외에 다른 대안이 있다는 확신에 근거하고 있습니다.

35. 새로운 형태의 행동을 불러일으키지 않는 비전은 멀리 있는 유토피아에 불과합니다. 그것은 심지어 실체에 대한 건전한 분별력을 방해할 수도 있고, 그래서 갑갑한 이데올로기로 변질될 위험까지 있습니다. 비전은 현재의 모순들을 드러내어 밝히고 변화와 변혁을 위해 에너지를 쓰도록 도울 때

에만 강력한 힘을 지닙니다. 그러한 공동의 비전이 에큐메니칼 운동에서 교회들로 하여금 서로 간에 질적으로 다른 새로운 관계를 맺도록 이끌어 줌으로써, 새로운 질서, 새로운 문화의 윤곽을 드러내 줍니다. 에큐메니칼 운동의 힘과 응집력은 이러한 전 세계적인 관계망에 달려 있으며, 이 관계망은 각각의 장소에서 교회들이 참된 교회가 되고, 생동감 있고 지속 가능한 공동체가 되고, 서로를 지지하는 이웃을 세우고, 실패하거나 배척된 사람들을 위한 피난처와 처소를 제공하고자 하는 교회 본연의 목적을 유지하도록 도울 수 있습니다. 예배와 삶을 통해 이러한 비전을 표현해 냄으로써 교회들은 실패하거나 버려졌다고 느끼는 사람들에게 새로운 의미를 제공해 줄 수 있고 하나님의 종말론적인 약속인 온전함을 예기할 수 있습니다. 이러한 비전으로 교회는 견고한 토대를 필요로 하는 세상 속에서 하나님의 은혜로 말미암아 참으로 소망의 공동체가 될 수 있습니다.

3.4. 의장과 총무의 보고에 대한 토론

보고내용에 반응할 수 있도록 할당된 시간 안에 21명이 발언할 수 있었는데, 26명 넘는 대의원들이 의견을 밝히고 싶어 하였습니다. 대의원들은 모두 자신의 생각을 잘 정리해서 준비된 모습으로 총회장 여기저기에 설치된 마이크 앞에 나아갔습니다. 그들은 이 토론회를 이끈 나바반(Soritua Nababan)의 승인을 받아 발언하였습니다.

정교회 문제에 대한 의장의 서술에 대해 논평한 사람들은 그의 분석에 대해 감사를 표하면서, 제안된 바와 같은 "다양한 교파로 구성된 신학위원회"(mixed theological commission)를 창설하는 일에, 비록 그 표현 문구에 대해 유감을 표하는 사람들도 있긴 했지만, 대의원들이 지지를 표해 줄 것을 촉구하였습니다. 몇몇 사람들은 정교회 측에서 목소리를 낸 사안은 다른 교파들도 공감하고 있는 문제라고 말하였습니다. 한 사람은 그 도전을 "모든 교회들로 하여금 WCC를 자신들의 집으로 경험하도록 WCC의 기본 스타일과 문화를 바꾸는 것"으로 묘사하였습니다. 대의원들은 WCC의 의사결정 방식을 바꾸어 합의모델(consensus model)을 사용하도록 노력할 것을 확인하였습니다.

대의원들은 의장이 젊은이들을 WCC의 사역에 끌어들이자고 호소한 데 대해 감사를 표하였습니다. 이것이 WCC의 미래를 특징짓는 WCC 역사의 한 부분이었다는 것과, 오늘날 젊은이들이 1968년 웁살라에서처럼 과격하지는 않을 것이라는"점이 언급되었습니다. 젊은이들의 참여를 위한 지침을 더 늘려야 한다는 제안이 있었습니다.

총회에서 "세계화의 끔찍한 결과,"정부의 부채로 인해 야기되는 문제들, 때때로 문제를 악화시키는 무책임한 경제력 행사와 부패를 다루자는 제안이 있었습니다. 몇몇 대의원들은 총회에서 인권 문제를 다룰 수 있는 가능성에 대해 감사를 표했습니다. 한 대의원은 토착민들을 위한 프로그램을 위해 WCC 사무국 직원이 전 세계적인 노력들을 조율해 줄 것을 제안하였습니다. 또 다른 사람은 분쟁이 있는 곳에서 화해를 만들어 내는 일에 WCC가 지도력을 발휘해야 한다고 목소리를 내었습니다.

몇몇 대의원들은 WCC를 통해 함께 누리는 에큐메니칼적인 삶의 상태에 대해 논평하였습니다. 도전을 준 언급들로는 다음과 같은 것들이 있습니다. 어떻게 상호책임성을 더욱 확장시키면서 교회들 사이의 교제를 더 심화시킬 것인가, 어떻게 교회들의 교제의 폭을 넓혀 급성장하는 교회들을 포용하고 로마 가톨릭교회와의 관계를 심화시킬 것인가, 에큐메니칼적인 삶의 중심에 에큐메니칼 영성을 어떻게 위치시킬 것인가, 그리고 WCC 헌장 기본원리의 삼위일체적인 성격을 재확인하면서, WCC를 통해 함께하는 삶의 교회론적 중요성을 어떻게 보다 분명하게 설명할 것인가. 에큐메니칼 "대화의 광장"을 위한 제안은 여러 가지 평가를 받았습니다.

보고서들은 정책자문 제1위원회로 보내졌고, 이 위원회는 이 보고서들에 감사를 표했습니다. 12월 12일에 총회는 투표를 통해 이 보고서들을 채택하였습니다.

3.5. 공동의 이해와 비전: 전체 토론

전직 총무 유진 블레이크(Eugene Carson Blake)는 1968년 WCC 4차 웁살라 총회 때 이렇게 말했습니다. "모든 운동은 지속하기 위해 반드시 조직을 구성해야 하고, 모든 조직은 자기만족에 안주하는 조직이 되지 않으려면 반드시 그 비전에 충실해야 합니다"(*Uppsala Report*, 292). 더불어 WCC 창립 후 50년의 시간이 흐른 지금, 교회와 사회의 상황이 바뀐 이때, WCC는 에큐메니칼 비전에 변화된 상황을 반영하였습니다. 21세기를 위한 "에큐메니칼 선언서"를 만든다는 의도로 작성된 "WCC의 공동의 이해와 비전을 향하여"(Towards a Common Understanding and Vision of the World Council of Churches: CUV)라는 제목의 정책선언문은 WCC 중앙위원회에 의해 채택되어 1997년 9월에 연구와 활동을 위해 회원교회들과 에큐메니칼 파트너들에게 전달되었습니다. 이 문서가 의도한 바는 교회들이 "자신들의 에큐메니칼 소명을 재확인하고 WCC에 대한 공동의 이해를 분명하게 가지도록"하는 것이었습니다. 이 문서는 역사적인 개관, 용어들에 대한 정의, WCC의 자기이해에 대한 숙고, 그리고 다른 관계들에 대한 함축된 의미들을 담고 있습니다. CUV 문서는 12월 6일에 두 차례의 연속적인 심의회에서 논의되었는데, 첫 번째는 아람(Aram)의 주재로, 두 번째는 나바반(Soritua Nababan)의 주재로 진행되었습니다. 그런 다음 정책자문 제1위원회는 이 문서에 대한 숙고를 거쳐 12월 12일에 "제8차 총회는 'WCC의 공동의 이해와 비전을 향하여'를 감사함으로 받아들이고 WCC로 하여금 이 문서를 장차 WCC 프로그램들을 평가하고 발전시키는 기본토대이자 판단기준으로 사용하도록 촉구하라."는 권고를 하였습니다. 4명이 기권하기는 했지만 이러한 권고는 채택되었습니다.

사회자 아람은 이 논의를 시작하면서, "1989년 시작된 CUV 작업이 의도한 바는 에큐메니칼 비전을 복음의 메시지에 신실하고 회원교회들의 필요와 경험에 응답하도록 새롭게 정리하고자 하는 것이었으며, 일치를 에큐메니칼 운동의 핵심 목표로 다시금 강조하고, 에큐메니칼 비전 작성의 기초로서 일치, 선교, 복음전도, 디아코니아와 정의의 결정적인 중요성을 분명하게 밝히고, 그리고 교회 간의 협력, 교회 간의 관계와 WCC의 아젠다와 프로그램 내부에 응집력, 통합성, 책임성을 또렷하게 하고 보다 가시적인 것으로 만들고자 하는 것이었습니다." 그는 연구과정이 WCC 회원교회들과 에큐메니칼 파트너들에게 속한 것이라는 점을 밝혔으며, 특별히 로마 가톨릭교회의 공헌에 대해 감사를 표했습니다.

물러나는 WCC 회장 산타나(Eunice Santana: Christian Church, Disciples of Christ) 또한 이 문서를 소개하는 일을 거들었습니다. 그녀는 공동의 이해와 비전에 관한 논의는 하나의 연속적인 과정이기 때문에 "향하여"라는 용어가 중요하다고 말하였습니다. 은퇴하는 집행위원회 회원인 자카리아스 테오필루스(Metropolitan Zacharias Mar Theophilus: Mar Thoma Syrian Church of Malabar)는 새로운 천년이 "새로운 비전과 새로운 행동을 요구"한다고 말하면서, "경제적인 붕괴, 도덕적이고 영적인 쇠퇴, 인권의 부정, 그리고 부자와 권력자들의 지배…"의 도전에 대해 언급하였습니다.

로드버그(Peter Lodberg: Denmark)는 네 명의 토론 참석자들, 즉 메리 태너(Mary Tanner: Church of England), 세풀베다(Juan Sepulveda: Pentecostal Church of Chile), 아포스톨라(Nicholas Apostola: Romanian

Orthodox Church), 그리고 스트랜스키(Thomas Stransky: Roman Catholic Church)를 인터뷰하였습니다. 태너 박사는 "가시적인 일치는 에큐메니칼 소명의 핵심에 있습니다."라고 강조하면서, 신앙과 직제 위원회가 밝힌 가시적인 일치의 표지들을 확인하였습니다. 세풀베다는 우리가 "다양성의 한계"에 집중하기보다는 "우리가 공유하고 있는 핵심을 명확히 하자."고 촉구하면서, WCC의 에큐메니칼 위임의 폭을 넓혀서 "세계 그리스도인들 가운데 높은 비중을 차지하면서도" WCC 회원이 아닌 교회들을 끌어들이는 것이 중요하다고 지적하였습니다. 아포스톨라는 핵심은 "그리스도 안에 나타난 하나님의 자기계시이고, 우리가 거기서 더 나아가면 일치를 이루기 더 힘들어진다."고 말했습니다. 스트랜스키는 제2차 바티칸공의회 이후 로마 가톨릭 교회의 경험에 대해 이야기하면서, 에큐메니칼 대화에 참여한다는 것은 "우리가 타인을 더 깊이 이해함으로써 우리 자신에 대해서도 더 깊이 이해할 수 있다."는 것을 의미한다고 하였습니다. 체치스(Georges Tsetsis)와 베스트(Marion Best)는 두 번째 회의를 여는 발표를 하면서 CUV 문서의 법적이고 제도적인 함의들에 초점을 맞추었습니다.

WCC의 공동의 이해와 비전을 향하여: 법적인 함의들

조지 체치스(Georges Tsetsis)

우리는 "WCC의 공동의 이해와 비전을 향하여"라는 문서의 전체적인 방향성에 대해 설명을 듣고 그에 뒤이은 토론에 참여하였습니다. 지금은 WCC의 일상적인 삶을 위해 이 문서의 법적이고 현실적인 함의들을 생각해 볼 시간입니다.

하지만 본질적인 것들에 착수하기 전에 우리는 처음부터 교회들의 공동 성찰 과정의 중심에 있었던 것이 무엇인가 하는 질문, 다시 말해 그리스도인의·일치를 진작할 책임이 누구에게 있는가 하는 질문에 대해 언급하는 것이 중요합니다. 현재의 WCC 헌장 3조항에 명시되어 것처럼 하나의 기관으로서의 WCC입니까? 아니면 WCC라는 틀 안에서 "하나의 신앙과 하나의 성만찬적 교제 안에서 가시적인 일치를 이루고자 하는 목표로 서로를 초대하고 … 세상이 믿을 수 있도록 그러한 일치를 향해 나가도록 서로를 요청하는" 회원교회들입니까?

이와 연관된 두 번째 질문이 있습니다. 회원교회들이 이러한 "교회들의 교제" 안에서 행사하게 될 새로운 역할의 관점에서, 그리고 우리와 마찬가지로 하나의 에큐메니칼 운동에 헌신하고 있는 다른 파트너들과의 동역이라는 관점에서 생각해 볼 때 무엇이 WCC의 역할과 목적이 될 것인가 하는 것입니다.

이 두 가지 질문이 바로 이번에 물러나는 중앙위원회가 WCC 헌장과 지금 다루는 문서의 정신과 방향성을 조화시키려는 책무를 감당하면서 염두에 두었던 것입니다. 이것이 바로 지금 여러분이 받아든 수정안이 나오게 된 배경입니다.

1. WCC 헌장에 대한 수정안

역할과 목적에 관한 3조항: 첫 번째 제안은 WCC의 역할과 목적에 대해 언급하고 있는 헌장의 3조항을 수정하는 것입니다. 사실상 헌장 내용을 수정하자는 제안은 벌써 3년 전에 "WCC의 공동의 이해와 비전을 향하여" 문서가 작성되어 처음 검토될 때 이루어졌었습니다. 그리고 이런 제안들은 1997년 9월에 있었던 제48차 WCC 중앙위원회 모임에서 회원교회들의 의견을 반영하여 구체화되었습니다.

중앙위원회가 제시한 수정안은 「총회자료집」 121쪽부터 나타나는데, 제안된 수정 사항들은 현재의 WCC 헌장에 상응하는 크기의 굵은 글씨체로 씌어 있습니다. 여러분이 볼 수 있듯이, 새로운 문서는 WCC의 기본적인 조직제와 WCC에 부여된 역할에 있어서 철저한 변화를 제시하고 있습니다. 이제부터 더 이상 WCC는 교회들을 가시적인 일치라는 푯대를 향해 불러 모으는 협의체가 아니고, WCC가 마련해 놓은 토대를 활용해 일치를 진작시키고 또 자신들이 만든 WCC의 목적의 성취를 위해 함께 일하는 바로 그 교회들입니다. 이 조항에 대한 이러한 수정 진술은 WCC가 그 이전에 있었던 세계운동들, 즉 신앙과 직제, 삶과 봉사, 세계선교협의회, 그리고 세계기독교교육협의회의 후계자이고 그 연속이라는 점을 분명하게 밝히고 있습니다. 또한 WCC가 비회원교회들과의 관계를 풍성하게 하고 또한 지역 및 권역 차원과 국제적인 차원에서 에큐메니칼 조직들과 연대해 나감으로써 "하나의 에큐메니칼 운동을 강화시켜야"한다고 강조하고 있습니다.

현장에 대한 다른 수정안은 특별히 **조직에 관한 5조항**에 영향을 주고 있습니다.

a) 124쪽(「총회자료집」의 쪽수임): WCC의 전반적인 정책을 결정하는 총회의 역할에 관하여(5.1.c3에 단어 하나를 삽입하고 있습니다)

b) 125쪽: 다음과 같은 중앙위원회의 역할에 관한 사항들

- WCC의 회장단 선출방식(V.2.c, para.1)에 대한 것으로, 더 이상 총회가 아니라 중앙위원회가 이 일을 하도록 제안하고 있습니다(이 수정안이 5조항의 1c와 2b에도 작은 변화를 일으킬 것이라는 점을 주목하는 것이 중요합니다).

- WCC 위원들을 뽑는 방법(V.2.c4)에 관한 것으로, 이제 중앙위원회의 특권 중 하나가 됩니다.

- 총회가 채택한 정책들 범주 안에 있는 WCC 프로그램들과 활동들에 대한 책임(V.2.c5).

2. 중앙위원회가 제시한 WCC 강령에 대한 수정안

헌장에 대한 수정안 제시와 더불어, 중앙위원회는 (이 수정안이 채택될 경우) 헌장의 새로운 조항들과 모순이 되지 않도록 하기 위해 몇몇 WCC 강령들에 대한 수정안을 이번 총회에 제시하고 있습니다. 이러한 수정안들 또한 중앙위원회가 "WCC의 공동의 이해와 비전을 향하여"에 의해 주창된 기본 방향성이 WCC의 작동 구조 안에 분명하게 반영된다는 것을 보증하기 위해 작성한 바 있는 조항들을 반영하고 있다는 것이 강조되어야 합니다.

이 수정안들 또한 「총회자료집」에 실렸는데, 이탤릭체로 표기되어 있습니다. 구체적으로 밝히자면 다음과 같습니다.

– 129~130쪽: WCC 회원과 준회원이 되기 위한 기준, 그리고 WCC 회원교회들의 재정적인 의무에 대한 부분.

– 137쪽: 회장단 선출에서 중앙위원회가 지정한 인선위원회의 역할에 관한 부분.

– 138쪽: 프로그램 위원회를 구성하는 데 있어 중앙위원회의 역할에 관한 부분.

– 138쪽: WCC의 우선과제와 정책을 결정하는 부분.

3. 후속적인 조처

WCC 강령에 따라 모든 회원교회들에게 이 수정안들에 대해 정식으로 통보했으나, WCC 사무국은 WCC 헌장이 정한 기한 내에, 즉 총회 개회 6개월 전까지 이 수정안들의 내용이나 성격에 대해 교회들로부터 어떤 대답도 듣지 못했습니다.

지금 총회 참석자들은 원한다면 얼마든지 이 수정안에 대해 의견을 말씀해 주시길 바랍니다. 여러분의 의견과 제안은 총회의 정책자문 제1위원회에 전달되어 거기서 최종적인 문서로 만들어질 것이며, 추후 여러분의 승인을 받기 위해 다시금 제출될 것입니다.

정책선언문의 함의들: 제도적인 변화를 위한 폭넓은 제안들

마리온 베스트(Marion Best)

CUV 과정에 대응하여 7월에 나온 「에큐메니칼 리뷰」(*The Ecumenical Review*)에서 자신의 분석을 끝맺으면서, 로드버그(Peter Lodberg)는 "중앙위원회는 WCC의 활동과 가까운 장래에 너무 큰 변화를 불러오지 않도록 좀 더 보수적이고 신중한 문서를 채택해야 했다."고 강조하였습니다. 그렇지만 그는 곧바로 "중앙위원회는 교회들과 뜻을 같이하고자 했던 만큼, 달리 택할 수 있는 다른 방안도 없었을 것이다."[26]라고 덧붙였는데, 이는 맞는 말입니다.

CUV 문서 서문에서 중앙위원회는 이 문서를 채택하는 과정을 통해 위원회가 WCC와 에큐메니칼 운동에 대해 최종진술을 할 권위를 지녔다고 자처하지는 않았음을 밝혔습니다. 사실상 중앙위원회는 "상호이해, 헌신과 책임감의 정신으로 이러한 차이들과 지속적으로 씨름하고 있는 것이 에큐메니칼 운동 안에 있는 교회들의 교제에서 가장 중요하다."[27]는 점을 인식하고 있었습니다.

숙고 과정의 결과로, 교회들과 에큐메니칼 파트너들은 이미 현재 WCC의 제도적인 모습에 관한 몇몇 특정한 문제들과 씨름을 시작하였습니다. CUV 정책문서에서 비롯되는 이슈들을 둘러싼 집중적인 논의는 ─이 논의에 대해서는 의장과 총무가 이번 총회에 제출한 보고서 둘 다에 반영되어 있다 ─ 논쟁이 계속되어야 한다는 것을 분명하게 말해줍니다. 많은 사람들은 즉각 동방정교회와 지난 5월 테살로니키에서 있었던 모임을 떠올릴 것입니다. 그렇지만 우리는 구체적인 제안과 권고는 최근에 예를 들어 람베스 회의, 북유

---

26) Peter Lodberg, "Common Understanding and Vision: An Analysis of the Responses to the Process," *The Ecumenical Review*, 50, 1988. 3, 268-77.

27) Preface to the CUV Document, *Assembly Workbook*, 98.

립 교회들, 그리고 그리스도교 세계연맹들이 제공해 준 것이고, 다른 기관들도 조만간 그러리라 기대하고 있는 상황이라는 점을 덧붙여야 합니다.

따라서 우리는 정책선언문의 제도적인 함의들이라는 중요한 국면으로 들어서고 있습니다. 주요한 관심 영역은 무엇입니까? 교회들이 미래의 WCC의 제도적인 모습과 관련해 요구하고 있는 것은 무엇입니까?

저는 단지 앞으로 수년간 추진되어야 할 몇몇 영역들에 대해 언급하고자 합니다. 그리고 이 공동 작업의 결과물들이 현재의 WCC의 구조에 중요한 영향을 미치고 심지어 새롭게 변화시킬 수 있을 것이라는 데 대해 조금도 의심하지 않습니다. 분명히 이번 총회는 이런 작업에 필요한 지침과 방향성을 줄 수 있는 가장 적절한 기관이 아닐 수 없습니다.

a) **WCC 회원의 기준**: 숙고과정의 중심에 있는 것은 WCC 회원이 된다는 것이 의미하는 바를 어떻게 볼 것인가 하는 것입니다.[28] 강령에 대한 수정안은 이 과정의 구체적인 결과물을 구성하고, WCC의 회원이 된다는 것에 대한 새로운 이해를 반영합니다. 그렇지만 논쟁이 마무리되었다기보다는 여전히 해결되지 않은 채 남아 있는 것 같습니다. 종종 제기되는 질문은 하나의 에큐메니칼 기관에 유기적으로 연합하는 데 초점을 맞추기보다는, 오늘날 "교회이고자 하는" 노력을 지원해 주는 WCC의 회원이 되거나 그 활동에 참여할 다른 대안적인 방식이 있는가 하는 것입니다. 교회들이 숙고과정에 기여한 바에는 회원권에 대한 현재의 이해와 관련해 제기된 제안들이 포함되어 있습니다. 어떤 사람들은 회원은 되지 말고 참여할 것을 강력하게 주장하고 있고, 다른 사람들은 회원에 로마 가톨릭교회를 받아들이도록 재고할 것을 제안하며, 또 다른 사람들은 우리를 "회원 여부를 초월한" 해결책으로 이끌 공동의 숙고로 초대합니다. 또한 일부 교회들은 회원이 될 수 있는 순전히 형

---

28) CUV 3.7, *Assembly Workbook*, 108-109.

식적인 기준이 "교회들의 교제"에 적절한 것인가 하는 염려도 하고 있습니다.

b) **정교회 관련**: 예를 들어 정교회는 WCC의 회원제도에 대해 근본적인 질문을 제기하고 있는 부류에 속합니다. 회원이라는 것이 권리와 책임을 지니는 제도적인 장치에 불과한 것으로 이해되어야 합니까? 회원교회들은 현재와 같은 형태의 WCC의 대표 체제를 재검토하면서, 참여를 통해 자신들이 질적인 기여를 할 수 있게 되기를, 그리고 여기서 구조적인 규칙이나 규정보다는 교회론적인 기준들이 고려되기를 함께 기대할 수는 없습니까? 이런 질문들과 연관된 것이 현재와 같은 형태의 의사결정에 대한 정교회의 관심입니다. 확실히 정교회에 속한 교회들은 다른 많은 회원교회들, 특별히, 개발도상국인 남측에 속한 교회들을 통해 이 특별한 문제와 관련을 맺게 되었습니다. 제안은 다수결이 아니라 합의를 통해 의사결정을 하는 방법을 모색하자는 것입니다. 이것이 함께 하는 교제의 정신을 더욱 분명하게 해줄 것이고 공동으로 받아들인 아젠다를 잘 다듬어 내놓을 수 있게 해줄 것입니다.

이러한 중요한 점들을 염두에 두고서 동방정교회는 총회 이후에 "에큐메니칼 운동에 대한 정교회의 참여와 WCC의 철저한 재구성"에 대해 논의할 위원회를 구성할 것을 요청하였습니다.[29] 이 권고안은 집행위원회의 아메르스포르트(Amersfoort, 1998년 9월) 모임에서 승인을 받아 이번 총회 기간에 의결을 위해 제출된 상태입니다.

c) **협의회를 위한 모델**: 명백히 WCC의 "재구성"을 위한 모든 제안은 에큐메니칼 운동의 역사와, 지역적이고 국가적인 차원에서 제도적인 에큐메니즘에서의 최근의 발전 둘 모두를 주의 깊게 고찰할 필요성이 있음을 지적하고 있습니다. WCC의 역사를 상기해 보면, 비록 최종적으로는 국가 단위의

---

29) "Evaluation of New Facts in the Relations of Orthodoxy and the Ecumenical Movement, Thessaloniki, Greece, 29 April-2 May 1998," *Orthodox Reflections on the Way to Harare*, Thomas FitzGerald and Peter Bouteneff, eds, Geneva, WCC, 1998, 136-138.

교회 대표들에 기초한 현재와 같은 WCC 체제가 선택되기는 했지만, "동일한 신앙고백을 하는 교단"에 기반을 둔 기구라는 모델이 진지하게 고려된 적이 있음을 발견하게 됩니다. 따라서 그 당시에 현재와 같은 체제를 채택하게된 근거가 무엇이었는지 재검토하고 그것이 지금도 여전히 유효한지 생각해 보는 것이 중요할 것입니다. 바로 이 이슈에 관해서는 로마 가톨릭교회와 WCC 사이의 공동연구그룹(Joint Working Group)에서도 논의가 있었고, 교회와 에큐메니칼 관계에 관한 논의의 와중에서도 다루어진 바 있습니다. 이러한 논의들의 결과물에 대해 다시금 고찰해 보는 것이 필수적이지 않겠습니까? 그렇게 하는 동안, 몇몇 에큐메니칼 조직들은 자신에 대해 재고하고 재구성할 필요성을 깨닫게 되었습니다. 몇 가지 예를 들자면, 중동교회협의회(Middle East Council of Churches)는 로마 가톨릭교회를 회원으로 포함하는 "교단"(church families) 모델을, 잉글랜드와 아일랜드의 교회들은 "교회 연합"(churches together) 모델을 택하였으며, 캐나다의 교회들은 "에큐메니칼 제휴"(ecumenical coalitions)를 이루어 대화 모델(forum model)로 나아갔습니다. 계속적으로 "그리스도교 협의체들" 혹은 "협의체들의 협의체들"의 논의와 경험들을 상기하는 것이 적절할 것입니다.

"하나의 에큐메니칼 운동" 안에서 교회들과 에큐메니칼 파트너들과 관계를 맺는 일뿐만 아니라, 에큐메니칼 기구들에서 교회들의 참여와 대표를 위한 모색은, 에큐메니칼 기구를 어떤 모델로 이끌 것인지를 둘러싼 논쟁에서 가장 중요한 핵심인 것 같습니다. 이 논쟁에 WCC가 특별히 기여할 수 있는 것은 무엇입니까? WCC는 다른 경험들로부터 어떻게 배울 수 있습니까? WCC가 "교회들이 교제"를 더욱 잘 섬기고 그 실제를 더욱 잘 반영할 수 있는 제도적인 구조를 갖추고자 하는 진지한 노력을 수행하기 위해 필요한 조처들은 무엇입니까?

d) 권역별 에큐메니칼 기구들(REOs)과 그리스도교 세계연맹들(CWCs)

과의 관계: WCC 조직과 그 프로그램을 계획하고 의사결정을 하는 과정에서 대표로 활동하고 참여할 수 있게 해달라는 요구가 권역별 에큐메니칼 기구들과 그리스도교 세계연맹들과 같은 에큐메니칼 파트너들로부터 나왔습니다. 에큐메니칼 운동에서 파트너들과 관계를 맺는 데서 나오는 활기를 어떻게 구체적인 형태의 조직적 협력으로 바꾸어 놓을 수 있을까요?[30] 우리는 권역별 에큐메니칼 기구들과 그리스도교 세계연맹들을 WCC의 의사결정 구조 안에 더욱 직접적으로 포함할 방법을 찾을 수 있을까요? 지금이 세계적인 그리고 권역 차원의 에큐메니칼 운동 조직들을 보다 직접적으로 연결시키는 새로운 형태에 대한 성찰 과정에 착수할 때일까요?

이러한 질문들은 우리가 CUV의 "완결되지 못한 아젠다"라고 말할 수 있는 부분이란 결국 하나의 에큐메니칼 운동에서 동역자들과 맺는 모든 관계를 더욱 깊게 하는 것이라는 사실을 지적해 줍니다.

e) **그리스도교 교회들과 에큐메니칼 기구들의 포럼**: 오늘날 모든 교회들과 에큐메니칼 기구들은 사역의 방향성을 새롭게 모색하고, 장차 "하나의 에큐메니칼 운동"을 섬기기 위해 어떤 기구들이 필요하게 될지 함께 고찰하라는 요구를 받고 있습니다. 그리스도교 교회들과 에큐메니칼 기구들의 포럼이라는 개념은 에큐메니칼 운동에 관여하고 있는 사람들이, WCC에 구조적으로 연결되어 있든지 그렇지 않든지 간에, 대화와 협력을 목적으로 함께 모일 수 있는 하나의 방법으로 제안되었습니다. 교회들, 에큐메니칼 기구들, 교단들과 에큐메니칼 협회들에 자문을 구한 이후에, 이러한 제안은 보세이에서 개최된(1998년 8월) 협의회에서 제시되었습니다.

제안된 포럼은 보다 의미 있고, 보다 포괄적인 관계 형성을 돕는 것을 그 목적으로 하고 있습니다. 그것은 통찰과 정보를 공유한다는 목적을 가지

---

30) CUV 4장, *Assembly Workbook*, 113-116.

고 그리스도교 일치와 공동의 증언이라는 이슈에 우선적인 관심을 기울이게 될 것이고, 공동의 방향을 정립하는 데 집중하게 될 것입니다. 이 제안을 마련하는 데 열심히 참여한 사람들은 포럼이 그 나름의 관리조직을 갖추고 정책을 입안할 야심을 지닌 하나의 새로운 조직체가 되어서는 안 되고, 오히려 유연하고, 열려 있으며, 최소한의 규칙과 구조만 갖추어야 한다는 점을 잘 알고 있었습니다. WCC는 포럼의 주최자가 아니라, 여러 파트너들 중 하나가 될 것입니다.

우리가 꿈꾸는 포럼은 이따금씩 모이는 모임으로서, 의사결정이나 프로그램 발의 혹은 문서 작성을 위한 모임이라기보다는, 함께 예배하며 공동의 그리스도교적 관심사를 탐구하고 상호이해를 발전시킬 기회를 제공해 주는 모임입니다. 제안서는 회원교회들과 에큐메니칼 파트너들에게 논평과 응답을 듣기 위해 배부될 예정입니다. 우리는 지금 이 제안과 관련해 아주 초기 단계에 있고, 따라서 이 단계에서 이번 총회 동안 가능한 활동은 WCC로 하여금 이 프로젝트에 관련된 모든 에큐메니칼 기관들과 계속해서 협의할 것을 촉구하는 것이 될 것입니다.

여러분 모두 의견을 제시해 주시면 감사하겠습니다. 여러분은 또한 정책자문 제1위원회에 서면으로 논평을 제출해 주셔도 좋겠습니다. 이번 총회 기간 동안 제시되는 모든 의견서들에 귀 기울이고 총회가 적절한 조치를 취할 수 있도록 지침을 내놓는 것이 그 책무입니다.

토론

두 차례의 회의에서 참가자들로부터 제기된 이슈는 다음과 같은 것들이었습니다. (1) 정교회의 WCC 참여는 전체 에큐메니칼 운동에 대한 요구이지, 단지 정교회 "문제"가 아닙니다. 정교회는 "소외되고 주변화되었다고" 느껴왔습니다. 필요한 것은 "교회 전통들 사이에 새로운 동등함"을 구축하고, "철저한 재구성"을 이루는 것입니다. WCC는 거룩한 삼위일체 하나님에 대한 교회들의 염원에 기초한 공동의 비전을 발전시킬 필요가 있습니다. 이러한 비전을 개발하는 과정은 투표보다는 합의를 통해 이루어져야 하지만, 이러한 과정이 "연약한 목소리들을 침묵하게" 만들지는 않을까요? 제안된 "다양한 교파로 구성된 신학위원회"는 이런 점들을 잘 다룰 수 있도록 도울 것입니다. (2) 공동의 신앙고백에 도달하는 것에 대해서는 지나치게 강조된 반면에, 공동의 소명에 대해서는 충분히 강조되지 않았다는 점입니다. 총회는 교회의 선교에 대해 부적절하게 이야기해 왔습니다. 그동안 우리의 에큐메니칼 투쟁 가운데 많은 것들이 신학보다는 권력에 관한 것들이었으며, 우리는 이 점을 인정해야 합니다. (3) 에큐메니즘은 평신도 그리스도인들과 더불어 시작하는 것이므로, 우리는 모든 그리스도인들에게 효과적으로 의사를 전달할 수 있는 언어를 사용해야 합니다. (4) 같은 신앙고백에 기반하고 있는 각 교단들은 어떻게 에큐메니칼 논의에 기여할 수 있습니까? 다른 교회들은 어떻게 참여할 수 있습니까? "에큐메니칼 포럼"은 더 폭넓은 그리스도교 기관들이 대화와 협력에 참여할 수 있는 보다 열린 공간을 창조해 낼 수 있을까요? 그것은 유사한 조직체계를 만드는, 혹은 WCC를 통해 헌신하던 교회들이 이탈하도록 만드는 위험을 자초하는 것은 아닐까요? (5) WCC 회장단은 헌장 수정안에서 제시하는 것처럼 중앙위원회가 선출해서는 안 되고, 예전에 해왔던 대로 총회 대표단이 선출해야 합니다.

두 차례에 걸친 회의 동안 20명의 참여자들이 발언하였습니다.

3.6. 우리의 에큐메니칼 비전

12월 13일에 있었던 헌신 예배에서 대표단은 다음과 같은 내용으로 에큐메니칼 비전을 재천명하였습니다.

우리를 하나가 되라고 부르신 예수 그리스도께서
우리 가운데 계십니다.
우리는 세계 각처에서 모인 그리스도인들로서
삼위일체 하나님께서 우리가 속한 교회들을 신앙과 삶,
증언과 봉사에서
더욱 가깝게 묶어주셨음을 감사드립니다.
우리는 WCC 50주년을 축하합니다.
WCC는 "성경에 따라 우리 주 예수 그리스도를 하나님이자 구세주로 고백하고 그에 따라 한분 하나님이신 아버지와 아들과 성령의 영광을 위해 공동의 소명을 함께 수행하고자 하는 교회들의 교제입니다."

우리 앞서 걸어가신 분들의 유산을 물려받다.

우리는 교회가 모든 사람들을 하나님과의 교제와 서로간의 교제로 이끌 것이라는 비전으로 함께 모였으며, 하나의 세례를 고백하고, 하나의 거룩한 성만찬을 기념하고, 공동의 직무를 인정합니다.

우리는 교회가 사도적인 신앙을 고백하고, 협의체적 교제 가운데 생활하며, 상호책임성 가운데 함께 행동함으로써 그 하나됨을 표현할 것이라는 비전으로 함께 모였습니다.

우리는 교회의 비전으로 도전받습니다.
모든 사람들에게 나아가 나누고, 돌보고, 하나님의 구속의 복음을 전하고,
하나님나라의 표지가 되고 세상의 종이 되는 비전.

우리는 교회의 비전으로 도전받습니다.

함께 길을 걷는 하나님의 백성으로서,

인종, 성별, 나이, 문화의 모든 분열에 맞서 정의와 평화를 실현시키기 위해
애쓰고, 창조의 본래 모습을 지키는 비전.

**우리의 책무는 하나님의 백성에게 요청되는 비전을 지금 여기서 구체화하는
것이라는 사실을 새롭게 천명하다.**

우리는 하나님의 용서를 통해 자유롭게 된 백성으로서 함께 길을 갑니다.

망가진 세상 속에서 우리는 화해의 복음, 그리스도 안에 있는 치유와 정의를
선포합니다.

우리는 부활신앙을 지닌 백성으로서 함께 길을 갑니다.

배척과 절망의 한복판에서 우리는 기쁨과 소망 가운데 모든 생명이 충만해질
것이라는 약속을 붙듭니다.

우리는 기도의 백성으로서 함께 길을 갑니다.

혼란과 정체성 상실의 와중에서 우리는 성취되고 있는 하나님의 목표의 표지
들을 분별하고 하나님의 통치가 임하기를 기다립니다.

그러므로 이것이 에큐메니칼 운동에 대한 우리의 비전입니다.

우리는 모든 사람들,

젊은이와 늙은이, 여성과 남성, 평신도와 성직자의 은사를 확인하면서,

그리스도의 몸이 가시적인 일치를 이루기를 간절히 바랍니다.

우리는 인류 공동체의 치유를,
하나님이 창조하신 모든 피조물의 온전함을 기대합니다.

우리는 용서의 해방시키는 능력을,
반목을 우정으로 바꾸고, 폭력의 악순환을 끊는 능력을 믿습니다.

우리는 대화와 연대의 문화를 맞아들이며,
이방인들과 삶을 나누고 다른 신앙을 지닌 사람들과의 만남을 추구합니다.

이것이 우리의 약속입니다

우리는 함께 할 것이며 계속해서 일치 안에서 더불어 성장할 것입니다.
우리는 세상이 믿을 수 있도록 우리 모두가 하나가 되라(요 17:21)는 예수 그리스도의 기도에 응답합니다.
우리는 하나님의 뜻 안에서 하늘에 있는 것이나 땅에 있는 것이 다 그리스도 안에서 통일될 것이라(엡 1:10)는 확신에 근거해 힘을 얻습니다.

우리는 우리를 묶는 것이 우리를 분리시키는 것보다 더 강하다고 단언합니다.
어떠한 실패나 불확실성도, 두려움이나 위협도 일치를 향한 여정을 계속해서 함께 걷고자 하는 우리의 의지를 약화시킬 수 없습니다. 우리는 우리와 함께 이 길을 걷고자 하는 사람들을 환영하고, 우리 공동의 비전을 넓히며, 신앙 안에서 함께 증언하고 행동할 수 있는 새로운 방식들을 발견하면서 이 길을 갈 것입니다.

우리는 50주년을 맞는 이때 WCC를 강화시키기 위해 다음과 같이 다짐하는 바입니다.

우리는 WCC를 그 기본 설립목적인 삼위일체 하나님의 영광을 추구하는 참된 에큐메니칼 교제로 강화시키고자 합니다.

기도:
일치의 하나님, 사랑의 하나님
우리 입술로 말하는 것들이 우리의 마음속에서 강해지게 하소서.
우리 마음으로 다짐하는 것들이 우리의 삶 속에서 생생하게 해주소서.
우리에게 당신의 성령을 보내주시어
우리가 감히 기도하지 못하는 것들을 기도하게 하시고
우리가 주장하는 것 너머까지 주장하게 하시고
우리가 각기 제 길로 가고자 할 때 우리를 묶어 주소서
우리를 앞으로 이끄소서.
우리를 함께 이끄소서.
우리로 당신의 뜻,
우리 주 예수 그리스도의 뜻을 행하게 하소서.
아멘.

오늘날
세계적인 이슈들에 대한 조처들

4. 오늘날 세계적인 이슈들에 대한 조처들

4.1. 정책자문 제2위원회의 사역

베스트(Marion S. Best: Canada)가 의장을 맡은 정책자문 제2위원회는 특별히 세상 속에서 교회의 참여와 연관된 네 가지 이슈를 다루었습니다. 그래서 위원회의 최종 보고서는 네 개의 부분으로 이루어져 있는데, 부가적인 3개의 문서는 총회에서 채택되지 않아 이 보고서에 부록으로 실렸습니다. 네 가지 이슈는 (1) 수단에 관한 기초적인 보고를 포함한 아프리카 상황에 대한 응답, (2) 국제 부채, (3) 세계화, (4) 여성과 연대하는 교회의 에큐메니칼 10년입니다. 위원회는 12월 12일 전체회의에서 이 이슈들에 대한 제안서를 제출하였다가, 수정을 위한 권고사항들을 적용해서 12월 14일에 최종 문서를 제출하였습니다.

4.2. 부채 문제(정책자문 제2위원회 보고서에서)
가난에 내몰린 사람들에 대한 부채 압박을 종식시키는 희년
1. 새 천년의 부채와 희년

세 번째 천년을 앞둔 지금, WCC의 희년 총회는 하나님의 희년 명령과 이 비전을 확인하는 그리스도의 선포를 숙고해야 합니다. 사하라 사막 아래쪽의 아프리카에서 모인 우리는 집요한 부채 사슬로 인해 사회적, 정치적, 생태적 고통을 당하고 있는 수백만 사람들의 울부짖음을 들었습니다. 우리는 통찰과 응답의 과정을 통해 부채의 압박을 끊고, 그로 인한 폐해들을 제거하고, 부채로 인한 위기가 다시는 일어나지 않도록 할 새로운 방법을 찾기 위해 소집되었습니다. 이 일은 오직 새롭고 정의로운 세계질서를 통해서만 성취될 수 있습니다.

　WCC는 신앙의 사람들과 양심을 지키는 공동체들이 안식일과 희년에 대한 명령을 이행하는 일에 동참하도록 힘을 쏟아 왔습니다. 부채가 탕감되는 희년에 대한 소망 안에서 트럼펫을 불고 기뻐하였습니다. 우리는 모든 에큐메니칼 공동체 회원들이 고찰할 수 있도록 이 정책문서를 제출하는 바이며, 우리의 교회들이 행동에 나서고 우리가 부채탕감을 실현시키는 일에 헌신하기를 바랍니다.

　1970년대 이후로, WCC와 그 회원교회들, 그리고 에큐메니칼 파트너들은 부채 위기를 다루는 일에 우선순위를 두어 왔습니다. 몇 차례 WCC는 부채의 희생자들과 연대하는 입장을 밝히기도 하였습니다. 중앙위원회의 요청에 답하여, 24개국 대표들과 다양한 교파들이 참여한 WCC 로스 루비오스 (Los Rubios) 부채 협의회(1998)는 부채에 관한 이 정책 선언문을 만들어 내는 과정에 착수하였습니다. 그렇지만 가난에 내몰린 국가들의 부채를 탕감하고 굶주린 자들의 고통을 덜어주려는 교회의 소망은 아직 실현되지 못하였습니다.

2. 안식일과 희년에 대한 비전 … 모두를 생명으로 이끄는 희년

　안식일과 희년 전통을 통해 히브리 성서와 그리스도교 성서는 주기적으로 구조적인 불의와 가난을 극복하고 바른 관계를 회복할 수 있도록 결정적인 명령을 제시하고 있습니다. 초기의 히브리 안식일 전통에서는 땅을 소진시키고 개발하는 일이 안식일과 안식년에 제한되었습니다. 사람과 동물은 7일째마다, 땅은 7년마다 안식을 취해야 했습니다(출 23:10-12). 안식년 동안에는 빚을 탕감해 주고 노예를 해방시키며 희년에는 모든 가족의 땅을 회복시킬 수 있었습니다(레 25). 이런 율법은 "여호와의 은혜의 해"에(사 61:1-2a) 시행되었으며 이사야서 65:17-25에는 "새 하늘과 새 땅"으로 묘사되어 있습니다. 다른 말로 해서, 정의는 모든 하나님의 피조물들에게 평화를 가져다줍니다. 신약성서에서 예수는 가난한 자들에게 복음을, 갇힌 자에게 놓여남을, 눈먼 자에게 보게 함을, 억눌린 자에게 해방을 선포하심으로써 희년의 비전을 확장시키십니다. 예수는 제자들에게 (우리가 우리 채무자들의 빚을 탕감해 주듯이) 빚을 탕감해 줄 것을 기도하라고 가르쳤습니다. 오순절은 자발적으로 소유를 나누는 특징이 있었고, 그로 인해 "그 중에 가난한 사람이 없었습니다."(행 4:34; 또한 신 15:4참조).

　　안식일 전통과 희년의 비전은 수천 년 전에 그랬듯이 오늘날에도 현실 적합성을 지닙니다. 최빈국들이 서구 정부와 채권자들에게 부채로 인해 속박되는 것은 현대판 노예제도입니다. 부유한 나라들의 소수에게 부가 점점 더 집중화되고 최빈국들에서는 생활수준이 급속도로 곤두박질치고 있다는 사실은 고대의 안식일과 희년 주기에 따른 교정을 요청합니다. 부채위기로 인해 치러야 하는 사회적, 정치적, 생태적 대가는 더 이상 용인될 수 없고 반드시 시정되어야 합니다. 우리가 안식일–희년 명령을 이행할 때에만 우리는 "하나님께로 돌이키고 소망 가운데 기뻐할"수 있습니다.

3. WCC 제8차 총회는 다음과 같이 선언합니다.

　　a) 가난에 내몰린 국가들의 부채를 탕감하고 파괴적인 부채 축적의 순환문제를 다루는 일은 긴급한 사안입니다.

　　오늘날 세계화된 경제체제는 대부업과 투기를 통해 소수의 손에 부가 집중되는 것을 조장합니다. 이러한 과정은 채무국들로 하여금 국제금융시장에서 돈을 빌리도록 장려하는 브레턴우즈 체제(Bretton Woods institutions)를 통해 G7 지도자들이 촉진시키고 있으며, 국제통화기금(IMF)은 전 세계로 자본이 이동하는 것을 막는 규제들을 철폐함으로써 이 과정을 더욱 손쉽게 만들어 줍니다. 외채는 경화(hard currency: 예를 들어 미국 달러나 영국 파운드)로만 변제될 수 있기 때문에, 채무국들은 수출이나 새로운 차관을 통해 이들 통화를 늘리는 방향으로 경제정책을 운용할 수밖에 없습니다. 이것은 왜 채무국들이 주된 식량 대신에 커피, 코코아, 카네이션과 같은 환금작물에 집중하도록 내몰리는지 설명해 주고, 또 이들이 왜 끝없이 돈을 빌리는 악순환에 갇혀 있을 수밖에 없는지 설명해 줍니다.

외채는 기하급수적으로 증가하고 있습니다. 현재 채권자들이 고안해낸 부채 관리 계획들(Heavily Indebted Poor Countries[HIPC] 발의)은 너무 적고, 너무 더디고, 극소수의 나라들에게만 제공되고 있습니다. 이런 계획들은 채권자들에 의해 구상된 것들이기 때문에, 그 목적이 부채를 경감시키는 데 있는 것이 아니라 부채를 받아내는 데 있습니다. 더욱이 국제통화기금으로 대표되는 서구의 채권자들은 채무 원리금 상환을 위한 세입을 창출하려는 목적으로 여러 조건들을 강제합니다. 구조조정 프로그램은 채무국들이 받아들이기 어려운 조건들을 부과하고 그들에게서 소중한 자원들을 빼내 갑니다. 현재의 부채 관리 계획들이 부채 면제 기회로 전환되지 않는다면, 부채 축적의 악순환이 반복될 것이고, 수백만의 사람들이 고통당할 것입니다.

단지 최빈국들만 부채위기에 내몰린 것이 아닙니다. 스스로 "중간 소득"에 해당한다고 생각하는 나라들도 부채위기의 위협에 처해 있습니다. 동남아시아와 브라질의 위기상황이 보여주는 것처럼, 분별없는 대출은 투기성 투자, 높은 수준의 부채와 자본도피로 이어집니다. 정부가 투기적인 공격에 대항해 자국 통화를 방어해야 할 때, 그들은 이율을 높이고 국제통화기금에서 새로이 차관을 들여올 수밖에 없습니다. 더 나아가, 타이의 경우에서 보듯이, 국제통화기금은 채무국에게 금융위기로 야기된 사적인 손실을 "국가에 귀속시키라"고 강제하고, 차관으로부터 아무런 이득도 보지 못한 대중에게 그 부담을 전가시킵니다. 심각한 부채를 지닌 소위 중간 소득 국가들이 곤두박질치는 부채순환과 경제적인 퇴락에서 벗어날 수 있도록 대폭적인 채무 경감이 긴급하게 요청됩니다.

　브레턴우즈 체제의 정책들, 특별히 자본흐름의 급격한 개방화는 점차 의문시되고 있습니다. 세계은행 핵심 경제학자의 최근의 공개적인 선언서는 이런 정책이 내포하고 있는 근본적인 결함들에 이목을 집중시켰습니다. 더욱이 그는 브레턴우즈 체제가 서구경제와 채무국에 각기 다른 이중적 잣대를 적용시켰다고 지적하였습니다. 세계은행과 국제통화기금 안에서 가난을 근절시키는 정책을 진척시키고 있는 이런 지도자들을 지지하는 것이 중요합니다.

　b) 개인과 공동체의 기본적이고 인간적인 필요와 권리, 그리고 자연환경의 보존은 부채상환보다 더 우선되어야 합니다.

　극심한 부채를 안고 있는 나라들은 자본부족으로 인해 새로운 차관을 요청하도록 내몰리고, 결국 국제통화기금의 정책을 따르고 그들의 경제주권을 포기할 수밖에 없게 됩니다. 채무국들은 건강, 공중위생, 깨끗한 물, 교육과 다른 사회적 필요들에 투자하기보다 더 우선적으로 빚을 변제할 수밖에 없습니다. 이것은 채무국 정부가 그 국민들에 대한 책임을 질 수 없도록 만들고, 이것은 다시 지역의 민주적 제도를 훼손시키게 됩니다. 부채와 대부 협상은 항상 소위 선진국인 북측의 엘리트와 개발도상국인 남측의 엘리트 사이에서 비밀리에 이루어지고, 이는 부패를 조장합니다.

　채무국의 가난에 내몰린 사람들에게서 서구의 채권자들에게로 자원이 넘어가 유용되는 것은 인권의 침해입니다. 더욱이 아무런 제재조치도 받지 않고 채권자들이 그런 정책을 강제할 수 있는 것은 위장된 정의입니다. 어린이와 여성들은 건강, 공중위생, 깨끗한 물 프로그램의 축소를 통해 부채 변제의 대가를 치러내야만 합니다. 게다가 수출에 집중함으로써 가난한 나라들의 숲은 헐벗게 되고 땅은 과도하게 착취당하고 자원은 회복 불가능한 상태가 되어, 나아가 심각한 환경문제가 대두됩니다. 높은 수준의 부채와 경제적인 퇴락은 불가피하게 사회적인 갈등과 분열, 심지어 전쟁으로 이끕니다. 군부와 부패한 독재정권과 인종차별 정책을 펴는 정권은 국제 법에서 악성부채로 규정된 가장 악질적인 부채를 초래하였습니다.

c) 채권자들과 채무자들 사이에 참여와 대화를 가능하게 해주는 새로운 구조와 장치가 절실하게 요청됩니다.

빌려주는 자와 빌리는 자 모두가 부채위기에 책임을 져야 합니다. 채권자들만이 부채경감 과정을 독점하는 것은 부당합니다. 우리는 채권자와 채무자 사이를 관리하는 새로운, 독립적이고 투명한 구조를 필요로 합니다. 특히 우리는 국제적인 부채탕감을 중재하는 새롭고 정의로운 과정을 필요로 합니다. 손실과 이익을 공유할 수 있게 해주는 국제파산법의 도입이 그 한 예입니다.

국제적이고 윤리적인 빌려주고-빌리는 제도적 장치를 도입하기 위한 공동의 정치적인 결의가 시급히 요청됩니다. 이 제도적 장치에는 부채경감과 미래의 부채위기 방지를 위한 과정에 교회를 포함한 시민사회도 참여해야 합니다. 이러한 제도적 장치는 반드시 윤리적이고 상호 책임적이고 투명한 해결책을 제시해야 하고, 단지 경제적 효율성만을 만족시키는 것이 아니라, 기본적인 인간의 필요와 권리 그리고 자연환경의 보존까지 충족시켜야 합니다. 부채 탕감 혹은 다른 경감 조치를 통해 자금이 조성되는 곳에서 시민사회단체는 이 돈이 사회적인 우선순위에 따라 어떻게 배분될지 결정하는 데 참여할 수 있어야 합니다.

d) 교회는 부채위기를 극복하기 위한 해결책을 제시하는 데서, 특별히 동반자관계를 형성하는 부분에서 중요한 역할을 할 수 있습니다.

부채탕감을 위한 중요한 활동이 교회와 그리스도교 공동체들에 의해 이루어져 왔습니다. WCC는 회원교회들, 교회 관련 기관들, 희년 2000 연합 같은 캠페인과 운동이 부채위기를 해결하는 일에 새롭게 헌신하고, 부당한 국제질서와 관계를 변혁시키려는 정치적 결의를 다지도록 대중을 일깨우고 동원할 것을 권장합니다. 교회는 빌려주고 빌리는 정책에 관한 정보를 정부에 요구함으로써 이 일을 가장 잘 할 수 있습니다.

총회는 회원교회들과 동역기관들에게 절실하게 요청되는 정부와 국제 금융기구들과의 토론을 위한 광장을 마련할 것을 권합니다. 교회와 동역기관들은 더 부유한 나라의 정부를 강권해서, (1) 쌍방적이고 다방면적인 부채탕감을 위한 지원을 늘리도록, (2) 국제 금융기구들을 보다 민주적이고, 투명하고, 세계에서 가장 가난한 나라들의 필요에 책임을 지는 기관으로 만들려는 노력을 뒷받침하도록 해야 합니다.

4. WCC 제8차 총회는 회원교회들과 에큐메니칼 운동에 다음과 같은일을 요청합니다.

a) 심각한 부채와 가난에 시달리는 나라들의 부채를 탕감하여 그들이 새천년을 새롭게 출발할 수 있도록 해야 합니다.

b) 심각한 부채의 늪에 빠진 중간 소득 국가들의 부채를 상환기간 연장 없이 대폭적으로 삭감시켜야 합니다.

c) 부채탕감으로 조성된 기금을 어떻게 사회적·생태적 손실을 회복시키는데 사용해야 할지 결정하고 감시하는 일에 시민사회를 참여시켜야 합니다.

d) 부채탕감을 위한 독립적이고 투명한 조정과정을 확립하고, 장차 부채위기가 재발하는 것을 막기 위해 윤리적인 대부/차관 정책을 확립해야 합니다.

e) 모든 나라에 윤리적인 정부를 확립하고, 모든 형태의 부패와 차관을 통해 조달한 자금의 남용을 방지하는 입법 활동을 전개해야 합니다.

f) 부채의 이자를 감당하지 못하고 그 결과 각종 제재조처로 고통당하는 채무국의 가난한 사람들에게 전폭적인 지원을 해야 합니다.

5. 안식일-희년 비전에 따라, WCC 제8차 총회는 G8국가 지도자들에게다음과 같은 시급한 과제를 인식할 것을 호소합니다.

a) 최빈국의 부채를 탕감하여 그들이 새천년을 새롭게 출발할 수 있도록 해야 합니다.

b) 중간 소득 국가들의 부채를 상환기간 연장 없이 대폭적으로 삭감해야 합니다.

c) 채권자들이 설정해 놓은 조건이 충족될 때까지 부채탕감을 연기해서는 안 됩니다.

d) 국제적인 부채탕감에 대한 협상과 합의를 위한 새롭고 독립적이고 투명한 조정과정을 도입해야 합니다.

e) 부채가 경감되었을 때 채무국의 책임감을 증진시키기 위한 조처를 마련해야 합니다. 이러한 조처들은 교회와 시민사회의 다른 대표기구들을 포함하는 지역 공동체 기관들이 결정하고 감시함으로써, 부채 탕감이 부의 정당한 분배로 이어지도록 해야 합니다.

f) 불법적으로 외국은행의 비밀계좌로 흘러들어간 자금이 채무국에게 회수되도록 하는 일에 권한을 사용해야 합니다.

g) 부의 정당한 분배를 위한, 그리고 부채의 새로운 순환을 방지하는 세계경제 개혁의 과정에서 시민사회와 협의하는 일에 동참해야 합니다.

4.3. 세계화(정책자문 제2위원회 보고서에서)

세계화는 단순히 경제적 이슈가 아닙니다. 그것은 문화적, 정치적, 윤리적, 생태학적 이슈입니다.

그리스도인들과 교회들은 수많은 사람들, 특히 가난한 사람들이 직면하고 있는 세계화의 새롭고 도발적인 양상들에 자신들이 맞닥뜨려 있음을 점차

깨닫게 됩니다. 우리는 어떻게 이런 세계화의 시대에 우리의 믿음을 지키며
살 수 있을까요?

권고

1. 세계화에 대한 도전이 WCC의 활동에서 중요한 주제가 되어야 한다
는 것이 우리의 확신이며, 이는 과거 WCC의 중요한 노력 위에 바탕을 둔 것
입니다. 세계화 배후에 도사리고 있는 시각은 오이쿠메네, 지구상의 모든 인
류의 하나됨을 향한 그리스도인들의 헌신과 맞서는 시각입니다. 이러한 인식
은 회원교회들과 다른 에큐메니칼 기관들의 연관된 활동들에 반영되어야 하
고 또 CUV 문서를 진척시키려는 우리의 노력에도 반영되어야 합니다. 비록
세계화가 불가피한 삶의 현실이라 할지라도, 우리는 그 배후에 있는 관점에
굴복해서는 안 되고, 오히려 다양성 속에서 가시적 일치를 향한, 신앙의 오이
쿠메네와 연대성을 향한 대안적인 방법들을 찾아내어 강화시켜야 합니다.

2. 세계화의 논리에 대해 우리는 다양성을 지닌 공동체의 대안적 삶의
방식으로 도전해야 합니다. 그리스도인들과 교회들은 신앙의 관점에서 세계
화의 도전에 대해 숙고해야 하고, 그에 따라 경제적 문화적 세계화의 일방적
인 지배에 대해 저항해야 합니다. 긴급하게 요청되는 것은 현재의 경제체제
에 대한 대안을 모색하고, 효과적인 정치규제를 실현시키고, 그리고 세계화
의 과정과 그 함의들을 교정하는 것입니다.

3. 우리는 세계개혁교회연맹 23차 총회(데브레첸, 1997년)가 경제 부정
의와 생태계 파괴에 대한 인식, 교육과 신앙고백의 과정에 우리를 초대해 준
데 대해 감사를 표하는 바이며, WCC 회원교회들이 이 과정에 적극 참여할
것을 권장합니다.

4. 종종 아무런 비난을 받지 않고 전 세계에 행사되는 국제적인 단체와
기구들의 무책임한 권력을 고려할 때, 우리는 효과적인 세계운용기구를 만드

는 일에 다른 사람들과 함께 헌신해야 합니다.

5. 세계화의 도전에 보다 분명하고 포괄적으로 대응할 수 있도록 WCC의 역량을 증진시키는 것이 매우 우선적인 과제입니다. 이것은 특별히 경제적이며 생태적인 이슈에 대한 밀접한 협력과 협조를 포함합니다.

6. 세계화에 관한 활동은 교회들, 에큐메니칼 단체와 사회운동의 주도하에 이루어져야 하고, 그 주도권을 더 강화시켜야 합니다. 또한 그들의 협력을 지지하고, 그들이 실천할 수 있도록 격려하고, 세계화에 관한 이슈들을 다루는 시민사회의 파트너들과 제휴해야 합니다. 특별히 다음과 같은 일들에 집중해야 합니다.

- 국제기구들, 즉 경제협력개발기구(OECD), 국제통화기금(IMF), 세계은행(WB), 세계무역기구(WTO), 국제노동기구(ILO), 그리고 관련된 다변적인 협정들의 정책이 긍정적인 측면뿐 아니라 해로운 측면 또한 지닌다는 것을 적절한 방식으로 밝혀내기 위해 대안적인 대응을 해나가야 합니다.

- 부채탕감과 대차(貸借)에 관한 새로운 윤리와 체계를 주창하고 캠페인을 벌여야 합니다.

- 대안적인 옵션들을 개발하는 데 도움이 될 수 있는 금융거래세(Tobin tax), 규제를 받지 않는 자금흐름에 대한 제한 등을 포함하는 새로운 금융체제의 발의에 협력해야 합니다.

- 세계화의 결과로 모든 지역에서 노동자들이 직면하고 있는 실직과 노동조건의 악화 문제를 다루자는 발의를 지지해야 합니다.

- 새로운 형태의 생산 조정을 통한 지역적 대안, 공정무역, 대안적인 은행제도, 그리고 특별히 고도로 산업화된 국가들에서는 삶의 스타일과 소비패턴의 변화가 가능하도록 지원해야 합니다.

- 토지, 노동, 실업, 그리고 금융, 예를 들어 연금과 다른 재정자원들의 윤리적인 투자와 농지의 사용 등과 같은 금융문제를 교회가 어떻게 다루고 있

는지 검토해야 합니다.

- 세계화와 그 관련 이슈들에 대한 경제적 교양과 지도력 훈련을 진작시켜야
합니다.
- 경제적인 이슈들을 신앙의 문제로 숙고해야 합니다.

4.4. 공공쟁점처리위원회의 활동

공개적인 선언문은 WCC에 참여하는 교회들로 하여금 중요한 국제적
그리고 에큐메니칼적인 관심사들에 대해 한목소리로 말할 수 있도록 해주는
하나의 도구입니다. 그런 선언문들의 권위는 "오로지 그것이 담고 있는 진리
와 지혜의 무게에"(WCC 강령 X) 뿌리를 두고 있습니다.

1976년 중앙위원회는 공개선언문을 작성하는 기본원리를 분명하게 밝
히는 다음과 같은 지침을 정했습니다.

1) WCC가 직접적으로 관여하고 오랫동안 헌신해 왔던 영역과 이슈.

2) 교회가 관심을 갖고 행동해야 할 필요가 있는 새롭게 대두되는 국제적인
관심사.

3) WCC의 판단을 알리고 영적이고 도덕적인 목소리를 내도록 요구하는 중
요한 정치적 상황.

4) WCC가 입장을 밝혀야 한다는 회원교회들의 요구.

5) WCC 사무국을 위한 정책 지시사항을 마련하려는 목적.

제8차 총회의 공공쟁점처리위원회(의장은 노르웨이교회 소속의 Trond
Bakkevig)는 세 가지 이슈, 즉 어린 병사들, 예루살렘의 지위, 그리고 인권
에 대한 선언문을 내놓았습니다. 위원회가 12월 4일 금요일에 본회의에 1차
문서를 제출하자, 아론 톨렌(Aaron Tolen)은 12월 10일에 인권선언 50주년
을 기념하는 문서를 제출하였습니다. 위원회는 12월 12일 총회의 실무회의
에 최종 문서를 제출하였습니다.

4.5. 어린 병사들에 관한 선언문

수십만 명에 달하는 18세 미만의 소년소녀들이 오늘날 전 세계에 걸쳐 정규군이나 비정규군에 편제되어 있습니다. 30만 명이 넘는 아이들이 현재 무장충돌의 현장에 개입되어 있습니다. 상당수는 합법적으로 모집되었지만, 또 다른 아이들은 납치나 강요에 의해 투입되었습니다. 대부분의 어린 병사들은 사회의 주변부나 소외집단 출신입니다.

무장충돌에 소년소녀들이 연루되는 것은 기본적인 인도주의 원칙을 위반하는 것이며, 그들을 죽음과 부상의 위험에 노출시키고, 그들의 육체적·정신적·감성적·영적 참살이를 위협하고, 그들을 폭력의 문화로 내모는 것입니다. 1998년 12월 3~14일 짐바브웨의 하라레에서 열린 WCC 제8차 총회는 다음과 같이 선언합니다.

1) 전쟁이 하나님의 뜻에 어긋난다는 제1차 총회의 확언을 **상기합니다.**
2) 전쟁과 폭력의 불법성을 고발하고, 전쟁의 정신, 논리, 관행을 극복하려고 노력한다는 우리의 약속을 **새롭게 합니다.**
3) 어린 세대의 권리를 침해하고, 그들을 학대하거나 착취하는 모든 정책이나 권위에 대한 반대 입장을 **재천명합니다.**
4) 전투에 어떤 식으로든 아이들을 이용하는 것을 **정죄합니다.**
5) 회원교회들에게 다음과 같이 **요구합니다.**
    – 어린 아이들을 병사로 모집하거나 참여시키는 것을 즉각적으로 중지시키고 현재의 어린 병사들을 해산시킬 것을 요구해야 합니다.
    – 이전에 병사로 동원되었던 아이들의 사회복귀와 사회재통합, 그리고 회복을 위해 일하는 사람들을 도와야 하며, 특별히 이전에 병사로 있었던 소녀들의 필요에 관심을 기울여야 합니다.

- 강제적이든 자발적이든 간에 어린이들을 정규군이나 비정규군으로 모집하는 행위를 방지하기 위해 일해야 합니다.
- 이러한 대의를 위한 국제적인 기준을 마련하기 위해 노력해야 합니다. 특별히 어린이 인권에 관한 협정을 수정하여 전쟁에 모집할 수 있는 최소연령을 15세에서 18세로 상향시켜야 합니다.
- 각 나라의 헌법에서 이런 기준이 채택되고 적용될 수 있도록 정부에 촉구해야 합니다.

6) 특별히 아프리카의 회원교회들에게 **요청하는** 것은, 어린이의 권리와 복지에 대한 아프리카 헌장을 그들 정부가 즉각 비준하도록 주창하라는 것입니다. 이 헌장은 18세 이하의 어린이들을 군대에 모집하고 전투행위에 참여시키는 것을 금하고 있습니다.

4.6. 예루살렘의 지위에 관한 선언문

예루살렘이 다시금 전 세계적인 관심의 초점이 된 이때에, 우리는 이 도시가 그리스도교 신앙의 중심지임을 상기합니다. 이 도시에서 우리 주 예수 그리스도께서 십자가에 못 박히시고 죽으시고 부활하셨습니다. 예루살렘은 성령의 은사가 주어진 곳이고 교회가 탄생한 곳입니다. 신약성서의 기자들에게 예루살렘은 새 창조, 장차 올 생명, 모든 민족의 열망을 나타냅니다. 그곳에서 하나님께서 모든 눈물을 닦아 주실 것이며, 그곳에서는 "처음 것들이 다 지나갔으니, 다시는 사망이 없고 애통하는 것이나 곡하는 것이나 아픈 것이 없을 것입니다"(계 21:4). 예루살렘은 2천 년 동안 신실한 그리스도인들이 복음의 진리를 생생하게 증언한 곳입니다. 이러한 "살아 있는 돌들"을 통해 성서의 장소들은 생명을 입게 됩니다.

WCC는 1948년 이래로 계속해서 예루살렘 문제를 다루어 왔습니다. 예루살렘은 국제연맹의 위임통치와 분할정책(League of Nations Mandate and Partition) 이래로 이스라엘-팔레스타인 충돌의 중심이었습니다. 그렇지만 예루살렘 이슈는 그것과 관련된 문제의 복잡성 때문에 항상 "미래의 협상"으로 연기되어 왔습니다. 당사자들과 국제 사회가 이 문제를 해결하지 못함으로 인해 예루살렘은 일련의 일방적인 행동들에 노출될 수밖에 되었고, 이런 일방적인 행동들은 특별히 팔레스타인 사람들의 권리를 침해하고, 예루살렘과 그 지역의 모든 거주민들의 평화와 안전을 계속적으로 위협하는 방식으로 예루살렘의 지형과 인구구성을 급속히 바꾸어 놓았습니다.

예루살렘 문제를 위한 해결책이 중동의 최종적인 협상안에서 본질적이라는 사실을 인식하면서, 1998년 12월 3~14일 짐바브웨의 하라레에서 모인 WCC 제8차 총회는 다음과 같이 밝히는 바입니다.

1. 아래와 같은 WCC의 종전 입장들을 **재확인합니다.**
1.1. 예루살렘은 세 개의 유일신 종교, 즉 유대교, 그리스도교, 이슬람교의 거룩한 도시입니다. 이 세 종교는 예루살렘이 세 종교에 속한 신자들 모두에게 개방되고, 서로가 만나 더불어 살아갈 수 있는 곳이 될 수 있도록 협력해야 할 책임을 공유합니다.
1.2. 예루살렘과 인근지역에 있는 그리스도교의 성지들은 대부분 WCC의 회원교회들, 특별히 그 지역의 동방정교회와 오리엔탈정교회에게 속합니다. 예루살렘의 성지들의 미래에 관해 제시된 모든 해결책들은 가장 직접적으로 관련되어 있는 교회들의 적법한 권리를 참작해야 합니다.
1.3. 그리스도교 공동체와 권력의 관계를 규정하는 특별한 법률은 고대의 언약과 법령에 의해 보장되고, 국제조약들(1856년 파리, 1878년 베를린)과 국제연맹에 성문화되어 있으며, 이것은 흔히 성지의 현상유지로 알려져 있는데, 이 특별법이 지켜져야 합니다.

1.4. 성지와 관련된 모든 문제의 해결은 대화를 통해, 그리고 관련 당사자들과 통치 권력이 존중하는 국제적인 보호와 보장 아래 이루어져야 합니다.

1.5. 예루살렘 문제는 단지 성지를 보호하는 문제가 아니라, 그곳에 사는 사람들과 그들의 생생한 신앙과 공동체와도 유기적으로 연결되어 있는 문제입니다. 성묘들(holy shrines)은 단지 관광 기념물이 되어서는 안 되고, 계속해서 그 도시 안에서 생활하고 뿌리를 내리고 있는 모든 공동체가 융화를 이루고 응답하는 생생한 예배의 현장이 되어야 하고, 종교적인 애착과는 상관없이 그곳을 방문하거나 공경하는 마음을 표하고 싶어 하는 사람들에게도 그리해야 합니다.

1.6. 예루살렘의 미래는 이스라엘 사람들과 팔레스타인 사람들 모두의 운명과 관련된 광범위한 중동갈등의 전체적인 해결의 한 부분으로 바라보아야 합니다.

2. 그리스도교 교회의 요람인 예루살렘에 그리스도교 공동체들이 존속하는 의미와 중요성을 **재확인**하고, 예루살렘에 있는 팔레스타인 사람들 상당수가 그곳을 떠날 수밖에 없도록 그들의 기본권리를 침해하는 데 대해 **다시 한 번 규탄합니다.**

3. 예루살렘 미래의 지위에 관한 협상은 더 이상 지체 없이 이루어져야 하고 그 지역의 광범위한 안정의 결과로 간주되기보다는 그 일부분으로 간주되어야 한다고 **생각합니다.** 이러한 협상은 다음과 같은 점들을 고려해야 합니다.

3.1. 오늘날 중동의 상황, 특히 1991년 이후 이스라엘–팔레스타인 충돌에 관한 협상의 진전.

3.2. 계속적인 충돌이 국제적인 평화와 안보에 미치는 영향.

3.3. 그 지역의 모든 사람들, 특히 이스라엘과 팔레스타인 사람들이 정의, 평화, 안전, 동등한 권리, 그리고 자신들의 미래와 관련된 결정에 온전히

참여하는 것에 대한 정당한 관심.

3.4. 성지의 현상유지, 그리고 교회와 그와 연결된 공동체들과 사람들의 권리와 안녕에 대한 역사적인 약속.

3.5. 팔레스타인해방기구(PLO)와 이스라엘 국가 사이에 교환된 상호인정협정, 팔레스타인 사람들의 자결권과 국가로서의 권리.

4. 예루살렘의 지위와 관련된 국제법에 확립된 다음과 같은 뼈대를 **상기합니다.**

4.1. 성지와 종교공동체들의 권리에 관해 대강의 틀을 마련한 1922년 국제연맹이 확정한 팔레스타인에 대한 영국 위임통치 협약.

4.2. 팔레스타인특별위원회가 유엔총회(UNGA)에 제출한 1947년 보고서, 그리고 총회가 성지와 종교적인 권리와 소수의 권리를 상세하게 다루고 예루살렘을 지리적인 경계를 정확하게 그은 하나의 분할체(corpus separatum)이자 법령체(statute)로 확정한 "분할 안"(Partition Plan: 결의안 181(II), 1947년 11월 29일).

4.3. 예루살렘의 특별한 지위와 팔레스타인 난민들의 귀환권을 명시한 유엔총회의 결의안 194(1948년 12월), 그리고 결의안 181과 194를 재확인하는 후속적인 결의안들.

4.4. "점령지"로 간주된 팔레스타인 지역에 적용되고 있는 제4차 제네바협약(1949).

4.5. 1948년 12월 9일의 유엔총회 결의안 303(IV). 이것을 통해 유엔총회는 "예루살렘이 항구적으로 국제통치 하에 놓여야 한다는 …" 그리고 "유엔의 통치를 받는 … 특별한 국제기구 하에 분리체로 수립되어야 한다는 취지"를 재천명하였습니다.

4.6. 이스라엘이 예루살렘을 포함한 모든 점령지에서 물러날 것을 요구하는 유엔안전보장이사회 결의안 242(1967)와 338(1973), 그리고 특별히 예루살렘과 관련된 후속적인 결의안들.

5. 유엔과 같은 국제적인 공동체가 예루살렘 문제에 관해 권위와 책임을 지니고 예루살렘의 법적인 지위 변경을 승인할 권리를 지닌다는 것과, 일방적인 행동이든 당사자들에 의해 합의된 최종적인 법적 지위든 간에 그와 같은 승인이 이루어질 때까지는 법적인 효력을 지닐 수 없다는 점을 **주목합니다.**

6. 예루살렘이 그리스도인들에게 지니는 중요성에 대한 동방 대주교와 그리스도교 공동체 수장들의 공동각서(Joint Memorandum of Their Beatitudes and of the Heads of Christian Communities in Jerusalem on the Significance of Jerusalem for Christians: 1994년 11월 14일)를 **특별히 환영합니다.** 이 공동각서는 모든 당사자들이 "배타적인 시각이나 행동을 넘어서고, 아무런 편견 없이 다른 사람들의 종교적 그리고 민족적 열망을 고려함으로써, 예루살렘이 진정으로 보편적인 지위를 회복하고 그 도시가 인류의 화해를 위한 거룩한 장소가 되도록 할 것을"요청하고 있습니다.

7. 예루살렘 문제의 해결은 무엇보다 직접적으로 연루된 당사자들의 책임이지만, 그리스도교 교회들과 유대인 공동체와 이슬람 공동체들이 이러한 협상과 관련해서 핵심적인 역할을 해야 한다는 것을 **인식합니다.**

8. **예루살렘과 관련해 교회의 책임을 인식하고, 다음과 같은 원칙들을 받아들입니다.** 이 원칙들은 예루살렘의 지위에 관한 최종적인 합의에서 반드시 고려되어야 하고 공동의 에큐메니칼 접근을 위한 기초로 받아들여져야 합니다.

8.1. 팔레스타인 사람들과 이스라엘 사람들의 영토분쟁을 둘러싼 평화적 해결은 그 도시의 거룩성과 온전성을 존중해야 합니다.

8.2. 성지, 종교적인 건물들과 유적지들에 대한 접근은 자유롭게 이루어져야 하고, 예배의 자유 또한 모든 종교의 신자들에게 보장되어야 합니다.

8.3. 예루살렘에 있는 모든 공동체들이 그들의 종교적, 교육적 그리고 사회적 활동들을 할 수 있도록 그 권리가 보장되어야 합니다.

8.4. 팔레스타인 사람들이 예루살렘에 자유롭게 접근할 수 있도록 보장받고 보호되어야 합니다.

8.5. 예루살렘은 개방적이고 포괄적인 도시로 유지되어야 합니다.

8.6. 예루살렘은 주권과 시민권의 측면에서 모두가 공유하는 도시여야 합니다.

8.7. 제4차 제네바협약의 조항들은 팔레스타인 사람들의 자산, 건물과 주택에 대한 권리와 관련해 존중되어야 합니다. 그리고 점령지에서의 상당한 인구변동의 금지, 지리적인 경계의 변동이나 영토합병의 금지, 당사자들의 합의나 국제적인 공동체의 승인 없이 예루살렘의 종교, 문화 혹은 역사적인 특징의 변화를 불러올 수 있는 조처의 금지와 같은 것도 존중되어야 합니다.

9. 예루살렘의 동방 대주교와 그리스도교 공동체 수장들과 더불어, 우리는 예루살렘을 하나님의 현존, 공유하는 삶, 그리고 인류평화, 특히 일신론적인 신앙을 지닌 유대교, 그리스도교, 이슬람교 사람들 사이의 평화의 상징이자 약속으로 간주합니다.

10. 시편기자와 함께, 우리는 예루살렘의 평화를 위해 기도합니다.
   "예루살렘을 사랑하는 자는 형통하리로다!
   네 성 안에는 평안이 있고, 네 궁중에는 형통함이 있을지어다!
   내가 내 형제와 친구를 위하여 이제 말하리니
   '네 가운데 평안이 있을지어다.'
   여호와 우리 하나님의 집을 위하여
   내가 너를 위하여 복을 구하리로다."
   (시 122:6-9)

4.7. 세계인권선언

세계인권선언 50주년을 앞두고, 대의원들은 50주년 기념일인 12월 10일 반포될 문서를 12월 5일(2명은 기권) 채택하였습니다. 12월 12일 유엔 사무총장인 코피 아난(Kofi Anna)은 녹화비디오를 통해 WCC 총회에 인사하면서, 교회들이 그들의 신앙을 통해 인류의 공동선을 향한 진정한 헌신을 보여준 데 대해 감사와 찬사를 표하였습니다. 총회가 채택한 이 문서는 1948년 12월 10일 파리에서 열린 제3차 유엔총회가 채택한 세계인권선언의 전문을 인용하면서 시작하고 있습니다.

인류 구성원 모두는 천부의 존엄성과 동등하고도 양도할 수 없는 권리를 지닌다는 인식은 세계의 자유와 정의와 평화의 기초이며,

인권에 대한 무시와 경멸은 인류의 양심을 격분시키는 야만적 행위를 야기했으며, 언론과 신앙의 자유, 공포와 결핍으로부터의 자유를 인류 전체가 누릴 수 있는 세상이 도래하길 모든 사람의 지고한 염원을 담아 천명해 왔으며,

인간이 폭정과 억압에 맞서 싸우는 최후의 수단으로서 반란에 호소하지 못하게 예방하려면, 인권이 법에 근거한 통치를 통해 반드시 보호되어야 하며,

국가 간의 우호 관계가 더욱더 발전하도록 반드시 노력해야 하며,

국제연합에 소속된 모든 구성원은 국제연합 헌장에서 기본적 인권, 인간의 존엄성과 가치, 남녀평등권에 대한 신념을 다시 한 번 확인하면서, 보다 확대된 자유 속에서 사회 진보와 보다 나은 생활수준을 촉진하기로 결의하고,

회원국은 국제연합과 협력하여 인권과 기본적 자유를 항상 존중하고 준수하도록 적극적으로 노력을 다하겠다고 스스로 서약하면서,

이러한 권리와 자유에 대한 공통된 이해가 이 서약의 완전한 이행을 위해 가장 중요하므로,

이에 국제연합 총회는,

모든 개인과 사회단체가 이 선언을 항상 유념하면서 학습과 교육을 통해 이러한 권리와 자유가 한층 더 존중되도록 노력하며, 국내적으로나 국제적으로 진보적인 조치를 취함으로써 이러한 권리와 자유가 회원국의 국민뿐만 아니라 그 지배권 내에 거주하는 사람들 사이에서 보편적이면서도 효과적으로 인식되고 준수될 수 있도록 보장하기 위한 목적에서, 모든 민족과 모든 국가가 이룩해야 할 공통의 기준으로서 다음과 같이 세계인권선언을 선포한다.

세계인권선언 50주년을 맞은 제8차 WCC 총회의 선언

50년 전 암스테르담에서 열린 제1차 WCC 총회는 그 당시 국제연합이 논의한 세계인권선언에 높은 관심을 가졌습니다. 1998년 12월 10일 제8차 WCC 총회에 120개국 교회들의 대표로 모여 세계인권선언의 전문을 다시 생각해 보면서, 우리는 그 선언이 그 당시뿐 아니라 오늘날에도 여전히 적절하고 호소력을 지닌다는 사실을 발견하게 됩니다.

우리는 1945년 샌프란시스코 대회에서 에큐메니칼 단체를 대표하여 유엔헌장 안에 인권에 관한 조항을 포함시킬 것을 주창하고, 인권과 기본적인 자유에 관한 특별위원회를 두어 종교적인 자유와 다른 권리들을 진작시키고 이행하도록 할 것을 요구한 사람들을 기억하며 감사를 표합니다.

우리는 신앙과 비전을 통해 모든 민족과 모든 국가가 이와 같은 공통의 기준을 마련하고 채택하도록 이바지한 사람들에게 감사합니다. 우리는 이러한 권리를 더 확장시키기 위해 자신의 목숨까지 바친 전 세계의 사람들을 기억합니다. 그들로 인해 점차 무력에 의한 통치가 국제적인 법의 통치에 무릎

끓게 되었습니다.

　우리는 인권침해의 희생자들의 울부짖음을 듣고, 그들의 분노, 좌절, 고뇌, 고독, 절망과 고통을 느낍니다. 우리는 특별히 인권을 옹호하기 위해 박해당하고 순교당한 그리스도인들과 다른 신앙과 신념의 소유자들을 기억합니다.

　우리는 몇몇 언어들에서는 세계인권선언의 원문에 사용된 남성형 용어들이 여성을 배제시키는 것으로 보일 수 있다는 것을 인식합니다. 그럼에도 불구하고 오늘날 남성뿐 아니라 여성도 세계인권선언에서 자신들의 소망과 열망의 기초를 발견합니다. 이러한 세계인권선언의 채택은 인류의 획기적인 업적들 중 하나입니다.

　이제 대부분의 정부들이 이 조항들을 존중하는 입장을 취하고 있지만, 우리는 이러한 원칙들이 아직 전 세계적으로 지켜지지 않고 있고 어떤 나라도 그것을 충분하게 존중하고 있지는 않다는 것을 절감하고 있습니다. 가난, 무지, 착취와 억압의 결과로, 많은 사람들은 자신들이 이러한 양도할 수 없는 권리를 부여받았다는 사실을 여전히 알지 못하고 있습니다. 더군다나 이런 권리를 행사할 수도 없는 실정입니다.

　그리스도인으로서 우리는 하나님께서 모든 사람을 무한히 소중한 존재로 창조하셨고 동등한 존엄과 권리를 부여하셨다는 것을 믿습니다. 그렇지만 우리는 우리가 우리들 속에서조차도 종종 그런 동등성을 존중하지 못했음을 고백합니다. 우리는 차별, 불관용, 편견, 미움으로 권리와 인간존엄을 위협받거나 침해당하는 사람들 편에 항상 용기 있게 서지는 못했습니다. 게다가 그리스도인들은 때로 이런 불의의 대행자가 되기도 했습니다.

　WCC는 종교적인 자유를 누릴 권리를 포함하는 인권이 특정 종교, 국가나 집단에 의해 배타적인 특권으로 주장될 수 없다는 것과, 오히려 이러한 권리를 누리는 것은 전 인류에게 필수적임을 확인합니다. 그럼에도 우리는 보

편적 인권이 특정한 종교적, 이데올로기적, 국가적, 인종적 그리고 종족적인
이익추구를 위해 반복적으로 침해당하거나 남용되어 왔다는 것을 압니다.

"하나님께로 돌이키라 – 소망 가운데 기뻐하라"는 주제 아래 개최된 이
번 WCC 희년 총회에서 우리는 교회와 온 인류의 일치라는 목표를 계속적으
로 추구할 것입니다.

우리는 소망 중에 기다리면서 하나님께서 계속해서 우리를 인도하시고
오늘날 우리에게 엄습해 오는 분열, 비인간화와 사회적인 배척이라는 강력한
세력에 맞설 수 있는 힘을 주실 것이라는 우리의 믿음을 재확인합니다.

이런 정신으로, 우리는 세계인권선언의 원칙들을 다시금 분명하게 천명
하며, 그 원칙들을 다음 사항들을 고려하는 방식으로 증진시키고 옹호할 것
입니다.
- 민족들의 종교, 문화, 전통의 풍부한 유산에서 비롯되는 인권과 존엄성에
  대한 가치와 통찰력.
- 민족, 국가, 공동체와 그 문화의 권리와, 또한 그 속에 있는 각 개인들의 권리.
- 사회적, 경제적, 문화적, 시민적이고 정치적인 권리를 포함하는 인권, 그리
  고 평화, 개발과 창조세계의 보전을 향한 권리의 불가분리성.
- 모든 개인과 공동체가 다수에 속하든 소수에 속하든 공동의 미래에 관한
  결정에 온전히 참여할 권리.
- 남녀노소의 동등한 권리, 그리고 출신이나 처한 환경과 상관없이 모든 사
  람들이 지니는 동등한 권리.
우리는 더 이상 분열하지 않고 다음과 같은 것들을 통해 인류공동체를 연합
시키는 방식으로 이러한 목표를 추구할 것을 천명합니다.
- 국제연합의 노력을 격려하고 지지함으로써.
- 우리의 정부가 인권증진과 보호를 위한 국제적이고 지역적인 기구들을 비
  준하고 존중하도록 촉구하고, 각 나라 안에서 그리고 전 세계적으로 인권

을 준수하고 있는지 감시하고 인적 물적 자원을 기꺼이 부담하도록 촉구
함으로써.

– 다른 신앙과 신념을 가진 사람들과 협력을 추구함으로써.

– 이러한 목적을 공유하고 있는 다른 시민사회 그룹들과 기관들, 그리고 정
부와 정치권력과 파트너십을 형성함으로써.

우리는 인권에 대한 보편적인 존중과 인권의 충분한 향유를 절실하게
필요로 하는 현세대의 유익을 위해 이런 일을 합니다. 우리는 특별히 오늘날
의 어린이들과 젊은이들을 위해 이러한 것들을 실행하여, 그들이 소망을 가
지고 미래의 약속을 지닐 수 있도록 합니다. 우리는 이런 일들을 통해 우리가
하나님의 청지기로 살고 있는 이 세상을 자유, 정의, 평화의 견고한 기초 위
에 든든히 서 있는 모습으로 미래세대에게 전달하고자 합니다.

4.8. 인권에 관한 선언문

WCC는 처음부터 인권을 옹호해 왔습니다. 1975년 나이로비 총회에서
는 공식정책이 채택되었습니다. 그 이후 국제정세의 변화로 인해, 1998년 5
월에 협의회를 개최해 그 정책을 검토하고 필요한 변화를 모색하였습니다.
건의안이 공공쟁점처리위원회와 총회에 제출되어 검토를 받았습니다.

1. 서론

WCC는 인권에 대한 국제적인 규범과 기준을 개발하는 데, 그리고 인
권의 진전을 위한 투쟁에 오랫동안 관여해 왔습니다. 국제정세에 관한 교회
위원회(Commission of the Churches on International Affairs)를 통해
WCC는 유엔인권선언의 초안 작업에 참여하였으며, 사상, 양심, 종교의 자유
에 관한 18조항의 내용에 기여하였습니다. 그 이후에도 WCC는 인권선언의
이행을 촉구하는 활동에 적극 참여해 왔습니다.

제5차 총회를 준비하면서, WCC는 인권에 관한 기본정책을 검토하기 위한 국제적인 심의과정에 착수하였습니다. 이러한 검토를 거쳐 1974년 오스트리아의 장크트푈텐(St. Pölten)에서 "인권과 그리스도인의 책임"에 관한 심의회를 개최하게 되었고, 여기서 1975년 나이로비에서 채택된 정책선언문의 초안을 내게 되었습니다. 이 선언문은 인권을 가난, 식민통치, 제도화된 인종차별주의와 군사독재로부터의 해방을 위한 투쟁의 중심에 두었고, 인권활동을 위한 포괄적이고 새로운 에큐메니칼 의제를 분명히 했습니다.

　　세계 여러 지역의 교회들은 나이로비 총회의 요구를 수용했으며, 각자가 속한 사회에서 보다 의도적으로 인권의 필요성에 대해 언급하고, 군사독재 치하에서 커다란 위험을 무릅쓰고 인권을 위한 값비싼 투쟁에 가담하며, 세계적인 에큐메니칼 인권 연대망을 수립하고 유엔인권위원회나 다른 국가적 그리고 국제적 인권단체들과 새로운 형태의 적극적인 협력관계를 구축하고 있습니다. 이러한 전략은 인권에 관한 에큐메니칼 증언의 효율성을 획기적으로 증대시켰고, 새로운 국제적 표준을 만들어 내는 데 결정적인 영향을 끼쳤습니다.

　　제8차 총회를 앞두고, 1993년 WCC 중앙위원회는 에큐메니칼 인권정책과 실천에 대해 대대적으로 새로 검토할 것을 요청하였습니다. 이를 통해 지난 20년 동안의 적극적인 참여의 경험으로부터 교훈을 얻고 나이로비 총회 이후 전 세계에서 발생한 급격한 변화에서 비롯된 새로운 도전들을 평가하고자 하였고, 인권에 우선순위를 두지 않고 있는 교회들에게 새로운 행동을 자극하고자 한 것입니다. 지역협의회와 세미나들이 개최되었고, 그 보고서들은 1998년 6월 스위스의 모흐주(Morges)에서 개최된 "인권과 교회: 새로운 도전"에 관한 국제협의회에 의해 통합되었습니다.

　　지난 총회들과 에큐메니칼 협의회들은 인권의 증진과 보호에 교회가 참여하기 위한 신학적인 토대를 구축하였습니다.

우리 그리스도인들은 정의, 평화, 모든 창조세계에 대한 존중이라는 하나님의 사명을 공유하도록, 그리고 모든 인류를 위해 하나님의 뜻하신 풍성한 삶을 추구하도록 부름 받았습니다. 성서에서, 전통을 통해, 그리고 성령이 오늘날 우리 마음에 조명하는 다양한 방식을 통해, 우리는 각 사람에게 주신 존엄이라는 하나님의 선물을 식별하고, 또한 그들이 공동체 안에 받아들여지고 참여할 수 있는 타고난 권리를 지닌다는 것을 알게 됩니다. 여기에서 교회의 책임이 비롯됩니다. 그리스도의 몸으로서 교회는 인권에 대한 보편적인 존중과 그 수행을 위해 일해야 합니다(1998년 6월 스위스 모흐주에서 개최된 "인권과 교회: 새로운 도전"에 관한 협의회).

인권에 관한 우리의 관심은 하나님께서 모든 사람이 인권을 온전히 누릴 수 있는 사회를 원하신다는 우리의 확신에 근거하고 있습니다. 모든 인간은 하나님의 형상을 따라 동등하게 창조되었고, 하나님이 보시기에 그리고 우리가 보기에 무한히 귀한 존재입니다. 예수 그리스도는 자신의 삶, 죽음, 그리고 부활을 통해 우리를 다른 사람들과 묶어주셨고, 그리하여 한 사람에 관련된 것은 우리 모두에게 관련된 것이 됩니다(1975년 나이로비 제5차 총회).

모든 인간은 인종, 성, 종교에 상관없이 하나님에 의해 한 사람의 개인으로 또 인간 공동체 안의 존재로 창조되었습니다. 그렇지만 세상은 죄로 인해 타락하였고, 그 결과 인간관계는 파괴되었습니다. 인류와 피조물을 하나님과 화해시키면서, 예수 그리스도는 또한 인간과 인간을 화해시키셨습니다. 우리 이웃을 사랑하는 것은 하나님께 복종하는 것의 본질입니다(1983년 밴쿠버 제6차 총회).

자유와 진리의 영께서 우리를 감동시켜 하나님나라의 정의를 증언하고, 세상의 불의에 저항하도록 하십니다. 해방, 정의와 평화를 위한 억눌린 자들의 투쟁에서 그들의 편에 섬으로써, 그리고 죄의 포로가 된 사람들의 놓여남을 위한 투쟁에 나섬으로써 우리는 성령의 생명을 드러냅니다. 성령으로 자유하게 된 우리는 가난한 자들과 약한 자들의 눈으로 세상을 이해할 수 있는 힘을 얻었고, 선교와 봉사, 그리고 가진 것을 나누는 삶에 우리를 내놓을 수 있게 되었습니다(1991년 캔버라 제7차 총회).

이렇게 해서 1998년 12월 3~14일 짐바브웨의 하라레에서 모인 WCC 제8차 총회는 다음과 같은 인권선언문을 채택합니다.

1. 우리는 하나님께서 모든 피조물에게 부여하신 생명의 선물과 존엄성으로 인해 하나님께 감사를 드립니다.

2. 값비싼 증언

2.1. 우리는 교회들, 에큐메니칼 기관들, 그리고 인권단체들이 생명의 존엄성을 지키는 일에 참여하고 성과를 거둔 사실을 상기하고, 특별히 이런 싸움에서 고초를 당하고 자신들의 목숨까지 잃은 사람들의 값비싼 증언도 기억합니다.

2.2. 이번 총회의 주제인 "하나님께로 돌이키라 – 소망 가운데 기뻐하라"는 그리스도인들의 신앙과 삶의 삼중구조에 대한 우리의 믿음, 즉 하나님께서 은혜 가운데 우리를 돌아보시고, 우리가 믿음 안에서 응답하고 사랑 가운데 행동하며, 그리고 장차 모든 피조물 안에 하나님의 임재가 온전히 드러나기를 기다리는 우리의 믿음을 강화시킵니다. 우리는 희년을 향한 하나님의 부르심을 새롭게 경험하였고, 이로 인해 우리는 인권, 하나님의 형상을 따라 창조되었고 하나님이 보시기에 무한히 고귀한 인간의 존엄과 가치, 모든 국가와 민족에 속한 남녀노소의 동등한 권리에 대한 우리의 헌신을 재확인하게 되었습니다. 그리스도교 전통에 속한 여러 가족들의 깊은 신학적, 예전적, 그리고 신비적 경험은 우리에게 하나님에

대한 신실한 믿음 가운데 인권과 자유에 대한 이해를 고양시켜야 함을, 그리고 하나님의 백성들 앞에서 그리고 그들을 위한 책임감을 고양시켜야 함을 가르쳐 줍니다.

2.3. 우리는 회개와 겸손의 정신 안에서 이렇게 합니다. 우리는 인권을 위한 교회들의 활동이 많은 결함을 지니고 있다는 것을 알고 있습니다. 또한 우리는 사람들이 위협받고 고통당할 때 기꺼이 행동하려 하지 않고 또 행동할 수 없었고, 폭력과 차별을 당하는 사람들 편에 서지 못했고, 지배자들, 권력자들, 그리고 인권에 대한 대대적인 폭력에 책임이 있는 우리 시대의 구조들에 대한 공모자들이었으며, 그리고 많은 교회들이 인권을 그리스도교 증언의 우선순위로 삼고 일하지 못했다는 것을 압니다. 우리는 하나님께서 우리에게 힘을 더해 주셔서 새로운 도전들에 맞설 수 있도록 해주실 것을 간구합니다.

3. 새로운 도전에 직면하여

3.1. 우리는 WCC 제5차 나이로비 총회(1975) 이후 여러 분야에서 국제적인 기준이 근본적으로 향상된 데 대해 하나님께 감사를 드립니다. 어린이와 여성의 권리, 토착민들의 권리, 소수자의 권리, 내쫓긴 자들의 권리를 위한 영역과, 차별, 인종적인 폭력, 박해, 고문, 전쟁의 한 방편으로서의 성폭행을 포함한 여성에 대한 폭력, 권력에 의한 실종, 극단적인 재판과 사형 판결에 맞서는 영역에서도 진전이 있었습니다. 그리고 평화, 개발과 지속가능한 공동체를 위한 새로운, "3세대" 권리를 발전시키게 되었고, 인권을 평화와 갈등해결의 한 요소로 새롭게 인식하게 되었습니다. 이러한 규정들에도 불구하고, 중요한 장애물들은 여전히 존재하고 있고, 인권의 기준이 뿌리내리는 것을 방해하고 있습니다.

3.2. 우리는 국제적인 규범이 매우 중요하다는 사실을 알고 있지만, 가장 급

박한 일은 그러한 기준이 실행되는 것이라는 WCC 제6차 총회(1983)의
확신을 반복하여 강조합니다. 그러므로 다시 한 번 우리는 정부들이 인
권에 대한 국제적인 규약과 협정을 비준할 것과, 자국 내의 법적 기준들
에도 그러한 조항들을 포함시킬 것과, 그것들을 모든 차원에서 이행할
효율적인 장치를 개발할 것을 촉구하는 바입니다. 동시에 우리는 교회
들이 그들 안에서 배척과 주변인화를 극복하고, 그 생활과 운용에 있어
모두가 충분히 참여할 수 있게 할 것을 요청합니다.

3.3. **세계화와 인권**. 이번 총회는 경제, 문화, 의사소통 수단의 세계화가 민
족과 공동체의 권리와 개인의 인권을 위협하는 긴급한 새로운 도전들을
다루었습니다. 사법체계 아래서 개인과 집단의 권리를 지키는 국가권력
이 침식당하고 있는 문제와, 인권에 대한 집단적인 접근을 보장하고 담
보하는 유엔의 권위가 약화되고 있다는 문제 또한 다루었습니다. 세계
화는 경제적, 인종적, 그리고 다른 형태의 착취와 억압을 통해 인간 공
동체를 파괴시키려고 합니다. 그리고 민족주권과 민족자결권을 약화시
키려고 위협을 가하고 있습니다. 특히 세계화는 사회의 가장 허약한 구
성원들을 그 사냥감으로 삼습니다. 어린이들의 권리가 종종 그 고통의
첫 번째 대상이 됩니다. 이런 점은 오늘날 미성년 노동자들이 늘고 미성
년자들에 대한 성적 학대가 늘고 있는 데서 알 수 있습니다.

3.4. 세계화는 또한 효과적으로 작용되었을 경우 최악의 결과를 막아줄 수
있고 인간 경험의 많은 영역에서 새로운 기회를 제공할 수 있는 요소들
도 지니고 있습니다. 우리는 교회들이 세계화의 부정적인 흐름에 저항
하는 하나의 방도로 인권을 위한 투쟁에 가담하고 있는 사람들의 **세계
적 연대**를 강화시키도록 격려하고 또 거기에 참여할 것을 권고합니다.
자신들의 이익을 지키기 위해 노동조합을 결성하고, 단체교섭을 하고,
파업을 할 노동자들의 권리는 충분히 보장되어야 합니다. 이러한 방도

들을 통해 사람들은 인권, 국제법, 민주적 참여에 대한 존중에 기초한 미래를 내다볼 수 있습니다.

3.5. **인권의 불가분리성**. 세계화의 과정은 다시금 시민적 권리와 정치적인 권리를 경제적, 사회적 그리고 문화적 권리와 분리시켜 강조하였습니다. 우리는 인권이 나뉠 수 없다는 WCC 5차 총회의 입장을 재확인합니다. 인권은 삶을 위한 기본적인 보장이 없이는 절대로 불가능합니다. 일할 권리, 의사결정에 참여할 권리, 적당한 음식을 제공받을 권리, 건강관리를 받을 권리, 어지간한 주거지를 확보할 권리, 잠재력을 개발할 수 있는 교육을 받을 권리, 안전한 환경과 지구자원의 보존을 누릴 권리가 이에 해당합니다. 동시에 우리는 집합적 인권을 위한 활동이 얼마나 효력이 있는가 하는 것은 그것이 폭력의 희생자가 된 공동체와 개인에게 얼마나 구조를 베풀고 있는가라는 측면에서, 그리고 모든 개인들이 누리는 자유와 삶의 질이 얼마나 증진되었는가 하는 측면에서 측정될 수 있다는 우리의 확신을 되풀이합니다.

3.6. **인권의 정치화**. 우리는 국제적인 인권 담론의 재정치화(re-politicization), 특별히 지배적 권력에 의한 이런 움직임을 유감스럽게 생각합니다. 냉전기 동서 대치 상황에서 일반적이었던 이러한 관례가 지금은 남측과 북측 사이에서 그리고 동과 서 사이에서 세계적인 "문화충돌"에 처한 국가들에게까지 확장되었습니다. 인권을 정치적으로 다루는 것은 선택적으로 분노를 표출하고 이중적인 잣대를 적용하는 특징을 지니는데, 이것은 인권의 기본적인 원리를 훼손하는 것이며, 합의된 기준들을 강화하기 위해 유엔헌장에 따라 창설된 국제적인 기구들의 권한, 중립성과 신뢰성을 위협하는 것입니다.

3.7. **인권의 보편성**. 우리는 국제인권장전(International Bill of Human Rights)에 선언되어 있는 대로 인권의 보편성을 재확인합니다. 그리고

우리는 민족 문화나 경제적이고 정치적인 체제와 무관하게 인권을 증진시키고 옹호해야 하는 모든 국가의 의무를 재확인합니다. 이러한 인권은 세계인권선언이 채택되었을 당시 유엔에서 주도적인 역할을 하고 있던 나라들뿐만 아니라 다양한 문화, 종교, 전통의 역사 안에 그 뿌리를 두고 있습니다. 우리는 이러한 인권선언이 "성취해야 할 표준"으로 받아들여졌고, 그 원리의 적용은 다양한 역사적, 문화적, 경제적 맥락을 고려할 필요가 있다는 것을 알고 있습니다. 동시에 우리는 국가, 민족주의나 인종주의 집단들이 문화, 종교, 전통, 특정한 사회경제적 혹은 안보적 이해를 빌미로 인권의 온전한 범위를 파기하고 훼손시키는 것을 정당화하려는 어떠한 시도도 거부합니다.

3.8. **인권과 관련된 세계윤리와 가치**. 교회는 복음의 가치를 불명료한 진보와 기술에 내어줄 수 없다는 우리 입장을 재확인하면서, 우리는 세계적으로 공유된 사회윤리와 가치의 원칙들을 세우기 위해 인문학적이고 종교적인 그룹들이 제기하는 새로운 요청들을 환영합니다. 공유된 원칙들은 종교적인 신념을 뛰어넘는 경험과 확신의 다양성에 기초해야 하고, 정의와 평화를 위한 더 폭넓은 연대를 위해 일해야 합니다.

3.9. **인권과 인간의 책임**. 우리는 국제사회가 모든 국가와 시민사회 관계자들이 자신들의 사법권 혹은 통제권 안에서 일어나는 인권침해에 대해, 혹은 자신들이 직접적으로 관련된 인권침해에 대해 책임을 지도록 할 권리와 의무를 지닌다는 것을 재확인합니다. 부패한 관례들이 우리 사회의 핵심적인 악입니다. 우리는 모든 사람이 부패한 관습을 막는 법의 보호를 받을 권리를 지녀야 한다고 주장합니다. 우리는 정부기관과 비정부기관들이 인권관련 사안들을 다룰 때 객관적 타당성을 보여줄 것을 호소합니다. 그리고 개선된 국제절차와 인권을 진작시키고 보호하기 위한 다각적인 기구들을 장려하고 활용할 것을, 그리고 가능한 곳에서는

인권의 보편적 실현을 위해 충돌 없이 대화를 통한 접근을 추구해 줄 것을 바랍니다.

3.10. **인권침해에 대해 처벌이 이루어지지 않음.** 분쟁 이후의 치유에서 본질적인 것은 진실 추구, 희생자들을 위한 정의, 조직적인 인권침해로 고통을 당한 사회 안에서의 용서와 화해입니다. 우리는 교회와 인권단체들의 노력을 지지합니다. 이들은 그 사회에서 과거에 범죄를 저지른 사람들이 처벌받지 않고 공식적으로 보호를 받고 있는 상황에서 그들의 범죄에 대한 처벌이 이루어지도록 하기 위해 애쓰고 있습니다. 처벌하지 않는 것은 불의를 영속시키는 것이고, 이것은 다시금 복수와 끝없는 폭력, 심지어 대량학살을 낳게 됩니다. 이것은 우리가 20세기 동안 다른 사건들에서 이미 경험했던 바입니다.

3.11. 우리는 교회들이 진실, 정의, 화해와 희생자 편에서의 용서의 관계에 대해 보다 진전된 신학적 숙고와 실천에 가담할 것을 촉구합니다. 그리고 처벌하지 않는 문화를 책임과 정의의 문화로 바꾸려고 노력할 것을 요청합니다. 희생자들을 위한 정의는 보상, 복원, 그리고 그들이 상실한 것들에 대한 배상을 포함해야 합니다. 이와 관련해서 우리는 국제형사재판소(International Criminal Court)를 설립하기로 합의가 이루어진 것을 환영하는 바입니다. 이 재판소는 인권을 지키도록 강제함으로써 국제사회를 도와야 합니다. 우리는 교회들이 그들의 정부들에게 로마합의를 즉각 비준하고, 국제형사재판소의 사법권에 대한 승인을 국내법에 반영하도록 격려할 것을 촉구합니다.

3.12. **사형제 철폐.** WCC는 사형제 시행을 오랫동안 반대해 왔지만, 범죄와 폭력에 지배된 사회에서 희생자들이 종종 이러한 극단적인 형태의 처벌을 호소하고 있습니다. 젊은 사람들에게 사형 제도를 적용하는 것은 특히 규탄되어야 합니다. 교회는 범죄자를 다루는 데 있어 관련된 국제법

조항과 국제적인 인권기준을 엄격하게 준수할 것을 장려할 책임이 있습니다.

3.13. **인권과 평화 만들기**. 인권은 정의롭고 지속가능한 평화를 위한 핵심기초입니다. 인권존중에 실패하면 종종 갈등과 전쟁에 내몰리게 되고, 20세기 동안 몇 차례 통제되지 못한 민족적, 인종적, 종교적 증오로 인해 대량학살이 일어났습니다. 국제사회는 일단 대량학살이 시작되면 그것을 멈출 능력이 없다는 것을 다시금 보여주었습니다. 과거의 교훈을 배워야 하고, 위험 신호가 나타날 때 초기에 개입할 수 있도록 해주는 제도적 장치를 수립할 긴급한 필요가 있습니다. 교회들은 종종 임박한 위험을 감지할 수 있는 가장 좋은 위치에 놓여 있지만, 그들이 이웃을 향한 사랑의 복음 메시지에 응답하는 포괄적인 공동체일 때에만 도움을 줄 수 있습니다. 심지어 그 이웃이 원수일 때조차도 말입니다.

3.14. 유엔과 다른 다국적인 후원 아래서 평화 사역을 통해 갈등을 예방하거나 해결하려는 노력에 인권을 포함하게 된 것은 환영할 만한 진전입니다. 일단 갈등이 종식되면, 사회적이고 법적인 구조를 개혁해서 사람들 사이에 다양성을 진작시키고 평화를 세우는 조처들을 시행해야 합니다. 평화협정들은 세계적인 인권 기준과 인도주의적인 법을 구체화시켜야 하고, 군대, 법을 집행하는 사람들, 치안부대와 같은 특수한 집단들에 이것들이 적용되어야 합니다.

3.15. **인권과 인간의 책임**. 인권과 인간의 책임은 함께 갑니다. 1954년 에번스턴에서 열린 제2차 WCC 총회는 인간을 향한 하나님의 사랑이 "세상의 무질서로 인한 희생자들을 돌볼 특별한 책임을 그리스도인의 양심에 부과하신다."고 선언하였습니다.

3.16. 교회의 첫 번째 의무이자 국가와 같이 인권과 관련된 기관들의 첫 번째 의무는 인권침해에 대해 다루고 사회 안에 보호망을 개선시키는 것입니

다. 이것이 에큐메니칼 연대의 근본적인 기초입니다. 에큐메니칼 연대란 우리 자신이 처한 상황을 넘어서서 각자가 속한 나라와 지역에서 인권을 위한 투쟁에 관여하고 있는 다른 사람들과 교회들을 적극적으로 지원하는 데로 나아가는 것입니다. 여기서 지원의 가장 대표적인 방식은 부정한 국가적 또는 국제적 구조 안에 내재해 있거나 혹은 억압적 통치를 지원하는 외부세력에서 비롯되는 인권침해의 근본원인을 폭로하는 것입니다.

3.17. **종교적 불관용**. 현대세계에서 종교는 점차 사회정치적 과정에 영향력을 미칩니다. 많은 교회들이 평화를 위한 활동에 적극 참여하고 있고 정의를 요구하면서 정치에 도덕적인 차원을 도입하고 있습니다. 그렇지만 종교는 또한 한 국가 안에서 그리고 국가 사이에서 억압과 인권침해를 구축하는 핵심세력이 되고 있기도 합니다. 종교적 상징과 표현방식들은 편협한 민족주의와 분파적 이해관계와 그 목적들을 진작시키는 데 교묘하게 사용되어 오면서, 분열과 사회 양극화를 조장해 왔습니다. 권력자들은 점차 교회와 다른 종교집단들에게 편협한 민족적, 인종적 목표들을 지지할 것을 요구하고, 종교적인 불관용을 공식화하는 차별적인 법률제정을 옹호하라고 요구하는 경향이 있습니다. 우리는 교회들에게 복음의 보편성의 증거를 제시하고, 사회와 세상에 관용의 모델을 제시할 것을 다시 한 번 촉구합니다. 종교는 인간 사회 안에서 정의, 조화, 평화, 화해를 위한 적극적인 세력이 될 수 있고 또 마땅히 그러해야 합니다.

3.18. **인권으로서의 종교적 자유**. 우리는 기본인권으로서의 종교적 자유의 중요성을 재확인합니다. 종교적인 자유라고 할 때 그것은 누구나 개인적으로든 공동체적으로든 자유롭게 특정종교나 신념을 택할 수 있는 자유를 의미합니다. 또한 공개적으로든 사적으로든 자신의 종교나 신념을 예배, 의식, 실천과 교리 안에 표현할 수 있는 자유를 의미합니다.

3.19. 이러한 권리는 결코 교회에만 배타적으로 속하는 것으로 간주되어서는 안 됩니다. 종교적 자유의 권리는 다른 기본적인 인권과 분리될 수 없습니다. 어떠한 종교 공동체도 다른 사람의 신앙과 기본권을 적극적으로 존중하지 않고서는 자신의 종교적 권리를 주장할 수 없습니다. 종교적인 자유는 특권을 주장하는 데 이용될 수 없습니다. 교회에게 있어 이 권리는 그리스도교 신앙에서 비롯되는 책임을 완수할 수 있게 해주는 필수적인 요소입니다. 교회의 이러한 책임의 핵심은 전체 공동체를 섬기는 의무입니다. 종교적 자유는 또한 종교적 확신에 따라 필요할 때에는 통치 권력을 비판하고 거기에 맞서야 하는 종교단체의 권리와 의무를 포함해야 합니다.

3.20. 종교적 불관용과 박해는 오늘날 만연해 있어, 심각한 인권침해를 야기하고, 종종 갈등과 많은 사람들의 고통을 초래하고 있습니다. 교회는 모든 실질적인 방식을 통해 그리스도인들과 종교적 박해의 희생자들에게 기도와 연대를 제공해야 합니다.

3.21. **종교적 자유와 개종권유.** 종교의 자유라는 기본인권을 손상시켜서는 안 됩니다. 그렇지만 종교는 아무런 제약도 없는 자유시장의 규칙에 따라 통제되는 "상품"도 아닙니다. 우리는 에큐메니칼 규율의 필요성을 확신합니다. 특히 민주주의사회로 힘겹게 전환중인 나라들과 관련해 그렇습니다. 우리는 개종전도 행위에 대한 WCC의 반대를 재확인하고, 회원 교회들이 자매교단의 신앙과 관습을 존중하고 에큐메니칼 친교 안에서 그들을 북돋울 것을 촉구합니다.

3.22. **여성의 권리.** 국가적, 지역적, 그리고 국제적인 여성 단체들과 교회들의 지속적인 활동, 특히 "여성과 연대하는 에큐메니칼 10년" 동안의 활동에도 불구하고, 여성 인권의 효과적인 보호를 향한 진전은 교회안팎에서 느리기만 하고 종종 충분하지도 못합니다. 여성의 권리를 옹호하

고 진작하는 것은 단지 여성들만의 문제가 아니라 온 교회의 적극적인 참여가 지속적으로 요구되는 문제입니다.

3.23. 우리는 여성의 권리가 인권이라고 단언합니다. 이것은 모든 인간이 하나님의 형상을 따라 지음을 받았으며 동등한 권리, 보호, 돌봄을 받을 가치가 있다는 우리의 견고한 확신에 기초한 것입니다. 여성에 대한 폭력이 전 세계적으로 증대하고 있고, 인종적, 경제적, 문화적, 사회적, 정치적 차별과 성적인 학대로부터, 생식기 절단, 성폭행을 비롯한 다른 비인간적인 취급에까지 이르고 있다는 것을 인식하면서, 우리는 정부와 사법당국, 종교 및 기타 기구들에 여성의 기본인권을 보장하기 위해 구체적인 행동으로 대응할 것을 요구합니다. 여성에 대한 모든 형태의 차별을 철폐하는 것을 내용으로 한 유엔총회의 선택의정서(Optional Protocol)는 국제적인 차원에서 제도적인 장치를 제공하게 될 것이고, 여기서 여성인권 침해에 대한 개인적인 항의들을 접수하게 될 것입니다. 우리는 교회들이 자신이 속한 나라의 정부들에게 이 선택의정서의 비준을 압박할 것을 촉구합니다.

3.24. **추방당한 사람들의 권리.** 경제적인 세계화와 오늘날 세계 전반에 걸친 갈등의 확산으로 인한 주요 피해자들 가운데는 추방당한 사람들, 즉 난민들, 이민자들과 국내에서 내몰린 자들이 있습니다. WCC와 회원교회들은 오랫동안 난민들, 망명자들과 이민자들의 인권보호를 위한 국제기준을 개선하는 일에 앞장서 왔습니다. 그리고 계속해서 자원을 함께 나누고 세계적인, 지역적인 네트워크를 형성함으로써 생생한 연대의식을 보여주어야 합니다. 우리는 교회들이 계속해서 유엔 난민 문제 고등 판무관(UN High Commissioner for Refugees)에 협력하고, 국제기준이 더욱 향상되고 그것이 보다 잘 이행되도록 노력할 것을 촉구합니다. 특별히 강제적인 규정이 취약한, 국내에서 내몰려 떠도는 사람들의 권

리를 보호하는 일에도 더욱 집중할 것을 촉구합니다.

3.25. 우리는 이주노동자와 그 가족들의 권리 보호에 관한 국제협약 (International Convention on the Protection of Rights for All Migrant Workers and Members of their Families)에 참여하자는 세계적인 캠페인을 시작하는 일을 환영합니다. 그리고 교회들이 정부와 더불어 이 협약의 비준을 옹호하는 일에 참여할 것을 촉구합니다.

3.26. **토착민들의 권리**. 우리는 교회들이 토착민들의 권리, 즉 자신들의 정치적, 경제적 미래, 문화, 토지권, 영성, 언어, 전통과 조직형태를 스스로 결정할 권리를 옹호할 것을 촉구합니다. 그리고 지적 재산권을 비롯해 그들의 지식을 보호할 권리를 지지할 것을 촉구하는 바입니다.

3.27. **인권침해로서의 인종차별주의**. 우리는 인종차별주의가 인권침해라는 것을 인식하고 있으며, 개인적으로나 조직적으로 인종차별주의에 대항하여 싸울 것을 다짐합니다. 우리는 회원교회들이 교회와 사회로부터 인종차별주의라는 범죄를 제거하기 위해 더욱 노력할 것을 촉구합니다.

3.28. **장애인들의 권리**. 우리는 신체적 혹은 정신적 장애로 인해 특별한 도움을 필요로 하는 사람들이 삶의 모든 측면에서 동등한 기회를 누리고 교회의 돌봄을 받을 권리를 재확인합니다. 이런 사람들을 위한 운동이 바로 인권 문제이고, 흔히 그러듯이 자선이나 사회적 문제나 건강상의 문제로 축소되어 간주되어서도 안 됩니다. 교회 구성원들과 지도자들은 모두 장애를 지니고 살아가는 사람들의 인권을 충분히 존중해야 합니다. 이것은 모든 차원의 종교적 활동에 충분히 참여시키고, 온전한 삶에 이르는 길을 막고 있는 물리적이고 심리적인 장벽들을 근절하는 것을 포함합니다. 정부는 또한 모든 측면에서 장애를 지닌 사람들이 공공시설이나 공공생활에 자유롭게 접근하고 온전히 참여할 수 있도록 모든 장애물들을 제거해야 합니다. 우리는 장애인 권리를 옹호하는 사람들이

에큐메니칼적인 새로운 네트워크를 만드는 것을 환영하며, 교회가 그것을 지지할 것을 촉구합니다.

3.29. **인권을 위한 종교간 협력.** 인권침해와 불의는 그리스도인들만으로는 결코 해결될 수 없습니다. 사회의 정의와 평화를 위해 종교적이고 문화적인 경계를 초월하는, 공유된 혹은 상호보완적인 영적 가치와 전통을 탐구하기 위해서는 종교를 넘어서는 공동의 노력이 필요합니다. 우리는 이와 관련해 WCC가 이룬 진전을 환영합니다. WCC는 인권을 위한 그리스도교 증언의 특수성을 존중하는 방식으로 종교간 대화를 함으로써 이러한 길을 찾고자 노력해 왔습니다. 우리는 또한 교회들이 각자가 처한 곳에서 인권의 진작과 보호를 위해 종교간 대화와 협력을 지속하고 심화시킬 것을 촉구합니다.

4. 미래세대의 권리 보장

모든 피조물의 미래에 대한 관심에서, 우리는 미래 세대의 권리와 관련해 국제적 규범과 기준을 개선시킬 것을 요구합니다.

4.1. **인권교육.** 교회는 인권침해를 막기 위해 사전 대책을 강구하기보다는 인권침해가 발생했을 때 그 결과에 대응해 온 적이 더 많았습니다. 우리는 교회들이 의식형성을 위한 공식적이고 체계적인 프로그램들과 인권교육을 시작하고 실행함으로써 예방적인 조처들에 보다 단호하게 관여할 것을 촉구합니다.

4.2. **평화 만들기와 인권.** 마찬가지로, 우리는 교회들이 공적인 감시활동을 통해 인권침해의 초기 전조들을 분별하고 근본적인 원인들을 밝힘으로써 평화 만들기 과정에 참여할 것을 권고합니다.

4.3. **미래.** 세계인권선언에 대한 WCC의 재확인에서 핵심적인 것은 지속가능한 공동체, 정의롭고 도덕적이고 생태적으로 책임을 지는 유기적 질

서에 대한 비전입니다. 미래를 내다볼 때 우리는 인권의 성취는 오직 서로를 돌보라는 하나님이 부여하신 책임을 수용하고, 하나님의 창조의 전체성(시 24)을 받아들일 때만 가능하다는 것을 깨닫게 됩니다.

4.4. 우리는 복음이 하나님 앞에서 모든 인간의 가치, 모든 사람들에게 참된 존엄성을 허락하신 그리스도의 기름부음과 구속사역, 실천을 위한 동기로서의 사랑, 그리고 그리스도에 대한 생생한 믿음의 실천적인 표현으로서의 이웃을 향한 사랑을 강조하고 있다는 것을 확인합니다. 우리는 한 몸의 여러 지체들이어서, 한 지체가 고통을 당하면 모두가 아파합니다. 이것이 그리스도인들이 모든 사람들의 인권을 보장하기 위해 감당해야 할 책임입니다.

부록

1. WCC의 헌장과 강령(총회의 수정사항 반영)
2. 남아프리카공화국 넬슨 만델라 대통령의 연설
3. 대한민국 김대중 대통령의 인사말

1. WCC의 헌장과 강령(총회의 수정사항 반영)

헌장

I. 기본원리

WCC는 성경에 따라 우리 주 예수 그리스도를 하나님이자 구세주로 고백하고 그에 따라 한분 하나님이신 아버지와 아들과 성령의 영광을 위해 공동의 소명을 함께 수행하고자 하는 교회들의 교제이다.

II. 회원의 자격

WCC 회원이 될 자격을 갖춘 교회란 WCC가 기초하고 있는 기본원리에 동의하고 총회나 중앙위원회가 규정하는 기준들을 충족시키는 교회들이다. 회원 선정은 총회에 참석한 회원교회들이 각기 한 표씩 행사하는 투표로 결정되는데, 2/3 득표수를 얻어야 한다. 총회가 열리지 않는 기간에 이루어진 회원 신청서는 중앙위원회가 심의하게 된다. 만약 신청서가 중앙위원회 위원 2/3 출석 및 2/3 득표를 얻어 가결되면 이 결정은 WCC 회원교회들에게 통보될 것이며, 6개월 이내에 회원교회 1/3 이상의 반대가 없는 한 신청교회는 선정된 것으로 선포될 것이다.

III. 목적과 역할

WCC는 하나의 에큐메니칼 운동을 위해 일하고자 하는 교회들로 구성된다. WCC는 신앙과 직제, 삶과 봉사를 위한 세계적인 운동들, 그리고 세계선교협의회와 세계기독교교육협의회의 사역을 통합한다.

WCC 안에서 교회들의 교제의 최우선적인 목적은 세상을 향한 증언과 봉사를 통해, 예배와 그리스도 안에서의 공동생활 가운데 표현되는, 하나의 신앙 안에 그리고 하나의 성만찬적인 교제 안에 있는 가시적인 일치로 서로서로를 초청하는 것이고, 또한 이러한 일치를 향해 앞으로 나아가게 함으로써 세상이 믿을 수 있도록 하는 것이다.

신앙과 삶, 증언과 봉사 가운데서 코이노니아를 추구하면서, WCC를 통해 교회들은 다음과 같은 일들을 할 것이다.

- 상호책임의 정신에 기반을 두고 용서와 화해를 향해 나아가는 경건한 탐구를 진작시키고, 신학적인 대화를 통해, 그리고 인적·영적·물적인 자원들을 서로 나눔으로써 더 깊은 관계를 발전시킬 수 있도록 돕는다.
- 각자 처한 곳에서 그리고 모든 장소에서 공동의 증언을 촉진하고, 선교와 복음전도를 위한 서로의 사역을 지지한다.
- 인간의 필요를 채우고, 사람들 사이의 장벽들을 허물고, 정의와 평화 가운데 하나의 인류 가족을 촉진하고, 창조세계의 온전함을 지키면서 디아코니아를 향한 자신들의 헌신을 나타내고, 이를 통해 모든 사람들이 삶의 온전함을 누릴 수 있도록 한다.
- 교육과정을 통해, 그리고 각각의 특별한 문화적 맥락에 뿌리를 둔 공동체 안에서 삶의 비전을 통해 에큐메니칼 의식을 성장시키도록 양육한다.
- 다른 신앙 공동체 안에 있는 사람들과 관계를 맺고 서로를 돕는다.
- 일치, 예배, 선교, 봉사 가운데서 갱신과 성장을 육성한다.

하나의 에큐메니칼 운동을 강화시키기 위해 WCC는 이렇게 할 것이다.
- 회원교회들 안에서 뿐만 아니라 그 너머에 이르기까지, 교회들과 그리고 교회들 사이의 관계를 육성할 것이다.
- 국가 차원의 협의회들, 국가를 넘어서는 권역별 교회협의회들, 그리스도교 세계연맹 조직들, 그리고 다른 에큐메니칼 기관들과 관계를 맺고 유지해 나갈 것이다.

- 국가를 넘어서는 권역별(regional), 국가별(national), 국가 내 지역별 (local) 에큐메니칼 선도활동을 지원할 것이다.
- 에큐메니칼 기구들 사이에 네트워크 형성을 촉진할 것이다.
- 다양한 모습으로 구현되면서도 하나의 에큐메니칼 운동의 통일성을 유지시켜 나갈 수 있도록 일할 것이다.

IV. 권한

WCC는 공동의 관심사와 관련해 자문을 제공하고 단합된 행동의 기회를 제공한다. WCC는 하나 혹은 그 이상의 회원교회가 회부한 문제에 대하여 회원교회들을 대표하여 조치를 취할 수 있고, 해당 교회들만을 대표해서 그럴 수도 있다. WCC는 교회에 관한 법률을 제정하지 않을 것이다. 또한 위에서 규정한 방식, 혹은 다음에 회원교회들이 구체적으로 명시한 방식 이외의 어떤 방식으로도 활동할 수 없다.

V. 조직

WCC는 총회, 중앙위원회, 집행위원회, 그리고 앞으로 설립될 다른 부속기관들을 통해 그 역할을 수행해 나갈 것이다.

1. 총회

a) 총회는 WCC를 운용하는 최고의 입법기관이 될 것이고, 통상적으로 7년 마다 소집될 것이다.

b) 총회는 회원교회들의 공식적인 대표들, 즉 대의원들로 구성될 것이고, 이들은 회원교회들이 선출할 것이다.

c) 총회는 다음과 같은 역할을 하게 될 것이다.

  1) WCC의 회장 혹은 회장단을 선출하는 일.

2) 회원교회들이 뽑아서 총회에 파견한 대의원들 중에서 최대 145명의 중앙위원회 위원을 선출하는 일.

3) 준회원교회들이 뽑아서 총회에 보낸 대표들 가운데서 최대 5명의 중앙위원회 위원을 선출하는 일.

4) WCC의 전반적인 정책을 결정하고 이미 채택된 정책들을 이행하기 위해 착수한 프로그램들을 점검하는 일.

5) 중앙위원회에 특별한 역할을 위임하는 일인데, 여기서 헌장을 수정하는 일과 이 헌장이 총회에만 권한을 부여하고 있는 중앙위원회 구성원 배정 문제는 제외된다.

2. 중앙위원회

a) 중앙위원회는 총회가 채택한 정책들을 수행할 책임을 진다. 그리고 총회의 위임을 받아 총회가 열리지 않는 동안 총회의 역할을 하게 되는데, 헌장을 수정하는 권한과 중앙위원회 위원배정을 변경하는 권한은 제외된다.

b) 중앙위원회는 WCC 회장 혹은 회장단으로 구성되며 150명을 넘지 못한다.

1) 총회가 최대 145명의 위원을 WCC 회원교회들이 대표로 뽑은 사람들 중에서 선출할 것이다. 총회는 이러한 위원들을 회원교회들에게 골고루 배정할 것인데, 이때 WCC에서 교회와 교단의 크기, WCC에 가입되어 있는 각 교단에 속한 교회의 수, 적절한 지리적 문화적 균형, WCC의 주요 관심사에 대한 적절한 반영이 참작될 것이다.

2) 총회는 준회원교회들의 대표들 중에서 최대 5명을 선출할 것이다.

3) 총회와 총회 사이의 기간에 중앙위원회 위원에 공석이 생기면 전임자가 속해 있던 교회와 협의를 거쳐 중앙위원회가 직접 충원하게 될 것이다.

c) 중앙위원회는 앞 a)항목에서 진술된 일반적인 권한에 덧붙여 다음과 같은 권한을 지니게 된다.

1) 중앙위원회 위원들 가운데서 의장과 부의장 혹은 부의장단을 선출한다.

2) 중앙위원회 위원들 중에서 집행위원회를 구성한다.

3) 각종 위원회를 구성한다.

4) 총회가 채택한 정책 안에서, 그리고 프로그램 위원회의 추천을 받아, 프로그램들과 활동들을 시작하고 또 종결시킨다. 또한 WCC 활동의 우선순위를 결정한다.

5) WCC의 예산을 승인하고 그에 대한 재정지원을 책임진다.

6) 총무를 선출하고 WCC 사무국 직원을 선정하거나 임명하거나 그 선출 혹은 임명을 위한 준비를 한다.

7) 총회의 회합을 계획하고, 예배와 연구를 위한, 그리고 그리스도인 공동의 헌신을 위한 직무를 수행할 대비를 한다. 중앙위원회는 총회 대의원의 수를 결정하고, 그들을 회원교회들에 골고루 배정할 것이다. 이 때 WCC 내에서 교회와 교단의 크기, WCC에 가입되어 있는 각 교단에 속한 교회의 수, 적절한 지리적 문화적 균형이 고려될 것이고, 교회임원, 교구목사, 평신도, 그리고 남성, 여성, 젊은이 사이의 바람직한 배분과 더불어, 전문지식이나 경험을 갖춘 사람들의 참여도 필요하게 될 것이다.

8) 집행위원회나 다른 기관 혹은 사람들에게 특별한 역할을 위임하게 될 것이다.

3. 강령

총회 혹은 중앙위원회는 WCC의 직무를 수행하기 위해 이 헌장과 모순되지 않는 강령들을 채택하고 또 개정할 수 있다.

4. 조례

총회 혹은 중앙위원회는 각종 산하 위원회와 실무단이 역할을 다할 수 있도록 하기 위해 이 헌장과 모순되지 않는 조례들을 채택하고 또 개정할 수 있다.

5. 정족수
총회나 중앙위원회의 모든 직무를 수행하기 위한 정족수는 회원 과반수이다.

VI. 기타 그리스도교 에큐메니칼 기구들
1. 중앙위원회가 정하는 세계적인 교파조직들과 국제적인 에큐메니칼 기구들은 총회와 중앙위원회에 의결권을 지니지 않는 대표를 파견해 달라는 요청을 받을 수 있고, 그 수는 중앙위원회가 결정한다.
2. 중앙위원회가 정하는 국가 차원의 교회협의회와 권역별 교회 협의회들, 다른 그리스도교협의회들과 선교협의체들은 총회와 중앙위원회에 의결권을 지니지 않는 대표를 파견해 달라는 요청을 받을 수 있고, 그 수는 중앙위원회가 결정한다.

VII. 수정사항
헌장은 총회 2/3 출석과 2/3 득표로 수정될 수 있는데, 다만 제시된 수정안은 먼저 중앙위원회의 검토를 거친 다음, 총회가 열리기 최소 6개월 전에 회원교회들에 통지되어야 한다. 회원교회들뿐 아니라 중앙위원회 또한 수정안을 제안할 수 있는 권리를 가진다.

강령

I. WCC의 회원자격

WCC의 회원은 WCC를 조직한 교회들 혹은 그 회원으로 받아들여진 교회들로서 계속 그 자격을 유지하고 있는 교회들이다. 여기에서 사용하는 "교회"라는 용어는 자치적인 교회들의 연합체, 총회 혹은 동맹을 포함한다. 한 국가 혹은 권역 내의 일단의 교회들은 WCC에 한 교회로 참가할 수 있다. 총무는 총회 혹은 중앙위원회가 특별한 조정사항을 덧붙여 받아들인 회원교회들의 공식적인 목록을 보관할 것이다. 다음은 회원에 관한 강령들이다.

1.지원

WCC 회원이 되고자 하는 교회는 총무에게 서면으로 지원할 수 있다.

2. 과정

총무는 일체의 지원서를 중앙위원회에 제출하는데(헌장 II항목 참조), 이때 총회나 중앙위원회가 신청서에 대해 결정을 내리는 데 필요하다고 생각되는 각종 정보를 함께 제공한다.

3. 기준

WCC가 근거하고 있는 기본원리(헌장 I항목 참조)에 동의를 표하는 것과 더불어, 지원교회는 다음과 같은 기준을 충족시켜야 회원이 될 자격이 있다.

a) 교회는 다른 기관이나 사람의 허가를 받을 필요 없이 회원이 되고자 지원할 결정을 할 수 있어야 한다.

b) 교회는 독립적인 활동과 조직을 유지하고 있다는 증거를 제시해야 한다.

c) 교회는 교회들, 특별히 동일한 신앙고백을 하는 교회들 사이의 필수적인

상호의존성을 인식해야 한다. 그리고 국가 안에서 혹은 권역 안에서 다른 교회들과 건설적인 에큐메니칼 관계를 실천해야 한다. 이것은 교회가 국가 차원의 교회협의회 혹은 그와 유사한 조직체 그리고 권역별 에큐메니칼 기구의 회원이라는 것을 의미하게 될 것이다.

4. 규모

a) 강령 I.3항에 덧붙여, 지원교회는 통상적으로 25,000명 이상의 구성원을 지녀야 한다. 중앙위원회는 예외적인 이유로, 이러한 기준을 충족시키지 못하는 교회를 회원으로 받아들이기로 결정할 수 있다.

b) 규모 면에서 이 기준을 충족시키지 못하는 같은 나라 혹은 권역 안의 교회들은 연합해서 회원에 지원할 수 있고 WCC는 이를 장려하는 바이다.

5. 준회원의 자격

a) 다음과 같은 경우에 해당되지 않았다면 회원이 될 자격을 충분히 갖추고 있는 교회는 회원교회가 선정되는 것과 같은 방식으로 준회원에 선임될 수 있다.

　1) 지원교회가 단지 강령 I.4(a) 때문에 회원자격이 인정되지 않는 경우. 이러한 이유로 준회원에 지원하는 교회는 통상적으로 적어도 10,000명의 구성원을 갖추고 있어야 한다.

　2) 중앙위원회의 승인을 받지 못한 경우. 지원교회가 준회원이 되고 싶다고 밝히면 준회원으로 선임될 수 있다.

b) 준회원교회는 WCC의 모든 활동에 참여할 수 있다. 총회에 파견되는 대표들은 발언할 권리는 있지만 의결권을 행사할 수는 없다. 준회원교회들은 총무가 관리하는 공식목록에 별도로 열거될 것이다.

c) 각 준회원교회는 WCC 전체 예산에 매년 분담금을 납부하게 될 것이다. 분

담금의 규모는 교회와 WCC 사이의 협의를 거쳐 결정될 것이고 정기적으로 재검토될 것이다.

d) 각 준회원교회는 그 자원에 비례하여, 그리고 WCC와 협의를 통해, WCC의 프로그램을 실행하기 위한 경비와, 그 대표들이 WCC가 주최하는 행사들에 참가할 때 필요한 여행경비와 숙소경비를 책임지는 일에 참여할 것이다.

e) 이러한 의무를 이행하지 않는 데 따르는 결과는 중앙위원회가 결정하는 바가 될 것이다.

6. 재정적인 참여

a) 각 회원교회는 WCC 전체 예산에 매년 분담금을 납부하게 될 것이다. 분담금의 규모는 교회와 WCC 간의 협의를 통해 결정될 것이고 정기적으로 재검토될 것이다.

b) 각 회원교회는 그 자원에 비례하여, 그리고 WCC와 협의를 통해, WCC의 프로그램을 실행하기 위한 경비와, 그 대표들이 WCC 행사에 참가할 때 필요한 여행경비와 숙소경비를 책임지는 일에 참여할 것이다.

c) 이러한 의무를 이행하지 않는 데 따르는 결과는 중앙위원회가 결정하는 바가 될 것이다.

7. 자문

특정교회를 회원이나 준회원으로 받아들이기 전에, 적절한 세계적인 교파조직과 국가 차원의 협의회 혹은 권역별 에큐메니칼 기구의 자문을 받게 될 것이다.

8. 사임

WCC 회원직에서 사퇴하고자 하는 교회는 언제든지 그렇게 할 수 있다. 사퇴했다가 재가입하고자 하는 교회는 다시 회원가입을 신청해야 한다.

II. 회원의 책무

WCC 회원이라는 것은 WCC의 기본원리에 충실하다는 것과, WCC의 생활과 사역에 참여한다는 것, 그리고 교회의 선교에 필수적인 에큐메니칼 운동에 헌신한다는 것을 의미한다. WCC의 회원인 교회들에게는 다음과 같은 것들이 기대된다.

1) WCC의 주요한 정책결정 기구인 총회에 파송할 대표를 임명하고, 에큐메니칼 비전과 에큐메니칼 아젠다를 형성하는 데 있어 다른 회원교회들과 더불어 회의에 참여한다.

2) WCC에 자신들의 주요 관심사, 우선순위, 활동에 관해 알리고, 에큐메니칼 연대에 대해 말하고 싶은 사안들 혹은 WCC와 전 세계 교회들의 관심을 끌 만한 사안들뿐 아니라, WCC의 프로그램들과 관련해 건설적인 비판을 한다.

3) 에큐메니칼 헌신의 의미를 소통함으로써, 교회생활의 모든 차원에서 에큐메니칼 관계와 활동을 촉진하고 격려하며 지역 차원에서, 국가 차원에서, 권역 차원에서, 또 세계적으로 에큐메니칼 교제를 추구한다.

4) 회원자격을 유지하는 전 기간 동안 교인들에게 제공하는 일상적인 보고의 한 부분으로서 폭넓은 에큐메니칼 운동과 WCC의 본질과 목적과 프로그램을 해석한다.

5) WCC 프로그램, 활동, 모임에 참여하는 것을 격려한다. 여기에는 다음과 같은 것들이 포함된다.

    a) WCC의 다양한 위원회, 모임과 협의회, 프로그램, 출판 분야와 사무국

에서 특별한 기여를 할 수 있고 또/혹은 참여할 수 있는 사람들을 추천한다.

b) 자신들 내부의 프로그램 전담부서와 그에 맞는 WCC의 프로그램 전담부서 사이에 연결고리를 만든다.

c) WCC를 위한 그리고 그 소통을 진작시키기 위한 자료들, 즉 책, 정기간행물, 그리고 다른 출판물들을 제공한다.

6) 중앙위원회 혹은 집행위원회 혹은 총무가 회부하여 기도, 충고, 정보나 의견을 요청하는 사안들에 대해 응답할 뿐만 아니라, 회원교회들의 연구, 활동 혹은 다른 후속조처들을 요구하는 중앙위원회의 결정들에도 응답한다.

III. 총회

1. 총회의 구성

a) 발언권과 투표권을 지니는 사람

총회는 회원교회들이 선출하는 대의원이라 불리는 회원교회들의 공식적인 대표들로 구성될 것이고, 이들은 발언권과 더불어 의결권을 지니며 발의안과 수정안을 제시할 권리를 지닌다.

1) 중앙위원회는 총회가 열리기 전에 충분히 시간을 두고 거기에 참석할 대의원의 수를 결정한다.

2) 중앙위원회는 대의원의 퍼센트를 결정한다. 85퍼센트 이상은 회원교회들의 지명과 선출에 의해 결정될 것이다. 각 회원교회는 최소한 한 명의 대의원을 배정받을 권리가 있다. 중앙위원회는 이 부분에서 WCC 안에서 교회와 교파의 규모, WCC의 회원인 각 교파의 소속교회들의 수, 그리고 적절한 지리적 문화적 균형을 참작해서 공평하게 회원교회들에게 다른 수의 대의원을 배정할 것이다. 중앙위원회는 교회임원, 교구목사, 평신도 사이에, 그리고 남자, 여자, 젊은이 사이에 적절하게 안

배해서 대의원을 선출할 것을 권고한다. 중앙위원회는 총회에 참석할 수 없는 대의원들이 생길 경우 회원교회들이 그들을 대신해서 참석할 대리인 선출을 위한 규정을 만들 수 있다.

3) 15퍼센트를 넘지 않는 나머지 대의원들은 다음과 같은 중앙위원회의 지명을 받은 특정한 회원교회들에 의해 선출될 것이다.

(1) 중앙위원회의 의장이나 부의장이 앞의 2)의 규정에 따라 대의원으로 선출되지 않은 경우, 중앙위원회는 그 임원이 소속되어 있는 회원교회에 그 임원을 지명하게 된다. 아래의 (5), (6) 항목은 그렇게 지명된 사람에게 적용된다.

(2) 중앙위원회는 다음과 같은 점에서 균형을 이루기 위해 필요한 추가적인 대의원들의 범주를 결정할 것이다.

(a) 교회와 교파의 다양한 규모

(b) 연합교회들의 특별한 중요성뿐 아니라 개별 교회들의 역사적인 중요성, 미래의 잠재력 혹은 지리적인 위치와 문화적인 배경

(c) 총회에 필요한 특별한 지식과 경험을 지닌 사람들의 참석

(d) 여성, 젊은이, 평신도와 지역 목회자들의 비율

(3) 중앙위원회는 중앙위원회가 지명하면 교회가 기꺼이 선출하게 될 그런 범주에 속하는 사람들을 회원교회들이 천거해 주기를 요청한다.

(4) 중앙위원회는 구성원들이 수록되어 있는 각 회원교회의 목록에서 특정한 개인들을 지명할 것이다.

(5) 만약 회원교회가 앞서 언급한 지명된 사람을 선출하면, 그 혹은 그녀는 그 회원교회의 추가 대의원이 될 것이다.

(6) 회원교회는 이런 대의원에 대해서는 대리인을 선출하지 않을 것이다.

모든 대의원들이 자신들이 소속된 회원교회에 의해 절차에 따라 선출된다면, 회원교회들은 앞의 (2), (3)에서 상술된 대의원 선출에 대해서 권역별로 협의

할 것을 권장한다.

b) 발언권은 있으나 의결권은 없는 사람들

의결권까지 가지는 대의원들과 별도로, 다음 범주의 사람들은 총회에 발언권을 가지고 참석할 수 있다.

1) **회장단과 임원**: 소속교회들로부터 대의원으로 선출되지 못한 WCC의 회장 혹은 회장단 혹은 중앙위원회의 의장 혹은 부의장 혹은 부의장단.

2) **은퇴한 중앙위원회 위원**: 소속교회들에서 대의원으로 선출되지 못한 은퇴한 중앙위원회 위원들.

3) **준회원교회의 대표들**: 각 준회원교회는 한 명의 대표를 선출할 수 있다.

4) **자문위원**: 중앙위원회는 총회의 심의에 특별히 도움이 될 수 있는 사람들 혹은 WCC의 활동에 참여한 바 있는 사람들을 초청할 수 있다. 자문위원들에 대한 초청이 이루어지기 전에 그들이 소속된 회원교회와 협의를 거치게 된다.

5) **위임 대표**: 중앙위원회는 WCC와 관계를 맺고 있는 기관들로부터 위임 대표들로 공식 임명된 사람들을 초대할 수 있다.

6) **위임 참관인**: 중앙위원회는 비회원교회들이 위임 참관자로 공식 임명한 사람들을 초청할 수 있다.

c) 발언권도 의결권도 없는 사람들

중앙위원회는 발언권도 의결권도 없이 총회에 참석하도록 초청할 수 있다.

1) 참관자: WCC와 관계를 맺고 있지만 위임 대표를 두지 않은 기관에 속한 사람들 혹은 위임 참관자를 두지 않은 비회원교회 소속 사람들.

2) 내빈: 개별적으로 지정된 사람들.

2. 의장단과 위원회

a) 총회의 첫 번째 실무회의 때 중앙위원회는 총회의 사업을 적절하게 운영해 나가기 위해 총회의 의장단과 실무위원회 위원 구성에 대해 제안하고, 다른 위원회 소속 위원들의 임명과 그들의 회원자격과 역할에 대한 내용을 포함한 다른 제안들도 제시한다.

b) 첫 번째 혹은 두 번째 실무회의 때는 각종 위원회 위원들에 대한 추가적인 임명이 서면으로 이루어지는데, 6명의 총회 대의원의 찬성이 있으면 가능하다.

c) 총회가 달리 결정하는 바가 있지 않는 한 선출은 투표에 의해 이루어진다.

3. 의제

총회의 의제는 중앙위원회가 총회의 첫 번째 실무회의에 제출할 것이다. 대의원 중 누구라도 새로운 실무 항목을 포함시킴으로써, 혹은 자신이 사전에 중앙위원회 혹은 실무위원회가 구성된 후에 거기에 제안했던 항목에 변경사항을 제기함으로써 의제를 수정할 수 있다. 새로운 실무 항목이나 다른 어떤 변경사항은 강령 III.5(b)에 따라 실무위원회가 혹은 강령 XVI.7.에 근거해 대의원이 제기할 수 있다.

4. 총회의 인선위원회

a) 총회의 초반부 회의 때 총회는 인선위원회를 구성하는데, 이때 총회 회원의 교파적, 문화적, 지리적 대표성을 적절히 고려하고 WCC의 주요 관심사들을 잘 대변해야 할 것이다.

b) 인선위원회는 WCC 임원들과 집행위원회와 협의하여 다음과 같은 인선을 하게 된다.

1) WCC의 회장 혹은 회장단 인선.

2) 회원교회들이 총회에 선출해 보낸 대의원들 중 최대 145명의 중앙위원회 위원 인선.

3) 준회원교회들이 총회에 선출해 보낸 대표들 중 최대 5명의 중앙위원회 위원 인선.

c) 인선을 하는 데 있어, 인선위원회는 다음과 같은 원칙을 고려할 것이다.

1) 인선 대상자가 맡게 될 직무에 대한 개인적인 자질

2) 공정하고도 적절한 교파 대표성

3) 공정하고도 적절한 지리적 문화적 대표성

4) 공정하고도 적절한 WCC 주요관심사들에 대한 대표성

인선위원회는 소속된 교회들이 그 지명에 대해 전체적으로 수긍하는지 확인할 것이다. 하나의 회원교회에서 7명을 초과해서 중앙위원회 위원으로 임명되는 일은 없을 것이다. 인선위원회는 총회를 구성하면서 가능한 한 남성, 여성, 젊은이를 포함하는 평신도들에 대한 적절한 안배를 확실하게 할 것이다.

d) 인선위원회는 인선내용을 총회에 제출할 것이다. 인선위원회의 지명을 받은 특정 후보에 대한 반대가 있을 때, 6명의 대의원이 동의하여 서면으로 제시한다면 다른 사람을 인선할 수도 있다.

e) 총회가 다른 결정을 하지 않는 이상 선출은 투표를 통해 이루어진다.

5. 총회의 실무위원회

a) 총회의 실무위원회는 중앙위원회 의장과 부의장 혹은 부의장단, 총무, WCC 회장단, 대의원으로 참석하는 총회준비위원회의 의장 혹은 회원, 각종 공청회와 위원회의 의장들로 구성된다. 이들은 물러나는 중앙위원회의 위원이 아닌 10명의 대의원과 대리인을 지명할 수 있고, 강령 III.2에 따라 선출될 것이다. 총회준비위원회의 의장이 대의원이 아닌 경우, 그/그녀는

총회와 실무위원회에 자문위원으로 초청될 것이고 발언권은 있으나 투표권은 갖지 못할 것이다.

b) 실무위원회는 다음과 같은 일들을 한다.

1) 총회의 일상적인 직무들을 조정하고 의제에 포함되어 있는 항목들을 재조정, 변경, 추가, 삭제 혹은 대체하기 위한 제안들을 할 것이다. 이러한 제안들은 모두 가능한 한 빠른 시일에 실무위원회 소속 위원이 변경을 제안하는 이유들과 함께 총회에 제출하게 될 것이다. 이러한 제안에 대한 토의를 거친 후에 의장은 "총회는 실무위원회의 제안을 승인할 것입니까?"라는 질문을 총회에 내놓게 되고, 이 질문은 대의원 과반수 출석과 과반수 득표로 결정된다.

2) 강령 XVI.7에 따라 대의원이 제안하는 실무항목들과 의제의 변경안에 대해 고찰한다.

3) 총회가 강령 XVI에 규정된 전체회의, 실무회의, 심의회를 개회할지 여부를 결정한다.

4) 다른 위원회들의 보고서에서 정보를 얻고 그 보고서들을 검토하여, 총회가 그것들을 어떻게 처리하는 것이 최선일지 고려한다.

6. 총회의 다른 위원회들

a) 총회의 다른 모든 위원회들의 구성원, 그리고 권한과 책무에 대해서는 중앙위원회가 첫 번째 실무회의에서 제시한 바를 따르거나, 실무위원회의 선출 이후 실무위원회가 제시하고 총회가 승인하는 바를 따르게 될 것이다.

b) 이런 모든 위원회는 총회가 달리 지시하지 않는 한 실무위원회에 자신들의 활동에 대해 알리고, 보고서나 권고문을 작성해 총회에 제출하게 된다.

Ⅳ. 회장단

1. 총회는 WCC의 회장 혹은 회장단을 선출한다. 그렇지만 선출되는 회장단의 수는 8명을 넘지 못한다. 회장단의 역할은 각자가 속한 권역에서 에큐메니즘을 증진시키고 WCC의 활동을 해석한다.

2. 회장의 임기는 선출된 직후부터 시작되고 다음번 총회가 폐회할 때 끝이 난다.

3. 총회에 의해 선출된 회장은 연임할 수 없다.

4. 회장은 각자가 속한 권역에서 에큐메니칼적인 경험과 명성으로 WCC 에큐메니칼 파트너들 사이에 폭넓게 인정받는 사람이어야 한다.

5. 회장단은 직무상 중앙위원회의 위원을 겸한다.

6. 총회와 총회 사이 기간에 회장단에 공석이 생기면, 중앙위원회가 그 잔여기간을 채울 회장을 선출하게 된다.

Ⅴ. 중앙위원회

1. 회원자격

a) 중앙위원회는 WCC의 회장 혹은 회장단, 그리고 총회가 선출한 최대 150 명의 회원들로 구성된다(헌장 Ⅴ.2(b) 참조).

b) 중앙위원회 대표를 두지 못한 회원교회는 한 명을 대표로 중앙위원회 회의에 파견할 수 있다. 이런 대표들은 발언권은 가지지만 투표권은 없다.

c) 정식으로 선출된 중앙위원회 위원이 회의에 참석하지 못하는 경우, 그 결석 위원이 소속하고 있는 교회는 대리인을 파견할 권리가 있다. 단, 그 대리인은 그 결석 위원이 거주하는 나라에 평상시에 거주하는 자라야 한다. 이러한 대리인은 발언권과 더불어 투표권도 지니게 된다. 위원이나 그 대리인이 아무런 양해도 구하지 않고 두 차례 연속해서 회의에 참석하지 않는 경우, 그 의석은 공석으로 선언될 것이며, 중앙위원회는 헌장 Ⅴ.2(b)(3)

조항의 규정에 따라 공석인 자리를 충원할 것이다.

d) 중앙위원회의 위원이 아닌 각종 위원회의 의장단과 부의장단은 중앙위원회 회의에 참석할 수 있고 발언권을 가지지만 투표권을 행사할 수는 없다.

e) 중앙위원회의 자문위원들은 그들이 소속된 교회들과의 자문을 거쳐 실행위원회의 지명을 받게 된다. 이들은 발언권은 가지지만 투표권은 없다.

f) 강령 IX.3에 밝혀져 있는 대로 중앙위원회의 임명을 받는 WCC의 사무국 직원들은 중앙위원회 회의가 달리 결정하는 바가 없는 한 중앙위원회 회의에 참석할 권리를 지닌다. 참석해서는 발언권만 있고 투표권은 없다.

g) 새로 선출된 중앙위원회 위원은 총회 기간 동안 혹은 그 직후에 총무에 의해 소집된다.

2. 임원

a) 중앙위원회는 자체적으로 결정하는 기간 동안 봉사하게 될 의장과 부의장 혹은 부의장단을 소속 위원들 중에서 선출한다.

b) WCC 총무는 직무상 중앙위원회 서기를 겸한다.

3. 중앙위원회 내의 인선위원회

a) 중앙위원회는 다음과 같이 인선위원회를 선출한다. 인선위원회는 다음과 같은 일을 한다.

1) 중앙위원회 의장과 부의장 혹은 부의장단을 위원들 중에서 지명한다.

2) 총회와 총회 사이 기간에 회장직이 공석이 될 때는 남은 기간을 채울 회장 후보를 지명한다.

3) 중앙위원회의 실행위원회 위원들을 지명한다.

4) 각종 위원회의 위원들과 의장을 지명한다.

5) 강령 IX.3에 의거해 사무국 직원들의 선출과 관련해 권고를 한다.

위의 1)~4)에 따라 지명을 하는 데 있어서 중앙위원회의 인선위원회는 강령 III.4(c)에 규정된 원칙들을 고려해야 하며, 원칙 2, 3, 4를 각종 위원회 위원들의 지명에 적용하는 데 있어서는 모든 위원회들의 전체적인 위원구성의 대표적인 특성을 고려하게 될 것이다. 인선위원회의 지명을 받은 특정후보에 반대가 있을 때, 중앙위원회의 구성원이라면 누구라도 추가적인 지명을 할 수 있다.

b) 달리 결정되는 바가 없는 한 선출은 투표로 이루어진다.

4. 회합

a) 중앙위원회는 통상적으로 일 년에 한번 모이게 될 것이다. 실행위원회는 필요하다고 여겨질 때는 언제나 중앙위원회 임시모임을 소집할 수 있고, 중앙위원회 위원 1/3이상이 서면으로 요구할 때도 그렇게 할 것이다.

b) 총무는 WCC 소속 회원들을 주요 교파별로, 지리적으로 잘 안배하고 WCC의 주요 관심사를 적절하게 대표할 수 있도록 하기 위해 가능한 모든 조처를 취할 것이다.

c) 중앙위원회는 자체 모임과 총회를 개최할 날짜와 장소를 결정하게 될 것이다.

5. 역할

헌장에 기술된 권한을 행사하는 데 있어, 중앙위원회는 다음과 같은 구체적인 역할을 하게 될 것이다.

a) 그 직무를 수행하기 위해 중앙위원회는 다음의 위원회를 구성하게 된다.

　　1) 프로그램위원회(상설위원회)

　　2) 재정위원회(상설위원회)

　　3) 인선위원회(각 회합 때마다 지명)

4) 자문위원회 혹은 위원회들(각 회합 때 필요에 따라 지명되는데, 중앙위원회가 특별히 고려하거나 조치를 취해야 할 문제들이 생겼을 때 그에 관해 권고하게 된다.)

b) WCC의 예산안을 채택한다.

c) 회원교회들이 문의한 사안들을 다룬다.

d) 프로그램과 활동을 개시하고 중단시키는 책무를 포함해, 이후 WCC가 추진하게 될 정책들을 결정한다. 중앙위원회는 지금까지 언급된 직무를 수행하기 위해 각종 위원회를 구성하게 된다.

e) 임기 동안 수행했던 활동들에 관해 총회에 보고하고, 그 보고서가 받아들여질 때까지는 그 임기가 끝난 것이 아니다.

VI. 실행위원회

1. 회원자격

a) 실행위원회는 중앙위원회의 의장과 부의장 혹은 부의장단, 중앙위원회 산하의 프로그램위원회와 재정위원회의 의장단, 그리고 중앙위원회의 다른 위원 20명으로 구성된다.

b) 실행위원회 위원이 참석할 수 없을 때는 의장의 동의 아래 중앙위원회의 위원을 대리인으로 보낼 수 있다. 이러한 대리인은 가능한 한 같은 권역의 같은 교회 전통에 속한 사람이어야 하고, 발언권과 투표권을 지니게 된다.

c) 중앙위원회의 의장은 실행위원회 의장을 겸할 수 있다.

d) WCC 총무는 직무상 실행위원회의 서기가 된다.

e) 임원들은 다른 사람들을 실행위원회 회합에 초대해 자문을 구할 수 있다. 이때는 교파와 지역, 문화적인 배경, 그리고 WCC의 주요 관심사들의 균형을 지킬 필요성에 대해 유념해야 한다.

2. 역할

a) 실행위원회는 중앙위원회에 대해 책임을 지며, 다음번 회합에서 자신들의 활동보고서를 중앙위원회에 제출해 승인을 받게 된다. 중앙위원회는 이러한 보고서를 검토하고 그와 관련해 적절한 조처를 취하게 된다.

b) 실행위원회는 각종 자원의 배치를 결정하는 책무를 포함해서, 현재 진행되고 있는 WCC의 프로그램과 활동들을 감시하고 감독할 책임을 진다. 성명서를 발표할 수 있는 실행위원회의 권한은 강령 X.5에 제한되어 규정되어 있다.

c) 중앙위원회는 특별한 조처를 통해 실행위원회가 강령 IX.3A에 기술된 직책들에 사무국 직원을 선출하도록 할 수 있는데, 이러한 조처는 다음번 중앙위원회 회합에서 보고되어야 한다.

d) 실행위원회는 예산집행을 감독하며, 필요하다면 지출에 대한 제한도 부과할 수 있다.

3. 선출

a) 중앙위원회는 그 첫 번째 회합에서 혹은 총회 직후 실행위원회를 선출할 수 있다.

b) 실행위원회에 공석이 생기면 다음번 중앙위원회 회합에서 충원될 것이다.

VII. 프로그램위원회

1. 프로그램위원회는 다음과 같이 최대 40명으로 구성된다.

a) 의장은 실행위원회 위원이 된다.

b) 최대 30명의 중앙위원회 위원들이 회원이 되는데, 이 중 2명은 실행위원회 위원도 겸한다.

c) 최대 10명은 각종 위원회와 자문단에서 선임된다.

2. 프로그램위원회는 보통 중앙위원회와 함께 회합을 가지고 거기서 정기적으로 보고해야 할 의무를 지닌다.

3. 총회가 정해둔 지침 안에서 프로그램위원회는 WCC의 프로그램과 활동에 관한 모든 문제에 관해 중앙위원회에 권고를 해야 할 책임을 지닌다. 특별히 다음과 같은 것들이 이에 해당한다.

   a) 프로그램의 개발이 중앙위원회의 취지와 주요정책들을 고려하고 활용 가능한 재정자원도 참작하도록 한다.

   b) 특별히 상이한 WCC 활동들의 신학적 상호관련성을 고려한다.

   c) 중앙위원회가 프로그램과 활동을 개시하고 중단하도록, 그리고 정책과 관련된 다른 기본적인 문제들에 대해 결정을 내리도록 권고한다.

   d) 프로그램과 활동에 대한 정기적인 평가를 제공하고 또 그에 대해 조언을 한다.

   e) WCC를 구성하는 책임의 영역에서 프로그램위원회를 통해 중앙위원회에 조언을 하게 될 위원회들의 권한과 규모를 중앙위원회에 권고한다.

   f) 중앙위원회에 기관들, 특히 에큐메니칼 훈련 기관의 권한과 규모를 추천한다.

   g) 필요할 경우 특별한 분야의 자문단 혹은 후원자들을 지명한다. 이런 자문단의 회합의 규모나 그 개최 주기는 부가된 책무와 활용가능한 자원에 따라 결정된다.

VIII. 중앙위원회 내의 재정위원회

1. 중앙위원회 내의 재정위원회는 다음과 같이 적어도 9명으로 구성된다.

a) 먼저 의장이 있는데, 의장은 또한 실행위원회의 위원이 된다.

b) 5명의 위원은 중앙위원회에 소속하게 되고, 그들 중 2명은 실행위원회 위원도 겸하게 된다.

c) 3명은 프로그램위원회가 소속위원들 중에 선정하게 된다. 프로그램위원회는 정회원이 참석하지 못할 경우 대리인을 지명할 수 있다.

2. 위원회는 다음과 같은 책임과 의무를 지게 될 것이다.

a) 중앙위원회에 다음과 같은 것들을 제출한다.

1) 지난해와 관련해, WCC 운용에 있어서 수입과 지출에 대한 보고서와 연말에 WCC의 대차대조표, 그리고 회계 감사관의 보고서에 기초하여 만료된 기간의 WCC의 계정과 관련된 채무 이행과 승인에 관한 권고안.

2) 올해와 관련해, 모든 재정적인 운용에 관한 검토서.

3) 다음해와 관련해, WCC의 모든 활동을 포괄하는 예산안, 그리고 제시된 활동과 프로그램에 투입될 자본은 적절히 확보되었는지 그리고 수립된 예산안을 충족시킬 예상수입의 산출이 합리적으로 잘 산출되었는지에 대한 판단에 따라 작성한 권고안.

4) 내후년과 관련해 앞의 3)항목에 나와 있는 권고안과 더불어 재정예측도.

b) WCC의 실무와 관련한 모든 재정적인 문제들에 관해 고려하고 중앙위원회에 권고하기 위해 다음과 같은 일을 한다.

1) 회계감사자 혹은 회계감사단을 지명하는데, 이는 매년 중앙위원회의 임명을 받게 되며, 재임될 수 있다.

2) 회계보고 절차

3) 투자정책과 절차

4) 회원교회들의 분담금 계산의 원칙

5) 기금을 조성하기 위한 절차와 방법

IX. 사무국 직원

1. 중앙위원회는 계속적으로 WCC를 운용할 특별한 능력을 지닌 사람들을 선출하거나 임명하거나 그 선출이나 임명을 준비한다. 이런 사람들이 집

합적으로 사무국을 구성한다.

2. 총무는 중앙위원회가 선출한다. 그 혹은 그녀는 WCC의 핵심적인 실행임원으로, 직원들의 수장이다. 총무직이 공석이 되었을 때는 실행위원회가 임시총무를 임명하게 된다.

3.A. 총무와 별도로 중앙위원회는 하나 혹은 그 이상의 부총무와 각 부서장들을 임명한다.

3.B. 실행위원회는 7-10등급에 속하는 직원을 선출하고 그 결정을 중앙위원회에 보고한다.

4. 사무국의 지도자그룹은 WCC 총무(의장), 부총무 혹은 부총무단, 총무보조(비서), 그리고 4개 기관의 장들(부재 시 그 대리인들)로 이루어진다. 다른 직원들은 특별한 전문지식이 있거나, 의제에 나오는 특별한 항목에 적절하거나 정통함으로 인해 선임되거나 초빙될 수 있다. 기관장들은 자기 부서의 직원들에게 그 부서의 논의와 결정에 대해 정기적으로 알려줄 책임이 있다.

사무국지도자그룹은 핵심적인 내부의 관리팀이다. 그 전체적인 책임은 총무가 WCC의 핵심적인 실행임원으로서 그 역할을 잘할 수 있도록 권고하는 것이다. 또한 WCC의 모든 활동이 통합되고 응집력 있는 방식으로 수행된다는 것을 보장하는 책무도 지닌다. 이러한 목적을 위해 사무국지도자그룹은 다음과 같은 일을 할 것이다.

a) 중앙위원회와 실행위원회가 확립한 정책과 우선과업들을 수행하고 그들에게 제안서들이 제출되도록 촉진하는 일이다.

b) 전체적인 조정 작업을 하고, WCC 활동의 우선순위와 방향성을 결정한다.

c) 총무를 보조하여 장기계획을 세우고 여러 활동을 관리하고 평가한다.

d) 총무를 보조하여 직원을 임명한다.

e) 인적자원과 재정자원을 관리하고 배분하며 프로그램을 계획하는 일이 장차 활용 가능한 자원들과 조화를 이루도록 책임을 진다.

f) 특별한 관리 영역에 관해 조언해 줄 수 있는 임시적인 혹은 영구적인 기능직 그룹을 임명한다.

5. 사무국자문그룹이 있게 된다. 그 구성원에는 직무상 사무국지도자그룹 소속 회원들과 각 팀의 조정자들이 포함된다. 주기적으로(보통 한 달에 한 번) 모일 것이고, 부총무가 사회를 볼 것이며, 이 회합은 모든 직원들에게 개방될 것이다. 사무국자문그룹은 총무와 사무국지도자그룹에게 권고를 하게 된다. 그 목적은 다음과 같다.

a) 정보를 나누고 정책과 이슈에 관한 토의와 해석을 위한 폭넓은 대화의 장을 제공한다.

b) WCC 활동에 대한 평가뿐 아니라 새로운 이슈와 관심사들에 대한 창조적인 숙고를 증진시키다.

c) 총무에게 WCC의 진행 중인 활동들과 관련해서 의견을 제시한다.

d) 활동, 진행과정, 제도적 장치에 대한 현재진행형의 평가를 촉진시킨다.

e) 통합, 협동, 협력을 강화시키고 증진시킬 활동의 정신과 스타일의 개발을 모색한다.

f) 직원들의 근무환경과 복지와 그들의 만족도와 관련된 문제들에서 총무를 보조한다.

6. 총무와 부총무 혹은 부총무단의 통상적인 임기는 5년이다. 임명 결의안에 어떤 다른 기간이 명시되어 있지 않는 한, 실행위원회 혹은 중앙위원회가 지명한 그 이외 다른 직원들의 첫 번째 임기는 통상적으로 임명된 날로부터 4년이 된다. 모든 임명은 임기 만료 일 년 전에 검토될 것이다. 정년은 통상 남녀 모두 65세가 될 것이고, 어떤 경우에도 직원이 68세가 되는 해의 말을 넘길 수는 없다.

X. 성명서

1. 그 역할을 수행함에 있어 WCC는 총회나 중앙위원회를 통해 WCC나 그 회원교회들이 직면한 특정한 상황이나 관심사에 관한 성명서를 낼 수 있다.

2. 이러한 성명서는 폭넓게 그리스도인들을 대표하는 기관의 판단 혹은 관심의 표현으로서 커다란 의미와 영향력을 지니기는 하지만, 그 권위는 오직 성명서가 그 고유의 진리와 지혜로 얼마나 중요한 것을 무게 있게 다루고 있는지에 달려 있다. 그리고 이러한 성명서의 발행이 WCC가 회원교회들 상위의 어떤 법적인 권위나 그들을 대변할 권리를 지니거나 지닐 수 있다는 것을 의미하는 것으로 여겨져서는 안 된다.

3. 모든 위원회는 총회나 중앙위원회에 숙고와 실천을 위한 성명서를 권고할 수 있다.

4. 위원회가 판단하기에 총회나 중앙위원회의 승인 전에 발행되어야 하는 성명서가 있을 때, 그 위원회는 이 성명서가 그 위원회 고유의 관심과 실천 영역 안에 있는 문제들과 연관되어 있다는 조건하에, 그리고 중앙위원회 의장과 총무의 승인을 받아 그렇게 할 수 있다. 그리고 이 위원회는 이 성명서가 WCC나 그 회원교회들 모두에 대해 어떠한 구속력도 지니지 못한다는 것을 분명하게 해야 한다.

5. 중앙위원회 회합과 회합 사이 기간에 필요한 상황이라고 판단될 때 성명서를 발행할 수 있다. 이때는 이러한 성명서가 WCC의 기존 정책들에 반(反)하는 것이 아니라는 조건하에서 다음과 같은 사람들이 발행할 수 있다.
   1) 중앙위원회 회기와는 별도로 이루어진 회합에서 실행위원회가
   2) 중앙위원회의 의장과 부의장 혹은 부의장단 그리고 총무가 함께
   3) 중앙위원회 의장이나 총무가 제각기 그 자신의 권위로

XI. 연합 협의회들

1. 에큐메니칼 교제와 활동을 목적으로 설립된 모든 국가별 그리스도인협의회, 국가별 교회협의회 혹은 국가별 에큐메니칼협의회는 다음과 같은 조건하에 중앙위원회에 의해 연합기관으로 인식될 수 있다.

   a) 대상이 되는 협의회가 WCC가 기초하고 있는 기본원리를 인식하고 있고, WCC의 하나 혹은 그 이상의 역할과 목적의 성취를 위해 협력하고 싶다는 의사를 표명할 때

   b) 그 지역에 있는 WCC 회원교회들에게 이러한 조치에 앞서 자문을 받았을 때

2. 각각의 연합 협의회들은

   a) 총회에 대표를 파견하도록 초청된다.

   b) 중앙위원회의 재량에 따라 중앙위원회 모임에 자문단을 보내줄 것을 요청받을 수 있다.

   c) WCC의 모든 회원교회들에게 보내는 일체의 일반소식지들을 제공받게 된다.

3. WCC 회원교회들과 직접적으로 접촉하는 것과 더불어, WCC는 각각의 연합 협의회들에게 중요한 에큐메니칼 진전에 대해 알려주고 그 협의회가 속한 나라에서 WCC가 진행하고 있는 프로그램들에 관해 자문을 구하게 된다.

4. 연합 협의회들과 상의하여, 중앙위원회는 때때로 WCC와 국가별 교회협의회들 사이의 관계에 관한 지침을 세우고 검토할 것이다.

XII. 권역별 에큐메니칼 기관들

1. WCC는 권역별 에큐메니칼 기관들을 에큐메니칼 사업에 있어 필수적인 동역자들로 인식한다.

2. 중앙위원회의 지정을 받는 권역별 에큐메니칼 기관들은

a) 총회에 대표를 파견할 수 있다.

b) 중앙위원회 모임에 자문위원을 파견할 수 있다.

c) WCC의 모든 회원교회들에게 보내지는 일체의 소식지를 제공받게 된다.

3. 회원교회들과 직접 접촉하는 것과 더불어, WCC는 이러한 각 권역별 에큐메니칼 기관들에게 중요한 에큐메니칼 진전사항들에 관해서 알려주고, 그 지역에서 예정되어 있는 WCC 프로그램에 관해서 자문도 구하게 된다.

4. 중앙위원회는 권역별 에큐메니칼 기관들과 더불어 WCC와 권역별 에큐메니칼 기관들 사이의 관계와 협력을 위한 적절한 지침원칙들을 세우고 검토하게 된다. 또한 프로그램에 대한 책임을 서로 공유할 수 있도록 해주는 수단들도 모색하게 된다.

XIII. 그리스도교 세계 연맹체들

1. WCC는 에큐메니칼 운동에 있어서 그리스도교 세계 연맹체들이나 세계의 다양한 교단들의 역할을 인정한다.

2. 중앙위원회의 지명을 받는, 그리고 그것을 원한다는 의사표명을 하는 그리스도교 세계 연맹체들은

a) WCC 총회에 대표를 파견할 수 있다.

b) 중앙위원회 회의에 자문위원을 파견할 수 있다.

c) WCC의 모든 회원교회들에게 보내지는 일체의 소식지를 제공받게 된다.

3. 중앙위원회는 그리스도교 세계 연맹체들과의 관계와 협력을 위한 적절한 지침원칙들을 세우고 검토하게 된다.

XIV. 국제적인 에큐메니칼 기관들

1. 강령 XI, XII, XIII에서 언급된 것들 이외의 에큐메니칼 기관들은 다음과
   같은 조건을 충족시킬 경우 중앙위원회에 의해 WCC와 동역관계를 갖는
   기관들로 인식될 것이다.

   a) 해당기관은 그 성격상 국제적(세계적, 권역적 혹은 지역적)이고 그 목
   표하는 바가 WCC의 역할과 목적들과 일치해야 한다.

   b) 해당기관은 WCC가 기초하고 있는 기본원리에 대해 알고 있으면서,
   WCC와 연관을 맺고 협력하고자 하는 의지를 표명해야 한다.

2. 상호성에 기초해서, 각각의 국제적인 에큐메니칼 기관들은

   a) WCC 총회에 대표를 파견할 수 있다(강령 III.1.b.5 참조).

   b) WCC의 모든 회원교회들에게 보내지는 일체의 소식지를 제공받게 된다.

XV. 법률조항들

1. WCC는 계속해서 존속한다.

2. WCC의 법적인 본부는 스위스 제네바의 그랑-사코넥스(Grand-Saconnex)에
   두며, 스위스 민법 조항 60조 이후의 내용에 따라 하나의 협회로 등록된
   다. 권역별 사무소는 중앙위원회의 결정에 따라 세계 각지에 둘 수 있다.

3. WCC는 실행위원회나 실행위원회로부터 그 권한을 부여받은 일군의 사람
   들에 의해 법적으로 대표된다.

4. WCC에서는 다음 가운데 두 명이 공동서명하게 되면 법적인 구속력이 생
   긴다: 중앙위원회의 의장과 부의장 혹은 부의장단, 총무, 부총무나 부총무
   단. 여기서 언급된 사람들 중 누구라도 두 사람은 특정 인물들을 선택해서
   그들로 하여금 위임받은 국한된 분야에서 WCC의 이름으로 연합해서 혹
   은 단독으로 활동할 수 있도록 권한을 줄 수 있다.

5. WCC는 사업추진을 위해 필요한 수단을 회원교회들의 분담금과 기부나

유산증여를 통해 조달한다.

6. WCC는 상업적인 활동을 하려고 해서는 안 되지만, 교회 사이에서 원조활동을 매개하는 역할을 감당하고 그러한 목적과 관련해 출판물들을 발행할 수 있는 권한이 있다. 그렇지만 회원교회들에게 이익 혹은 이익배당금의 형태로 어떠한 잉여수입도 분배할 권한은 없다.

7. WCC 혹은 WCC 총회를 운용하는 기구들에 소속된 구성원들은 WCC의 채무관계와 관련해 어떠한 사적인 책임도 지지 않을 것이다. WCC가 초래한 채무는 오직 WCC의 자산에 의해서만 보증된다.

XVI. 토론에 관한 규칙들

1. 회의의 범주

WCC 총회는 전체회의(강령 XVI.4), 실무회의(XVI.5), 혹은 심의회의(XVI.6)로 구성된다. 실무위원회는 다룰 안건에 적합한 회의의 범주를 결정한다.

2. 회의주재 임원들

회의를 주재하는 임원들은 첫 번째 실무회의에서 중앙위원회가 지명하고 실무위원회가 구성된 후에는 실무위원회가 지명하게 된다.

a) 전체회의에서는 회장단 중 한 사람이나 중앙위원회 의장이 회의를 주재하게 된다.

b) 실무회의에서는 중앙위원회의 의장이나 부의장 혹은 중앙위원회의 또 다른 위원이 주재한다.

c) 심의회의에서는 회장단 중 한 사람이나 중앙위원회의 의장 혹은 부의장, 아니면 또 다른 대의원이 회의를 주재한다.

3. 의장의 공식적인 책임

의장은 총회의 개회, 휴회, 산회를 선포하게 되며, 모든 회의가 시작할 때, 그리고 회의의 범주가 바뀔 때면 언제나 총회가 지금 전체회의로 모였는지 아니면 실무회의나 심의회의로 모였는지를 밝힌다.

4. 전체회의

총회는 의식행사, 공적인 증언, 공식연설을 위해 전체회의를 소집한다. 중앙위원회나 실무위원회가 지정하는 사안들만 여기서 검토될 것이다.

5. 실무회의

총회는 다음과 같은 형태의 실무에 대해 고려해야 할 때 실무회의를 개최한다. 중앙위원회가 제출한 의제 채택, 의제 내용의 수정을 요구하는 제안서, 지명, 선출, WCC의 구조 및 조직, 예산이나 프로그램에 관한 제안, 혹은 이 강령의 4번과 6번에 제시된 것들을 제외하고 총회의 개입을 요구하는 다른 모든 형태의 실무가 이에 해당한다.

a) 의장

의장은 실무가 차근차근 책임성 있게 처리될 수 있도록 해야 한다. 그 혹은 그녀는 피력되는 다양한 견해들에 가능한 한 정당하고 이치에 맞는 기회를 주려고 애쓸 것이다. 의장은 질서를 지키고 적합한 논쟁의 규칙들을 준수하도록 할 것이고 논의가 적합성을 잃거나 되풀이되지 않도록 할 것이다. 이러한 목적을 위해 의장은 발언자에게 논점을 바꾸라고 요구하거나 발언중지를 요구할 수 있다. 의장은 발언권을 줄 수 있고 발언순서를 결정할 수 있다. 의장의 결정은 아래의 (u)단락에 서술된 의사진행절차에 관해 자신이 결정한 것이나 (l)단락에서 하나의 이슈를 둘러싼 회합의 의미에 대해 자신이 공지한 것 혹은 아래 (n)과 (o)단락에서 투표결과에 대해 공표한 내용을 제외한 모든 사안들에서 최종적인 것이 된다.

b) 발언하기

발언하고 싶은 사람은 누구라도 의장에게 발언권을 얻어 발언할 수 있다. 발언자는 자신의 이름과 교회를 밝히고 의장에게 자신의 소견을 피력할 수 있다. 대의원은 발언을 통해 제안을 하거나 혹은 재청을 표하거나 수정안을 제시할 수 있고, 논쟁에 참여하거나 순서나 절차의 문제점을 지적할 수 있으며, 그 이외 다른 발언자들은 단지 논쟁에 참여하거나 절차의 문제점만 언급할 수 있다. 모든 발언자들은 보통 회의가 시작하기 전이나 스튜어드를 통해 의장에게 메모를 전달함으로써 자신이 발언하고 싶다는 뜻을 의장에게 밝히게 되고 의장은 그러한 통지를 고려하게 된다. 그렇지만 의장은 강령 a)단락에서 나오는 대로, 발언권을 주거나 발언순서를 정할 자유를 지니고 있다.

c) 동의하기

의제에 올라 있는 안건에 대해 동의를 표하고자 하는 대의원은 그것을 구술로 밝히고 강령 (j)나 (k)단락에 나와 있는 특별동의나 동의의 경우를 제외하고는 의장에게 서면으로 제출하게 된다. 새로운 안건을 제안하고자 하는 대의원은 강령 XVI.7에 나와 있는 과정을 따라야 한다.

d) 재청하기

대의원이 동의에 이어 재청을 표할 때까지 총회는 동의안을 고려하지 않는다. 재청이 이루어지면 이 동의안은 출석한 대의원들이 투표를 통해 전체적인 합의에 도달하지 않는 한 철회될 수 없다. 안건을 철회하기로 만장일치가 이루어지면 대의원들은 모두 자신의 이름으로 동의를 표해야 한다.

e) 토론

동의에 이어 재청이 이루어지면, 동의를 표했던 대의원은 그에 대한 토론을 시작하게 된다. 그 대의원은 5분 이상 발언할 수 없다. 뒤이어 이 동의

안에 반대하는 의견을 밝히는 대의원의 발언도 5분을 넘을 수 없다. 그런 다음 이 동의안에 찬성하는 사람들과 반대하는 사람들 사이에서 발언자가 나와 사안이 허용하는 범위 내에서 번갈아 의견을 피력하게 된다. 각 사람은 5분 이상 발언할 수 없다. 토론이 종결될 때, 그 동의안을 제기하였던 대의원은 응수할 기회를 갖게 되는데 3분 안에 발언을 마쳐야 한다. 그 이외 다른 발언자는 모두 이 동의안에 대해 한 번 이상 발언할 수 없다.

f) 수정안

모든 대의원은 동의안과 마찬가지로 그에 대한 수정안을 제기할 수 있다. 이 강령의 c), d)단락은 동의안에 적용되는 것과 마찬가지로 수정안에도 적용된다. 수정안을 둘러싼 토론은 그 수정안에 제한될 것이다. 동의안의 제출자는 수정안에 대한 토론에서 발언할 기회를 부여받게 된다. 의장은 사실상 토론중인 동의안에 대한 부정에 불과한 수정안에 대해서는 의미가 없다고 판단하고 거부할 수 있다.

g) 수정안에 대한 수정

모든 대의원은 수정안과 같은 방식으로 수정안에 대한 수정안을 제출할 수 있다. 하지만 의장은 수정안에 대한 수정안에 다시 수정안을 제출하는 데 대해서는 위법이라고 판단하고 거부할 수 있다. 이 강령의 단락 c), d), e), f)는 수정안에서와 마찬가지로 수정안에 대한 수정안에도 적용될 것이다.

h) 토론과 수정안에 대한 표결

토론과 표결은 먼저 수정안에 대한 수정안에 대해, 그 다음에는 수정안, 그리고 마지막으로 동의안에 대해 이루어질 것이다. 수정안에 대한 수정안 혹은 수정안이 표결에 부쳐졌을 때, 수정안에 대한 추가적인 수정안이나 또 다른 수정안이 제기될 수 있지만, 의장은 이러한 추가적인 수정안에 대한 수정안이나 수정안을 사실상 이미 표결에 부쳐진 수정안과 동일한 것으로 의미가 없다고 간주하고 거부할 수 있다.

i) 의장이 토론에 참여할 권리

의장은 자신의 의무를 다른 회의주재 임원에게 넘기지 않은 채 동의안이나 수정안을 제출하거나 토론에 참여할 수 없다. 그리고 그렇게 한 후에는 그 사안에 대해 결론이 내려질 때까지 또 다시 회의를 주재할 수 없다.

j) 특별동의

동의안이나 수정안에 대해 발언한 적이 없는 대의원들은 누구나 언제든지 자리를 떠날 수 있지만 발언자를 방해하지 않기 위해서 다음과 같은 특권동의들이 이루어질 수 있다. 이 특권동의들은 계류 중인 사안보다 우선시 될 것이며, 나열된 순서에 따라 우선순위가 주어진다.

1) 휴회하기로

총회가 휴회를 결정할 경우, 휴회로 중단된 사안은 총회가 다시 모일 때 다루어질 것이다. 그 당시 "그날의 순서"가 있어 휴회에 걸린 사안이 "그날의 순서"의 마지막에 채택되거나 실무위원회가 제시하는 시간에 채택되는 일이 없다면 말이다.

2) 의제를 토의에 부치지 않기로

총회가 토의에 부치지 않기로 동의하면 그 의제는 표결에 부쳐지거나 결정되지 않은 채로 다음번 실무회의로 넘어가게 된다.

3) 특정시간으로 연기하기로

어떤 사안이 특정한 시간으로 연기되면 그것은 "그날의 순서"가 되고 다른 모든 사안에 우선하게 된다.

4) 위원회에 회부하기로

어떤 사안이 위원회에 회부되면, 총회가 달리 명하는 바가 없는 한 위원회는 총회의 회합 중에 그에 관해 보고하게 된다.

일단 특별동의가 재청을 받게 되면, 그에 대한 표결은 토론 없이 즉각

취해지게 된다.

k) 토론을 끝내기로 동의

모든 대의원은 언제든지 토론을 끝내자고 동의안을 제출할 수 있지만 다른 발언자를 방해해서는 안 된다. 이에 대해 재청이 이루어지면, 계류 중인 동의안 (혹은 수정안)에 대한 토론을 종결할 것인가라는 질문에 대해 토론 없이 즉각 표결이 이루어지게 된다. 만약 대의원 2/3 출석과 찬성이 이루어지면 계류 중인 동의안 (혹은 수정안)에 대한 더 이상의 토론 없이 즉각 표결이 이루어질 것이다. 계류 중인 수정안에 대한 수정안의 표결, 혹은 계류 중인 수정안에 대한 표결 후에, 그때의 사정에 따라 수정안에 대해 혹은 본 동의안에 대해 토론이 계속될 수 있다. 토론을 종결하자는 동의안은 계류 중인 모든 사안에 대해 이루어질 수 있다. 만약 본 동의안에 대해 토론을 끝내자는 동의안이 제기되어 재청을 받게 되면 이 동의안에 대한 투표가 이루어지기 전에 총회는 발언하기를 원하는 대의원들의 이름과 남아 있는 수정안들을 보고받게 되고, 의장은 총회 회원들에게 발언하고자 하는 사람은 손을 들라고 요청할 수 있다.

l) 회합의 의미

의장은 계류 중인 사안에 대한 회합의 의미를 이해하려고 노력하고 투표에 부치지 않고 그것에 대해 공지할 수 있다. 모든 대의원들은 회합의 의미에 대한 의장의 결정에 이의를 제기할 수 있으며, 의장은 이때 이 사안을 아래의 단락 n)에 따라 투표에 부치든지 혹은 더 논의를 하도록 허용하고 다시금 회합의 의미를 공지할 수 있다.

m) 의장이 투표에 부치다

의장은 달리 결정된 바가 없으면 각 사안을 투표에 부칠 수 있다.

n) 거수로 표결

토론의 막바지에 의장은 동의안이나 수정안을 읽어 대의원들이 표결에 부쳐질 사안에 대해 충분히 이해하도록 한다. 표결은 보통 거수로 이루어진다. 의장은 먼저 찬성하는 사람들을 묻고, 그런 다음 반대하는 사람들을 묻고, 마지막에 기권하는 사람들을 묻는다. 그리고 의장은 결과를 공표한다.

o) 수를 세어 표결하거나 비밀서면투표

의장이 뭔가 미심쩍어 망설여지거나, 혹은 어떤 다른 이유로 인해 그렇게 하기로 할 경우, 혹은 대의원 중 누구라도 그런 요구를 할 경우, 사안에 대한 투표는 손을 들어 표하거나 기립한 사람들을 헤아려서 즉각 이루어질 수 있다. 의장은 투표하는 사람들과 기권하는 사람들의 수를 세도록 계표원을 임명할 수 있다. 모든 대의원은 총회가 특정 사안에 대해 비밀서면투표로 투표하도록 제안할 수 있다. 그리고 이 제안에 대해 재청이 이루어지고 대의원 과반수가 출석해서 찬성을 표하면, 비밀서면투표가 이루어질 것이다. 의장은 이러한 거수나 기립 투표와 비밀서면투표의 결과를 공표하게 된다.

p) 투표결과

과반수의 대의원이 출석해서 표결하면, 더 높은 득표율을 헌장이나 강령이 요구하지 않는 한 모든 사안에 대한 결정력을 지니게 된다. 만약 투표가 동수의 득표결과를 내면, 이 사안은 부결된 것으로 한다. 기권한 사람들의 수가 아무리 많더라도 투표결과에는 아무런 영향력을 지니지 못한다.

q) 의장의 투표

투표권을 지닌 의장은 비밀서면투표나 거수나 기립에 의한 투표를 할 수 있으며, 투표 결과가 찬반 동수인 경우에도 투표권을 행사할 수 있다. 하지만 어떤 경우라도 한 표 이상은 행사할 수 없다.

r) 재고(再考)

표결에 부쳐졌던 사안의 과반수 득표에 투표로 참여했던 두 사람의 대의원은 총회가 이 사안에 대해 재고하도록 제안해 달라고 실무위원회에 요구할 수 있다. 실무위원회는 이 요청을 받아들이거나 거부할 수 있다. 하지만 거부할 경우 이들 두 대의원은 강령 XVI.7에 제시되어 있는 과정을 밟을 수 있다. 그 경우를 제외하고는 2/3 대의원 참석과 2/3 득표가 둘 다 충족되지 않으면 사안에 대한 재고는 이루어지지 않을 것이다.

s) 반대와 기권

소수의견에 투표한 대의원들 혹은 기권한 사람들은 자신들의 이름이 기록되도록 할 수 있다.

t) 의사진행 절차 혹은 과정의 문제

모든 대의원은 의사진행 절차 혹은 그 과정에 대해 문제제기를 하고 필요하다면 다른 대의원이 그렇게 하는 것을 막을 수 있다. 의사진행절차에 관해 대의원은 진행되는 과정이 이러한 강령에 나오는 사항들과 일치하지 않는다고 주장할 수 있을 뿐이다. 의사진행과정에 관해 발언자는 계류 중인 사안을 명확하게 해달라고 요구할 수 있을 뿐이다.

u) 의장의 결정에 항의

모든 대의원들은 단락 (t)에서 규정된 대로, 의사진행절차와 관련해서 의장의 결정에 항의할 수 있다. 만약 이러한 항의가 이루어지면 의장은 더 이상의 토론 없이, 총회가 의장의 결정을 인정하는가라는 질문을 총회에 제기할 것이다. 대의원들의 과반수 참석과 득표로 이 항의는 판가름될 것이다.

v) 시간제한

언어나 통역의 어려움 때문에, 혹은 다른 이유로, 혹은 토론 중인 사안의 복잡성으로 인해 특정 회원이 부당한 대우를 받는다고 여겨지는 경우, 의장은 자신의 판단에 따라 특정한 발언자에게 추가시간을 줄 수 있다.

6. 심의회의

총회는 세부적인 수정작업이 이루어지기 어려운 신학적 혹은 일반 정책의 성격을 띤 사안들이 있을 때 심의회의를 개최한다. 각 분과의 보고서들은 심의회에서 논의된다. 보고할 위원회나 기관들은 자신들의 보고서가 심의회의에서 다루어지도록 실무위원회에 권고할 수 있다. 심의회의에 적용 가능한 토론의 규칙들은 실무회의에 적용되는 규칙들과 동일한 것들이지만, 심의회의에는 다음과 같은 부가적인 규칙들이 적용된다.

a) 허용되는 동의

단락 5의 j), k)에 규정되어 있는, 토론을 종결짓는 특별동의 혹은 동의에 덧붙여, 심의회의에서 다루어질 사안들과 관련해서 제기될 수 있는 동의는 다음과 같은 것들이다.

1) 보고서의 내용을 승인하고 연구와 적절한 실천을 위해 교회에 그것을 위탁하는 것이다.

2) 새로운 혹은 다른 강조점을 그 보고서에 포함할 것인지 아닌지 고려하라는 지시와 더불어 보고 기관에 보고서를 돌려보내는 것이다.

3) 보고기관에게 실무위원회와 협의하여, 보고서를 다시 제출하기 전에 공청회를 열 것을 지시하는 것이다.

b) 교회론적 자기이해와 관련된 사안들

회원이 생각하기에 제기된 사안이 자신이 속한 교회의 교회론적 자기이해에 상반될 때, 그 혹은 그녀는 이 사안이 표결에 부쳐지지 못하도록 요구할 수 있다. 의장은 이런 경우에 해당 회원과 회의에 참석중인 같은 교회 혹은 교단에 소속된 다른 회원들과 협의를 통해 실무위원회나 실행위원회의 자문을 구하게 된다. 이 사안이 사실상 그 회원의 교회론적인 자기이해에 상반된다는 데 합의가 이루어지면, 의장은 이 사안이 투표과정 없이 심의회의에서 다루어지게 될 것이라고 발표하게 된다. 토론의 자료와 의사록은 연구와 논평을 위해 교회들에게 보내질 것이다.

c) 발언

보고서를 제출하는 사람은 누구나 의장의 허락을 받아 뜻을 분명히 하고 설명하기 위해 토론과정에서 발언할 수 있다.

7. 의제에 새로운 사업 혹은 수정 제안

총회에 참석한 모든 대의원들은 의제에 새로운 항목을 제안하거나 수정을 제안할 수 있다. 만약 실무위원회가 검토를 거쳐 그러한 제안에 동의하지 않는다면, 그 혹은 그녀는 의장에게 서면으로 그러한 결정에 대해 항의할 수 있다. 의장은 편리한 때에 총회에 이 제안에 대해 알리고, 실무위원회의 위원은 자신들이 그것을 거부한 이유를 설명하게 될 것이다. 대의원은 이때 그것을 수용해야 하는 이유를 제시하게 된다. 그러면 의장은 더 이상 토론에 부치지 않고 총회에 다음과 같은 질문을 한다: 총회는 이 제안을 받아들이겠습니까? 대의원 과반수 참석에 과반수 득표가 이루어지는 쪽으로 결정이 될 것이다. 만약 총회가 이 제안을 받아들이기로 결정한다면, 실무위원회는 가능한 한 빨리 의제에 새로운 항목을 추가하거나 혹은 수정하는 권고안을 낼 것이다.

8. 언어

WCC에서 사용되는 공식 언어는 영어, 프랑스어, 독어, 러시아어, 스페인어이다. 총무는 이런 언어들을 다른 언어로 통역해서 제공하려고 노력할 것이다. 발언자는 오직 공식 언어 중 하나로 통역을 제공할 수 있을 때만 다른 언어로 발언할 수 있다. 총무는 통역을 필요로 하는 모든 발언자들에게 가능한 모든 도움을 제공할 것이다.

9. 규칙의 효력정지

모든 대의원들은 토론에 관한 규칙의 어떤 항목에 대해서라도 그 효력의 일시적인 정지를 제안할 수 있다. 이 제안이 재청을 얻으면, 해당 규칙은 대의원 2/3 출석과 2/3 득표를 통해 일시 정지될 것이다.

10. 중앙위원회

중앙위원회는 전체회의 혹은 심의회의를 열기로 결정하지 않는 한, 통상적으로 실무회의를 개최하며, 중앙위원회가 달리 결정한 바가 없는 한 총회에 적용되었던 것과 같이 해당회의를 위해 규정되어 있는 적절한 토론의 규칙들을 따를 것이다.

XVII. 수정사항

이러한 강령에 대한 수정안은 총회에서 이루어지는 모든 형태의 회의 혹은 중앙위원회의 모든 회의에서 어떤 회원에 의해서라도 발의될 수 있으며, 2/3 출석과 2/3 득표를 통해 채택될 것이다. 예외적으로 강령 I, V, 그리고 XVII에 대한 어떠한 변경도 총회에 의해 가결될 때까지는 효력을 지니지 못한다. 이와 같은 수정사항을 담은 제안은 이 제안이 발의될 총회나 중앙위원회 회합이 열리기 적어도 24시간 전에 서면으로 통보되어야 한다.

2. 남아프리카공화국 넬슨 만델라 대통령의 연설

12월 13일 일요일, WCC 50주년을 기념하는 "희년으로의 여정" 기념식에서 남아프리카공화국의 넬슨 만델라 대통령이 참석하여 "평화를 위해 세상의 양심을 일깨우고 가난한 자들, 불우한 자들, 빼앗긴 자들의 편에 서서 성취해 온 50년"에 감사를 표하였다.

한 사람의 아프리카인으로서 아프리카 땅에서 개최된 이와 같은 존엄한 모임에 참여하게 되어 너무나 영광입니다. 초대해 주신 여러분께 진심으로 감사드립니다.

우리는 여러분과 더불어 평화를 위해 세상의 양심을 일깨우고 가난한 자들, 불우한 자들, 빼앗긴 자들의 편에 서서 성취해 온 50년을 축하하기 위해 이곳에 왔습니다.

WCC가 창설되었을 당시에는, 수십 년에 걸친 경제위기와 인종차별주의의 추구와 인권침해로 인한 무장충돌로 인해 완전히 파괴된 세상에서는 여전히 연기가 피어오르고 있었습니다.

그런 일들이 다시는 일어나서는 안 된다는 것을 확실하게 하기 위한 국제적인 노력의 한 축으로서, WCC는 인권이 모든 곳에 있는 모든 사람들의 권리라는 국제적인 공동체의 주장을 피력해 주었습니다. 그렇게 하면서 여러분은 억눌린 자들이 자유를 위해 투쟁하는 것을 옹호해 주었습니다.

남아프리카에 있는 우리에게, 그리고 정말이지 아프리카 대륙 전체에게, WCC는 항상 억눌린 자들과 착취당하는 자들의 옹호자로 알려져 왔습니다.

다른 한편으로 WCC라는 이름은 인종분리정책이 시행된 비인간적인 시기 동안 우리나라를 지배하면서 우리 지역을 불안정한 상태로 만든 자들의 가슴에 두려움을 불러일으켰습니다. WCC를 언급하는 것은 권력자들의 진노를 초래하는 일이었습니다. 여러분의 견해에 대한 지지를 표명하는 것은 국가의 적으로 낙인찍히는 일이었습니다.

바로 이런 이유들로 인해, 우리 국민들 대다수가 WCC라는 이름을 기쁨으로 받아들이는 것입니다. WCC는 우리를 격려하고 고무시켰습니다.

30년 전에 여러분이 인종차별주의극복프로그램을 창설하고 해방운동 지원을 위한 특별기금을 조성하였을 때, 여러분은 단지 멀리서 자애로운 후원을 해주는 후원자가 아니라 공동의 대의를 위해 연합해서 투쟁하고 있다는 것을 보여주었습니다.

무엇보다 여러분은 억눌린 자들이 자유를 얻을 수 있는 가장 적절한 방법이 무엇인가에 대해 그 억눌린 자들의 판단을 존중하였습니다. 그러한 참된 연대의식으로 인해, 남아프리카 사람들은 항상 WCC를 감사함으로 기억할 것입니다.

이곳으로 오면서 저는 짐바브웨의 무가베 대통령에게 당신은 나보다 더 젊고, 아마도 내가 경험한 것과 같은 것들을 겪지는 않았을 것이라고 말했습니다. 그렇지만 저는 제가 속한 세대가 교회교육의 산물이라고 말했습니다. 선교사들과 종교기관들이 없었다면 저는 아마도 지금 여기 이런 모습으로 있을 수 없었을 것입니다.

그 시절의 정부는 아프리카인들, 유색인들과 인디언들의 교육에 도대체 관심을 기울이지 않았습니다. 교회는 땅을 사서 학교를 짓고 여러 시설들을 갖추고 사람들을 불러 일자리를 주었습니다. 그러므로 우리가 선교사들의 교육의 산물이라고 말할 때 저는 선교사들이 우리를 위해 해준 것들에 대해 그들에게 어떤 말로도 충분히 감사를 표할 수 없을 것이라는 점을 깨닫습니다. 그렇지만 여러분은 교회가 얼마나 중요한지 제대로 알려면 남아프리카에 있는 인종분리 감옥에 있어보아야 합니다. 그들은 우리를 외부세계와 철저하게 격리시키고자 했습니다. 우리 친척들은 6개월에 한 번 우리를 면회할 수 있었습니다. 그리고 우리가 편지를 한 통 쓰고 받을 수 있는 것도 6개월에 한 번이었습니다. 연결고리는 종교기관, 그리스도교인, 이슬람교도, 힌두교인과 유대교인이었습니다. 이들은 우리를 고무시킨 신실한 사람들이었습니다.

WCC의 지원은 종교가 우리의 해방에 기여할 수 있는 가장 구체적인 방식으로 공헌을 해주었습니다. 우리의 해방투쟁을 지원하기 위해, 우리의 지배자들이 금한 억눌린 자들의 교육에 종교기관들이 책임을 지기 시작한 날로부터 종교의 고귀한 이상과 가치들은 실천적인 행동을 통해 실현될 때마다 우리에게 힘을 주었고 동시에 그런 사상들 또한 해방운동 안에서 더 성숙해졌습니다.

그러므로 민주적인 남아프리카가 그러한 가치와 이상을 구현시킨 헌법을 지니게 된 것이 우리에게는 자랑스러운 일입니다. 그러한 가치와 이상의 명목 아래서 우리는 자유와 정의를 위한 우리의 투쟁에 있어 국제적인 공동체의 지지를 받아 누렸습니다.

그러한 이상과 가치는 우리가 함께 걸어온 이 미완의 여정에서 마땅히 우리의 지침이 될 것입니다.

이미 쟁취한 권리, 그리고 보편적인 것으로 선포된 권리가, 우리나라와 아프리카와 온 세계에 걸쳐 수백만의 목숨을 황폐화시키는 굶주림, 질병, 무지, 집 없는 삶의 저주를 종식시키지 못한다면 속빈강정으로 남을 것이며 우리의 자유는 불완전한 것이 될 것입니다.

인류 파국의 반복과 상상할 수 없는 규모의 새로운 재앙의 망령을 피할 목적으로 국제질서가 확립된 이후 지난 50년은 우리에게 새로운 세계질서를 창출할 것을 요구하고 있습니다. 금세기 중반에는 예견되지 못했던 변화된 국제 환경 속에서 세상의 부유한 자들과 가난한 자들 사이의 간극은 좁혀지고 있다기보다는 더 넓혀지고 있습니다.

새로운 천년으로 들어서려는 우리가 직면하고 있는 도전의 핵심은 가난과 저개발의 근절입니다.

평화와 존중받는 삶이 모두에게 실재적인 것이 되도록 하려면, 현존하는 질서 안에 있는 제도들을 새롭게 재구성하는 것이 무엇보다 시급합니다. 이번 WCC 모임을 통해 여러분의 역할을 평가하고 다음 세기를 위한 방향성을 모색함으로써 WCC는 시대의 요구에 답하고 있는 것입니다.

이러한 맥락에서 제가 속한 아프리카 대륙은 아프리카 르네상스를 꿈꿉니다. 재건과 발전을 통해 우리는 황폐했던 과거의 유산을 극복하고 평화, 인권, 민주주의, 성장과 발전이 우리 모든 아프리카인들에게 생생한 실재가 될 그날을 꿈꾸는 것입니다.

우리는 우리 자신의 노력을 통해 그 길을 따라 중요한 걸음을 내디뎠습니다. 예를 들어 우리는 1990년 이후 40차례 이상 민주선거를 치렀습니다. 아프리카 대륙의 대부분의 국가들이 안팎으로 평화를 누리고 있습니다. 현재와 같은 세계경제혼란의 여파가 감지되기 전까지, 사하라 아래쪽 아프리카는 미약하지만 꾸준한 경제성장을 보여주고 있었고 거의 10년 간 평균 5퍼센트의 성장률을 보여주었습니다. 여기 남아프리카에서 혹은 아프리카 다른 지역들에서 지역적인 협력도 이루어지고 있고 날로 그 힘을 더하고 있습니다.

이것은 아프리카가 가난, 질병, 분쟁, 저개발의 구렁텅이에서 혼자 힘으로 스스로 벗어났다고 말하는 것이 결코 아닙니다.

콩고민주공화국, 앙골라, 수단과 같은 곳에서 벌어지고 있는 분쟁은 큰 문제입니다. 서로가 의존적일 수밖에 없는 하나의 세상에서, 그들은 직접적으로 연루된 자신들에게뿐 아니라 그들의 이웃과 전체 지역에까지 영향을 미칩니다. 사람들에게 불안정을 초래하고 사람들을 내쫓으며, 자원이 사회적으로 유익을 끼치는 것을 막고 유용하고 있습니다.

이러한 분쟁들은 국민들의 긴급한 필요를 충족시키려는 우리의 모든 노력을 좌절시키는 힘을 지니고 있지만, 저는 아프리카 전체와 특별히 우리 지역에 유능하고, 헌신적이며, 경험 많은 지도자들이 있다는 것을 분명하게 하고자 합니다. 그리고 저는 그들이 이러한 분쟁을 모두가 만족할 수 있게 해결할 수 있으리라는 것을 추호도 의심하지 않습니다. 이 지역의 모든 우리 지도자들은 진보를 앞당기는 데 있어 인류가 지닌 최고의 무기가 평화라는 것을 알고 있습니다. 그들은 모든 대륙의 모든 사람들이 예외 없이 자신의 삶을 잘 진척시키고 싶어 한다는 것을 압니다. 그리고 평화는 안정을 이룰 수 있는, 그리고 사람들이 자신들의 삶을 잘 영위할 수 있게 해주는 유일한 환경입니다. 이 지역의 모든 지도자들은 이것을 깨닫고, 해결책을 마련하기 위해 하루 24시간 일하고 있습니다.

평화가 발전을 위한 최고의 무기라는 것을 가르쳐 준 세기의 말엽에, 우리는 이러한 분쟁들을 평화롭게 해결할 방책을 마련하기 위한 어떠한 노력도 아낄 수 없습니다.

우리는 아프리카 대륙이 세계화의 부정적인 영향력을 피하고, 이처럼 중요한 세계적인 진전을 이룰 기회를 살릴 수 있도록 하기 위해 협력해야 한다는 시급한 요구를 등한시하게 만드는 어떠한 것도 용납할 수 없습니다.

그것은 저개발의 유산이 아프리카를 세계경제의 변두리에 방치해 두지 않도록 하기 위해 함께 일하는 것을 의미합니다.

그것은 세계최고의 에이즈 발병률 문제를 다루고, 민주주의를 진전시키고 정착시키고, 부패와 탐욕을 근절하고, 인권존중을 보장할 방법을 찾는 것을 의미합니다.

그것은 투자의 내부 유입을 늘리고, 시장 접근성을 넓히고, 다른 어떤 지역보다 아프리카에 영향을 미치고 있는 외부의 부채라는 부담을 제거할 방법을 함께 모색하는 것을 의미합니다.

그것은 국제무역과 투자 시스템을 통제하는 기구들을 재정립해서, 세계경제성장이 개발혜택으로 연결될 수 있도록 협력하는 것을 의미합니다.

그것은 빠른 시일 내에 이익을 얻기 위해 세계 여기저기로 옮겨 다니는 거대한 자본의 유입으로 인해 국민들이 좌절하지 않고 당당히 서기 위해, 나라들이 자신들의 경제를 건전한 기초 위에 세우고자 기울이는 노력을 보장해 줄 방법을 모색하는 것을 의미합니다.

오늘날 지도자들이 직면하고 있는 도전은 현대 세계경제의 거대한 재원이, 계속해서 많은 인류를 괴롭히고 있는 가난의 문제를 해결하기 위해 어떻게 사용되어야 할지 그 방법을 찾아내는 것입니다.

WCC는 이와 같이 매우 힘들기는 하지만 완수할 수는 있는 책무를 수행해야 할 핵심적인 지도자들의 한 축입니다. 50주년을 맞아 여러분이 새로운 천년의 도전들에 대해 숙고하게 될 개최지로 아프리카를 선택했다는 사실은 여러분이 계속적으로 평화와 존엄을 위해 투쟁하는 모든 사람들과 연대의식을 지니고 있다는 것을 증언해 줍니다.

30년 전에 여러분은 미래를 위해 새롭게 시작하고 새로운 방향성을 정립하기 위한 프로그램을 시작했습니다. 여러분은 억눌린 자들 편에서 저항할 권리를 선언하는 데서 그치지 않고, 억압을 종식시키기 위한 투쟁에 적극적으로 개입하는 위험을 감수하였습니다. 오늘날 WCC는 민주주의의 발전과 확립을 위한 새롭고 더 힘겨운 투쟁에 똑같이 가담하고 있다는 것을 보여줄 것을 요청받고 있습니다.

저의 공적인 삶이 끝나가고 있는 이때에 보다 나은 세상을 위한 제 생각과 꿈을 여러분들과 나눌 수 있는 기회를 갖게 된 것이 제게는 너무나 큰 특권입니다.

저는 세상을 자유와 정의를 추구하는 자신들의 활동 무대로 만들도록 선택받은 남자와 여자들 가운데 있다는 것을 알기에, 소망으로 가득 차서 이 일을 합니다.

평화롭고 공평한 세상이 구현될 것이기에, 모든 사람들의 보다 나은 삶을 위한 투쟁에 자신들의 목숨을 헌신한 전 세계의 많은 사람들과 제가 만족스럽게 평화롭게 은퇴할 수 있을 것입니다.

그리고 지금 저는 제가 믿기로 생의 마지막에 "나는 내 조국과 내 민족에게 내 의무를 다하였다."고 말할 수 있는 한 기관의 구성원들에게 말하고 있습니다. 그 하는 말이 그대로 그 얼굴에 드러나는 사람들입니다. 그 불멸의 위엄으로, 여러분 남자와 여자들의 이름은 무덤 너머 살아남아 후대에 전해질 것입니다. 제가 모든 것을 제쳐두고 이곳에 와서 여러분께서 우리 모두를 위해 해준 일들에 대해 감사를 표하는 것도 바로 이 때문입니다. 진심으로 감사합니다.

3. 대한민국 김대중 대통령의 인사말

WCC 총회가 개최되고 있는 나라 밖의 정치 지도자에게서 축하 메시지를 받는 일은 좀처럼 없는 일이지만, 50년 이상 분단국가로 있는 대한민국 상황에 대한 WCC의 특별한 관심은 대한민국의 김대중 대통령의 경우에 예외를 보장하였다. 김대중 대통령은 젊은 시절 나라의 민주주의를 위한 투쟁에 가담하면서 자유를 구속당하고 심지어 목숨의 위협까지 당하였다.

WCC가 올해 짐바브웨 하라레에서 제8차 총회를 개최한다니 무척 기쁩니다. 참석한 모든 분들에게 진심어린 축하를 보냅니다.

제2차 세계대전 이후 냉전시기 내내 WCC는 지속적으로 모든 교회들의 일치를 이루고자, 모든 사람들을 위해 정의, 평화와 양심의 자유를 실현하기 위해 노력해 왔습니다. 제3세계 시민들뿐만 아니라 정치적으로 박해받는 사람들에 대한 WCC의 깊은 관심 - 그리고 연대의식 - 은 보다 나은 미래를 위한 중요한 힘임을 입증해 왔습니다. 남아프리카공화국의 넬슨 만델라 대통령이 WCC 총회에 방문한 것은, 저를 비롯해서 고난과 시련을 겪어 온 사람들에게 WCC가 그동안 베풀어 준 모든 것들에 대한 증언입니다.

이번 WCC 총회를 맞이하여, 저는 WCC가 오랜 기간 동안 민주주의와 통일을 이루기 위해 투쟁해 온 대한민국의 교회, 지식인, 학생을 비롯한 많은 사람들과 함께 해왔다는 사실을 특별히 언급하고자 합니다. 저는 WCC가 고난 가운데 있던 저에게 오랫동안 베풀어 준 연대의식과 지지에 영원히 감사할 것입니다. 대한민국이 보다 정의롭고 민주적인 나라로 변화하고 있다고 오늘 이렇게 알려드릴 수 있는 것이 제게는 너무나 큰 기쁨입니다.

인류 역사상 새로운 세기가 막 시작되려고 하는 이때에 개최된 이번 총회가 축복이 넘치는 축제가 되기를 바랍니다. 그렇게 하여 WCC가 계속해서 모든 사람들을 일깨우고 그들의 삶을 향상시킬 수 있기를 바랍니다.

김대중

1998년 12월 2일